D0782948

Napoleon Hill y W. Clement Stone

ACTITUD MENTAL POSITIVA

NAPOLEON HILL (1883–1970) es uno de los autores de referencia en la autoayuda; su trabajo permanece como un monumento para los estudiosos del campo motivacional y el éxito. Su obra *Piense y hágase rico* es uno de los libros más vendidos del mundo.

W. CLEMENT STONE (1902–2002), filántropo, conferenciante y propietario de una gran organización de ventas, es autor de *El sistema infalible para triunfar*. Su filosofía sobre una actitud mental positiva refuerza la convicción de que todo el mundo puede alcanzar el éxito, sin importar lo desfavorecido que se sea en los comienzos.

WITHDRAWN

ACTITUD MENTAL
POSITIVA

ACTITUD MENTAL
POSITIVA

Napoleon Hill y W. Clement Stone

Traducción de
María Antonia Menini

Vintage Español
Una división de Random House, Inc.
Nueva York

PRIMERA EDICIÓN VINTAGE ESPAÑOL, ABRIL 2013

Copyright de la traducción © 1982 por María Antonia Menini

Todos los derechos reservados. Publicado en coedición con
Random House Mondadori, S. A., Barcelona, en los Estados Unidos
de América por Vintage Español, una división de Random House, Inc.,
Nueva York, y en Canadá por Random House of Canada Limited, Toronto.
Originalmente publicado en inglés in EE.UU. como *Success Through a
Positive Mental Attitude* por Prentice-Hall, un sello de Simon &
Schuster, Nueva York, en 1960. Copyright © 1960 por Prentice-Hall, Inc.
Esta traducción fue originalmente publicada en España por Random House
Mondadori, S. A., Barcelona. Copyright de la presente edición en castellano
para todo el mundo © 1982 por Random House Mondadori, S. A.

Vintage es una marca registrada y Vintage Español y
su colofón son marcas de Random House, Inc.

Información de catalogación de publicaciones disponible en
la Biblioteca del Congreso de los Estados Unidos.

Vintage ISBN: 978-0-345-80421-1

www.vintageespanol.com

Para venta exclusiva en EE.UU., Canadá, Puerto Rico y Filipinas.

Impreso en los Estados Unidos de América
10 9 8 7 6 5 4 3 2 1

Este libro está dedicado a
ANDREW CARNEGIE
cuyo lema era:
«¡Cualquier cosa que valga la pena tener
merece que se trabaje por ella!»,
y también a
LA PERSONA VIVIENTE MÁS IMPORTANTE

ÍNDICE

ACTITUD MENTAL
POSITIVA

PRÓLOGO

El gran filósofo y pensador Soren Kierkegaard escribió en cierta ocasión: «Cuando un libro *te interpreta*, es señal de que se trata de un buen libro.»

Tiene usted en sus manos una obra semejante, un libro que no sólo se ha convertido en un clásico en el campo de la autoayuda sino que, además, posee la insólita capacidad de establecer un nexo con sus problemas, «simpatizar» con ellos y aconsejarle acerca de sus soluciones tal como podría hacer un viejo y juicioso amigo.

No obstante, debo hacerle una advertencia.

La actitud mental positiva: un camino hacia el éxito no hará nada por usted. Si de veras desea que su vida cambie para bien y está dispuesto a pagar un precio en tiempo, en reflexión y en esfuerzo para alcanzar sus objetivos —y si no se está engañando a sí mismo—, *entonces* tiene usted en sus manos un diamante extraído de un montón de guijarros, un mapa de carreteras que le conducirá a un futuro mejor y un valioso anteproyecto que le permitirá reestructurar por completo su futuro.

Hablo por experiencia. Hace muchos años, a causa de mis estupideces y errores, perdí todo lo más preciado para mí: mi familia, mi hogar y mi trabajo. Casi sin un céntimo y sin ninguna guía, empecé a vagar por el país en busca de mí mismo y de algunas respuestas que me hicieran soportable la vida.

Pasaba mucho tiempo en las bibliotecas públicas porque eran gratuitas... y tenían calefacción. Lo leí todo, desde Platón a Peale, buscando el mensaje que me explicara en qué había fallado... y qué podía hacer para salvar el resto de mi vida.

Al final encontré la respuesta en la obra *La actitud mental positiva: un camino hacia el éxito* de W. Clement Stone y Napoleon Hill. Llevo más de quince años haciendo uso de las técnicas y métodos que contiene este clásico y ello me ha permitido alcanzar una riqueza y una felicidad superiores a mis merecimientos. De vagabundo sin un céntimo y sin raíces me convertí en director de dos empresas y en director ejecutivo de *Success Unlimited*, la mejor revista del mundo en su género. He escrito también seis libros y uno de ellos, *El vendedor más grande del mundo*,* se ha convertido en la obra para vendedores más reeditada de todos los tiempos; ha sido traducida a catorce idiomas y se han vendido más de tres millones de ejemplares.

Nada de todo eso hubiera podido conseguirse sin la aplicación diaria de los principios relativos al éxito y a la vida que encontré en el texto clásico de Stone y Hill. Si pude conseguir lo que conseguí empezando desde cero, imagínese lo que podrá conseguir *usted* con todo lo que ya tiene a su favor.

* Publicado por Grijalbo, Barcelona, 1979 (4.ª edición, 1982).

Vivimos en un mundo extraño que cambia con gran rapidez; cada día surge un nuevo falso profeta que predica su propia marca de felicidad y de consecución del éxito. Al igual que los «hula-hoops» y los ídolos del rock, desaparecerán con la misma velocidad con que aparecieron y, cuando se disipe la niebla, la verdad del libro de Stone y Hill seguirá cambiando las vidas de miles de personas del futuro.

¿Desea usted cambiar realmente su vida? En este caso, tener en sus manos *La actitud mental positiva: un camino hacia el éxito* puede ser lo más extraordinario que jamás le haya ocurrido. Léalo. Estúdielo. Vuelva a leerlo. Y después entre en acción. En realidad es muy sencillo, si se decide usted a ponerlo en práctica.

Empezarán a ocurrirle cosas maravillosas.

Se lo digo yo.

Og Mandino

INTRODUCCIÓN

Todos los libros que pretenden servir de guía e inspiración para una estrategia de autoayuda, incluido el presente, debieran valorarse en términos de lo que le ocurre a usted, el lector, como consecuencia de la capacidad del libro para estimularle a emprender una acción deseable. De acuerdo con este criterio, *La actitud mental positiva: un camino hacia el éxito* es considerado como uno de los libros de inspiración para un ejercicio de autoayuda que mayor éxito han logrado en este siglo. Ha inducido a muchos miles de hombres, mujeres y adolescentes a adquirir una buena salud física, mental y moral, a buscar la felicidad y a aspirar a la riqueza, y a conseguir altas metas u otros objetivos que no violen las leyes de Dios ni los derechos de sus semejantes.

Algo maravilloso le va a ocurrir... si está dispuesto. Para prepararse a estar dispuesto, procure comprender claramente la observación de Andrew Carnegie en el sentido de que *todo logro, toda riqueza adquirida, tiene su principio en una idea.*

Antes de seguir, quisiera facilitarle información acerca de los antecedentes de mi coautor, el doctor Napoleón Hill.

PIENSE Y HÁGASE RICO. El libro de Napoleón Hill *Piense y hágase rico* ha inducido a más personas de todo el mundo a adquirir riqueza y a alcanzar el éxito en sus profesiones que cualquier otro libro escrito en el siglo XX. Su autor nació en la pobreza, en una cabaña de madera en el condado de Wise, Virginia, el 26 de octubre de 1883 y falleció en Greenville, Carolina del Sur, el 8 de noviembre de 1970.

De muchacho, el joven Hill tuvo la suerte de recibir inspiración y estímulo para alcanzar logros importantes por parte de su serena y paciente madrastra, que le amaba con gran ternura. Ella fue quien indujo a un «niño difícil» a tener carácter y a esforzarse en recibir instrucción para poder alcanzar el éxito.

En el año 1908, mientras trabajaba por cuenta de una revista y cursaba estudios superiores, al joven Hill le asignaron la tarea de entrevistar a Andrew Carnegie, el gran fabricante de acero, filósofo y filántropo.

Andrew Carnegie quedó tan gratamente impresionado por su entrevistador que le invitó a su casa. Hora tras hora, en el transcurso de aquella visita de tres días de duración, ambos hombres hablaron de filosofía. El mayor le explicaba al joven, que le escuchaba con embeleso, las vidas de los filósofos y el impacto que su filosofía había ejercido en el mundo civilizado.

Durante sus discusiones, Carnegie trataba de expresar con lenguaje claro y sencillo los principios y los conceptos de cada uno de los filósofos que explicaba. Y decía algo: *cómo aplicar* tales principios en la vida cotidiana siendo así que guardaban relación con el individuo, su familia, su profesión o cualquier actividad humana.

UN RETO. Andrew Carnegie era un conocedor de la naturaleza humana. Uno de los medios para estimular a un extrovertido agresivo con alto nivel de energía, impulso y tenacidad, y cuya razón y emoción están equilibradas, consiste en retarle. El joven invitado era una persona de esta clase. Y fue retado.

«¿Qué es lo que existe en el clima de esta gran nación para que yo, un extranjero, pueda organizar un negocio y acceder a la riqueza... o para que cualquier persona pueda alcanzar el éxito?», preguntó Carnegie. Y, antes de que Hill pudiera contestar, añadió: «Le desafío a dedicar veinte años de su vida al estudio de la filosofía de los logros norteamericanos y a dar con la respuesta. ¿Acepta?»

«¡Sí!», fue la rápida contestación.

Andrew Carnegie tenía una obsesión: *cualquier cosa que mereciera la pena tener en la vida era digna de que se trabajara por ella.* Se mostró dispuesto a dedicar al joven autor su tiempo personal para que pudiera hacerle consultas y le entregó cartas de presentación para los más destacados norteamericanos de su época, haciéndose cargo de todos los gastos extraordinarios como, por ejemplo, los ocasionados por los viajes para entrevistar a la gente. Pero quedó bien entendido que Napoleón Hill tendría que trabajar para ganarse la vida.

En el transcurso de los veinte años sucesivos, Hill entrevistó a más de quinientos hombres que habían alcanzado el éxito, entre ellos Henry Ford, William Wrigley, hijo, John Wanamaker, George Eastman, John D. Rockefeller, Thomas A. Edison, Theodore Roosevelt, Albert Hubbard, J. Ogden Armour, Luther Burbank, el doctor Alexander Graham Bell y Julius Rosenwald.

Y Hill consiguió ganarse la vida mediante la aplicación de muchos de los principios que aprendió de Carnegie y de los hombres a quienes entrevistó. Y, en 1928, completó los ocho volúmenes de *La ley del éxito* que indujeron a miles de personas a hacerse ricos o bien a destacar en sus actividades.

Por recomendación del senador Jennings Randolph, de Virginia Occidental, Napoleón Hill se convirtió en asesor de dos presidentes de los Estados Unidos: Woodrow Wilson y Franklin D. Roosevelt, e influyó en ciertas decisiones suyas que repercutieron en el curso de la historia norteamericana.

Cuando, exactamente veinte años después de la entrevista con Andrew Carnegie, se publicó *La ley del éxito*, dicha obra ejerció un impacto mundial. Siete años más tarde, siendo asesor de Franklin D. Roosevelt, Hill empezó a escribir el manuscrito de *Piense y hágase rico*. El libro se publicó en 1937 y lo han leído más de diez millones de personas.

UN DESCUBRIMIENTO FRUCTÍFERO. En 1937, Morris Pickus, un conocido ejecutivo, asesor de ventas y conferenciante, me ofreció el libro *Piense y hágase rico*. La filosofía que encerraba coincidía hasta tal punto con la que yo sustentaba que envié el libro a mis representantes de ventas en todo el territorio de los Estados Unidos. (Por aquel entonces, yo era propietario y director de la Combined Registry Company, una organización de ventas de ámbito nacional, especializada exclusivamente en la venta de seguros de accidente.)

¡Di en el blanco porque hice un fructífero descubrimiento! Encontré una herramienta de trabajo capaz de estimular a los representantes de ventas a aumentar las ventas y beneficios... y algo más: a acceder a la riqueza mediante su respuesta a un libro de inspiración para una acción estratégica de autoayuda.

«Bueno, pero, ¿qué tiene que ver la historia de Carnegie, *La Ley del éxito* y *Piense y hágase rico* con

16

La actitud mental positiva: un camino hacia el éxi-to»?, podría usted preguntar. He aquí mi respuesta: De no ser por estas tres cosas, el manuscrito de este libro no se hubiera redactado. Pero se *redactó* y fue publicado por primera vez en 1960 por la editorial Prentice-Hall, Inc.

Piense y hágase rico contiene los principios básicos de la filosofía de Andrew Carnegie —los que se incluyen en *La ley del éxito*—, y la filosofía y experiencias de Napoleón Hill, así como la historia de muchas personas que se hicieron ricas y alcanzaron el éxito tras la lectura de los ocho volúmenes de *La ley del éxito.* *La actitud mental positiva: un camino hacia el éxito* combina esencialmente todo eso y añade algo más. Explica específicamente cómo se puede utilizar la máquina más extraordinaria que jamás se haya concebido, una máquina tan impresionante que sólo Dios ha podido crearla. Esta máquina es una computadora humana: se trata de su cerebro y de su sistema nervioso en los que está basado el funcionamiento de la computadora mecánica.

La actitud mental positiva: un camino hacia el éxito le indica *qué hacer y cómo hacerlo* cuando llegue el momento de aprovechar y utilizar los poderes inconscientes de su mente. ¿Dónde le han enseñado a usted a utilizar constructivamente, neutralizar, controlar o vivir en armonía con sus pasiones, emociones, instintos, tendencias, sentimientos, estados de ánimo y hábitos de pensamiento y acción? ¿Le han enseñado la manera de apuntar alto y de alcanzar los objetivos que se haya propuesto, independientemente de los obstáculos? Si la respuesta es «no», *aprenderá* usted esas cosas si lee y aplica los principios que contiene *La actitud mental positiva: un camino hacia el éxito.*

Los resultados son lo que cuenta. En el transcurso de los últimos dieciséis años, se han impreso más de 420.000 ejemplares en edición de lujo de *La*

actitud mental positiva: un camino hacia el éxito.
Nuestros lectores han alcanzado unos resultados tan
fenomenales, cambiando sus vidas para bien, enfren-
tándose valientemente con los problemas de la vida
y convirtiendo sus deseos en realidades, que experi-
menté una gran alegría cuando se adoptó el acuerdo
de que la Pocket Books publicara una edición de bolsillo (dado que los libros publicados por esta firma
editorial llegan a cientos de miles de lectores). Y mi
principal objetivo, al igual que el de Napoleón Hill,
era cómo conseguir estimular a multitudes de personas para que se liberaran de la esclavitud de sus
pensamientos, costumbres y acciones perjudiciales y
para ayudarles a buscar y adquirir la verdadera riqueza de la vida, cumpliendo los deseos que no vio-
lan las leyes de Dios ni los derechos de sus congéneres.

LIBERACIÓN DE LAS ATADURAS QUE ESCLAVIZAN. En el
prefacio de Og Mandino a esta edición de *La actitud
mental positiva: un camino hacia el éxito*, se dice lo
siguiente:

> Hablo por experiencia. Hace muchos años, a
> causa de mis estupideces y errores, perdí lo más
> preciado para mí: mi familia, mi hogar y mi tra-
> bajo. Casi sin un céntimo y sin ninguna guía, em-
> pecé a vagar por el país en busca de mí mismo y
> de algunas respuestas que me hicieran soportable
> la vida... Al final, encontré la respuesta en la
> obra *La actitud mental positiva: un camino hacia
> el éxito* de W. Clement Stone y Napoleón Hill.

Og Mandino es actualmente famoso como conferenciante y autor de *El vendedor más grande del mundo*
y otros libros de autoayuda. Por otra parte, Norman
Vincent Peale y otros conocidos autores me han dicho
muchas veces cómo han estimulado a otros a alcanzar
altos niveles de logros personales basándose en ejem-

plos y principios de *La actitud mental positiva: un camino hacia el éxito.*

Hace poco, un amigo me invitó a cenar en un famoso restaurante de Washington. Jimmy, el camarero, nos ofreció el más agradable y eficiente servicio que jamás he conocido en un buen restaurante de cualquier lugar del mundo. Después de la cena, mientras abandonábamos el restaurante, Jimmy me llevó aparte y me preguntó:

«¿Puedo robarle medio minuto?»

«No faltaría más», contesté.

«Quería decirle simplemente que *La actitud mental positiva: un camino hacia el éxito* me salvó la vida», añadió.

Otro hombre, Ted. G., me dijo:

«Cuando yo trabajaba en el programa de Lee Phillips, me dijo usted que iba a cambiar mi vida. Pues bueno, me la cambió y he aquí la lista de los cambios que tuvieron lugar en cinco años: emprendí un negocio y me va muy bien; dos de mis hijas finalizaron sus estudios superiores y otra sigue cursando estudios en un centro privado (antes no disponía de dinero para sufragar sus estudios); he adquirido una casa en régimen de copropiedad con piscina, campo de golf, etcétera; he disfrutado de unas vacaciones maravillosas; ¡y mucho más! Quiero darle nuevamente las gracias por *La actitud mental positiva: un camino hacia el éxito.* Lo tengo siempre en mi mesilla de noche y lo considero una de mis más preciadas posesiones.»

Un médico que ejerce su profesión en Milwakee, Wisconsin, me ha dicho en dos ocasiones en que nos hemos encontrado:

«Me ha parecido que le interesaría saber que una de mis más eficaces recetas para ciertos pacientes aquejados de enfermedades psicosomáticas es muy especial. Les receto un libro: *La actitud mental positiva: un camino hacia el éxito.*»

Aunque hay muchos miles de experiencias que podrían citarse, el mejor testimonio puede ser *su propia* experiencia cuando *usted* aprenda y aplique los principios de este libro.

INSTRUCCIONES ESPECIALES. Cuando lea este libro, léalo como si sus autores fueran unos amigos personales suyos y le estuvieran hablando a usted... y sólo a usted. Subraye las frases, las citas y las palabras que considere importantes. Apréndase de memoria los factores de automotivación. Tenga en cuenta que este libro se propone estimularle a emprender una acción deseable.

Abraham Lincoln adquirió la costumbre de tratar de aprender de los libros que leía, de las personas a las que conocía y de los acontecimientos fortuitos. Ello le proporcionaba ideas para sus reflexiones, y así estaba en condiciones de expresar, asimilar y utilizar aquellas ideas como si fueran suyas.

Usted también puede transformar su pensamiento creador, su talento artístico, sus conocimientos, su personalidad y su energía física en éxito, riqueza, salud y felicidad. Este libro le indica bien a las claras cómo conseguirlo porque le estimula a intentarlo.

Busque el mensaje que sea aplicable a su caso. Cuando lo reconozca, ¡preste atención! ¡Entre en acción! Para encauzar su mente hacia los canales necesarios, trate de responder a todas las preguntas del final de cada uno de los capítulos durante el tiempo que dedique a la reflexión y la planificación.

W. CLEMENT STONE

PRIMERA PARTE

Donde se inicia
el camino hacia el éxito

1

CONOZCA A LA PERSONA VIVIENTE
MÁS IMPORTANTE

¡Conozca a la persona viviente más importante!

En algún lugar de este libro, usted la conocerá... de repente, en forma asombrosa y con una sensación de reconocimiento que cambiará toda su vida. Cuando la conozca encontrará su secreto. Descubrirá que lleva un talismán invisible con las iniciales AMP (Actitud Mental Positiva) grabadas en una cara y las iniciales AMN (Actitud Mental Negativa) en la otra.

Este talismán invisible posee dos poderes sorprendentes: tiene la facultad de atraer la riqueza, el éxito, la felicidad y la salud; y tiene también la facultad de repeler estas cosas, privándole de todo aquello que hace que la vida merezca ser vivida. Es la primera de estas facultades, es decir, la AMP, la que permite que algunos hombres se eleven hasta la cumbre y permanezcan allí. Y la segunda es la que hace que otros hombres se queden en el fondo durante toda su vida; y es también la AMN la que desplaza a algunos hombres de la cima cuando ya la habían alcanzado.

Tal vez la historia de S. B. Fuller le ilustre su funcionamiento.

«SOMOS POBRES... NO POR CULPA DE DIOS.» S. B. Fuller era uno de los siete hijos de un aparcero negro de Luisiana. Empezó a trabajar a la edad de cinco años. A los nueve ya arreaba mulos. Eso no tenía nada de insólito: los hijos de casi todos los aparceros empezaban a trabajar a edad muy temprana. Aquellas familias aceptaban la pobreza como su destino y no pedían más.

El joven Fuller era distinto a sus compañeros en un sentido: tenía una madre extraordinaria, una mujer que se negaba a aceptar esta precaria existencia para sus hijos, pese a que ella no había conocido otra cosa. Sabía que algo fallaba por el hecho de que su familia apenas pudiera subsistir en un mundo de gozo y abundancia. Y solía hablar con su hijo acerca de sus sueños.

«No tendríamos que ser pobres, S. B. —solía decir—. Y que nunca te oiga yo decir que somos pobres por voluntad de Dios. Somos pobres... no por culpa de Dios. Somos pobres porque tu padre jamás tuvo el deseo de ser rico. Nadie en nuestra familia ha tenido jamás el deseo de ser otra cosa.»

Nadie había tenido el *deseo* de ser rico. Esta idea quedó grabada tan profundamente en la mente de Fuller, que cambió toda su vida. Empezó a *querer* ser rico. Centraba su mente en las cosas que quería y la apartaba de las que no quería, y así adquirió un ardiente deseo de hacerse rico. Llegó a la conclusión de que el medio más rápido de ganar dinero consistía en vender algo. Eligió el jabón. Se pasó doce años vendiéndolo de puerta en puerta. Un día averiguó que la empresa que le proporcionaba el género iba a ser subastada. El precio de venta de la empresa era de 150.000 dólares. En doce años de ventas y de ahorro, había logrado reunir 25.000 dólares. Se llegó al acuerdo de que depositaría los 25.000 dólares y obtendría los 125.000 restantes en un plazo de diez días. En el contrato figuraba una cláusula según la cual perdería el depósito en caso de que no lograra reunir el dinero.

En el transcurso de sus doce años como vendedor de jabón se había ganado el respeto y la admiración de muchos comerciantes. Ahora acudió a ellos. Obtuvo también dinero de algunos amigos personales y de compañías de préstamos y grupos de inversión. La víspera del décimo día había logrado reunir 115.000 dólares. Le faltaban 10.000.

EN BUSCA DE LA LUZ. «Había agotado todas las fuentes de crédito que conocía —recuerda—. Era entrada la noche. En la oscuridad de mi habitación, me arrodillé y empecé a rezar. Le pedí a Dios que me condujera a una persona que me prestara a tiempo los 10.000 dólares que me faltaban. Me dije a mí mismo que bajaría con mi automóvil por la calle Sesenta y uno hasta que viera la primera luz en un establecimiento comercial. Le pedí a Dios que hiciera que aquella luz fuera un signo que me indicara su respuesta.»

Eran las once de la noche cuando S. B. Fuller empezó a bajar por la calle Sesenta y uno de Chicago. Al final, tras recorrer varias manzanas, vio luz en el despacho de un contratista.

Entró. Allí, sentado junto a su escritorio, cansado de trabajar hasta tan tarde, se encontraba un hombre a quien Fuller conocía vagamente. Fuller comprendió que tendría que ser valiente.

«¿Quiere ganar 1.000 dólares?», le preguntó Fuller directamente.

El contratista se vio sorprendido por la pregunta.

«Sí, claro», contestó.

«En tal caso, extiéndame un cheque por valor de

10.000 y, cuando le devuelva el dinero, le entregaré 1.000 dólares de beneficios», recuerda Fuller que le dijo al hombre.

Le indicó al contratista los nombres de las demás personas que le habían prestado dinero y le explicó exactamente y con todo detalle en qué consistía el negocio.

EXPLOREMOS EL SECRETO DE SU ÉXITO. Antes de que terminara aquella noche, S. B. Fuller ya tenía en el bolsillo un cheque por valor de 10.000 dólares. Posteriormente consiguió intereses con derecho de control no sólo en aquella empresa sino también en otras siete, incluidas cuatro fábricas de cosméticos, una fábrica de géneros de punto, otra de etiquetas y un periódico. Cuando hace poco le pedimos que explorara con nosotros el secreto de su éxito, él nos contestó con las palabras que le había oído pronunciar a su madre hacía muchos años:

«Somos pobres... no por culpa de Dios. Somos pobres porque tu padre nunca tuvo el deseo de ser rico. Nadie en nuestra familia ha tenido jamás el deseo de ser otra cosa.»

«Miren —nos dijo—, yo sabía lo que quería, pero no sabía *cómo* conseguirlo. Por consiguiente, leí la *Biblia* y libros de inspiración para alcanzar un propósito. Pedí en mis plegarias el conocimiento necesario para alcanzar mis objetivos. Tres libros desempeñaron un importante papel en la conversión de mis ardientes deseos en realidad. Estos libros fueron: (1) la *Biblia*, (2) *Piense y hágase rico*, y (3) *El secreto de las edades*. Mi mayor fuente de inspiración procede de la lectura de la Biblia.

»Cuando uno sabe lo que quiere, es más probable que lo reconozca cuando lo vea. Cuando se lee un libro, por ejemplo, reconoce uno las oportunidades capaces de ayudarle a conseguir lo que desea.»

S. B. Fuller llevaba consigo el talismán invisible con las iniciales AMP grabadas en una cara y AMN en la otra. Colocó hacia arriba la cara de la AMP y empezaron a ocurrirle cosas sorprendentes. Pudo convertir en realidad unas ideas que antes no habían sido más que simples ensoñaciones.

Lo que importa observar aquí es que S. B. Fuller empezó su vida con muchas menos ventajas de las que tenemos casi todos nosotros, pero eligió un gran objetivo y se dispuso a alcanzarlo. Como es lógico, la elección del objetivo era individual. En esta época y en este país sigue usted gozando del derecho personal a poder decir: «Eso es lo que yo elijo. Eso es lo que yo quiero conseguir.» Y, a menos que su objetivo sea contrario a las leyes de Dios o de la sociedad, estará en condiciones de alcanzarlo. *Lo tiene todo que ganar y nada que perder si lo intenta. El éxito sólo pueden alcanzarlo y conservarlo quienes lo siguen buscando con una AMP.*

Aquello que busque depende de usted. No a todo el mundo le gustaría ser un S. B. Fuller, responsable de grandes fábricas. No a todo el mundo le gustaría pagar el elevado precio que lleva consigo el hecho de ser un gran artista. Para muchas personas, la riqueza de la vida es algo muy distinto. Una actividad cotidiana que permita llevar una existencia feliz y llena de amor constituye un éxito. Se puede poseer ésta o bien otras riquezas. La elección le corresponde a usted.

Sin embargo, tanto si el éxito significa para usted hacerse tan rico como S. B. Fuller, como si equivale al descubrimiento de un nuevo elemento químico, la creación de una obra musical, el crecimiento de una rosa o bien la educación de un niño, independientemente de lo que el éxito signifique para usted, el talismán con las iniciales AMP grabadas en una cara y AMN grabadas en la otra podrá ayudarle a alcanzarlo.

Lo bueno y lo deseable se atrae con la AMP y se repele con la AMN.

TODA ADVERSIDAD LLEVA LA SEMILLA DE UN BENEFICIO EQUIVALENTE O TAL VEZ MAYOR. «Pero, ¿y si tengo un defecto físico? ¿De qué manera me va a ayudar un cambio de actitud?», podría usted preguntar. Tal vez la respuesta se la pueda dar la historia de Tom Dempsey, un muchacho inválido de nacimiento.

Tom nació sin medio pie derecho y con sólo un muñón por brazo derecho. De niño hubiera querido participar en actividades deportivas como los demás muchachos. Sentía un ardiente deseo de jugar al fútbol americano. Como consecuencia de este deseo, sus padres le mandaron hacer un pie artificial de madera. El pie de madera fue acoplado a una bota especial de fútbol. Hora tras hora, día tras día, Tom hacía prácticas, dándole al balón con su pie de madera. Intentaba una y otra vez efectuar tiros libres a distancias cada vez mayores. Llegó a ser tan hábil que fue contratado por el equipo de los Santos de Nueva Orleans.

Los gritos de 66.910 aficionados pudieron escucharse en todos los Estados Unidos cuando, en los últimos dos segundos del partido, Tom Dempsey —con su pierna tullida— batió un récord, efectuando un tiro libre a 63 yardas de distancia (unos 60 metros). Era el tiro libre más largo jamás efectuado por un jugador profesional de fútbol americano. Ello permitió a los Santos ganar por un tanteo de 19-17 a los Leones de Detroit.

«Hemos sido derrotados por un milagro», comentó el entrenador del equipo de Detroit Joseph Schmidt. Y, para muchos, fue un milagro... una respuesta a una plegaria.

«Tom Dempsey no ha lanzado este tiro libre, lo ha lanzado Dios», dijo el zaguero de los Leones, Wayne Walker.

28

«Interesante. Pero, ¿qué significa para mí la historia de Tom Dempsey?», podría usted preguntar.

Nuestra respuesta sería: «Muy poco... a menos que usted adquiera la costumbre de reconocer, establecer un nexo, asimilar y utilizar los principios universales, adoptándolos como propios. Y después emprenda una acción conveniente».

¿Y cuáles son los principios contenidos en la historia de Tom Dempsey que usted podría aplicar, tanto si es un disminuido físico como si no? Dichos principios los pueden aprender y aplicar tanto los niños como los mayores:

— La grandeza está reservada para aquellos que adquieren un ardiente deseo de alcanzar altos objetivos.

— El éxito lo alcanzan y lo conservan quienes lo intentan y lo siguen intentando con una AMP.

— Para convertirse en un experto en cualquier actividad humana hace falta práctica... práctica... práctica.

— El esfuerzo y el trabajo pueden resultar divertidos cuando se fijan unos determinados objetivos deseables.

— En toda adversidad hay la semilla de un beneficio equivalente o tal vez mayor para aquellos a quienes una AMP les induce a convertirse en personas de éxito.

— La mayor fuerza del hombre estriba en la fuerza de la plegaria.

Para aprender y aplicar estos principios, vuelva hacia arriba su talismán invisible por la cara de la AMP.

Cuando Henley escribió el poético verso «Yo soy el dueño de mi destino, soy el capitán de mi alma», nos hubiera podido informar de que somos los dueños de nuestro destino *porque* somos, ante todo, los dueños de nuestras *actitudes*. Éstas configuran nuestro futuro. Se trata de una ley universal. El poeta hubiera podido decirnos con gran entusiasmo que esta ley actúa tanto si las actitudes son destructivas como si son constructivas. La ley afirma que convertimos en realidad física los pensamientos y las actitudes que albergamos en nuestra mente, con independencia de lo que sean. Convertimos en realidad los pensamientos de pobreza con la misma rapidez con que convertimos en realidad los pensamientos de riqueza. Sin embargo, cuando nuestra actitud hacia nosotros mismos es positiva y nuestra actitud hacia los demás es generosa y compasiva, atraemos grandes y generosas parcelas de éxito.

UN HOMBRE VERDADERAMENTE GRANDE. Considere el ejemplo de Henry J. Kaiser, un hombre de auténtico éxito gracias a que su actitud hacia sí mismo es grande y positiva. Las empresas que se identifican con el nombre de Henry J. Kaiser cuentan con activos de más de mil millones de dólares. Gracias a su generosidad y compasión para con los demás, los mudos han podido hablar, los inválidos han podido volver a llevar una existencia útil y cientos de miles de personas han recibido atención hospitalaria por muy poco dinero. Todo ello ha surgido de las semillas de pensamiento que su madre plantó en su interior.

Mary Kaiser le hizo a su hijo un *regalo de valor incalculable*. Le enseñó también a aplicar *el valor más grande de la vida*.

1. *Un regalo de valor incalculable:* Tras su jornada laboral, Mary Kaiser dedicaba muchas horas a trabajar como enfermera voluntaria, ayudando a los desgraciados. A menudo le decía a su hijo: «Henry, nada se consigue sin trabajo. Aunque no te deje más que la

voluntad de trabajar, te habré dejado un regalo de valor incalculable: *la alegría del trabajo*».

2. *El valor más grande de la vida*: «Fue mi madre —afirma el señor Kaiser— quien primero me enseñó algunos de los valores más grandes de la vida, entre ellos el amor a las personas y la importancia de servir a los demás. *"Amar a las personas y servirlas* —solía decir— *es el valor más grande de la vida"*».

Henry J. Kaiser conoce el poder de la AMP. Sabe lo que ésta puede hacer en su propia vida y en beneficio de su país. Conoce también la fuerza de la AMN. En el transcurso de la segunda guerra mundial, construyó más de 1.500 buques con tal rapidez que sorprendió al mundo. Cuando él afirmó: «Podemos construir un buque de transporte Liberty cada diez días», los expertos dijeron: «Eso no puede hacerse... ¡es imposible!» Y, sin embargo, Kaiser lo hizo. Aquellos que creen que *no pueden*, rechazan lo positivo; utilizan la cara negativa de su talismán. Aquellos que creen que *pueden*, rechazan lo negativo; utilizan la cara positiva.

Por eso debemos andarnos con cuidado cuando utilicemos este talismán. La cara de la AMP le permitirá alcanzar todos los bienes de la vida, le ayudará a superar las dificultades y a descubrir sus fuerzas. Podrá ayudarle a adelantarse a sus competidores y, al igual que le ocurrió a Kaiser, podrá convertir en realidad lo que otros afirman que es imposible.

Sin embargo, la cara de la AMN es análogamente poderosa. En lugar de atraer la felicidad y el éxito, puede suscitar la desesperación y la derrota. Como todo poder, el talismán es peligroso si no lo utilizamos adecuadamente.

DE QUÉ MANERA REPELE LA FUERZA DE LA AMN. Hay una historia muy interesante que ilustra de qué manera repele la fuerza de la AMN. Es originaria de uno de los estados sureños. Allí, donde todavía se utilizan las chimeneas de leña para calentar las casas, vivía un leñador que tenía muy poca suerte en la vida. Durante más de dos años había suministrado leña a cierto propietario de una casa. El leñador sabía que los troncos no podían superar los dieciocho centímetros de diámetro para caber en aquella chimenea concreta.

En cierta ocasión, este cliente hizo un pedido de leña, pero no estaba en casa cuando se lo entregaron. Al regresar, descubrió que casi todos los troncos eran de un tamaño superior al que él necesitaba. Llamó al leñador y le dijo que cambiara inmediatamente aquellos troncos demasiado grandes.

«¡No puedo hacer eso! —dijo el leñador—. Me costaría más de lo que vale todo el pedido.» Tras lo cual, colgó el aparato.

El propietario de la casa no tuvo más remedio que cortar los troncos por sí mismo. Se arremangó y puso manos a la obra. Cuando se encontraba hacia la mitad de su tarea, descubrió en un tronco un agujero que alguien había obturado. El propietario tomó el tronco. Era insólitamente liviano y parecía estar hueco. Con un fuerte golpe del hacha, partió el tronco.

Apareció entonces un ennegrecido rollo de papel de estaño. El propietario se agachó, recogió el rollo y lo desenvolvió. Para su asombro, contenía varios billetes muy viejos de 50 y 100 dólares. Empezó a contarlos despacio. Su valor ascendía exactamente a 2.250 dólares. Resultaba evidente que los billetes llevaban mucho tiempo ocultos en el árbol puesto que el papel era muy frágil. El propietario tenía una AMP. Su única preocupación fue la de devolverle el dinero a su legítimo dueño. Tomó el teléfono, llamó de nuevo al leñador y le preguntó dónde había cortado los troncos. Una vez más, la AMN del leñador puso de manifiesto su capacidad de repulsión. «Eso no es asunto de nadie más que mío —dijo el leñador—. Si revelaras tus secretos, la gente andaría engañándote constantemente.» A pesar de sus muchos esfuerzos, el propietario de la casa jamás logró averiguar de dónde procedían los troncos o quién había ocultado el dinero en el interior de uno de ellos.

Pues bien, lo interesante de esta historia no reside en su ironía. Es cierto que el hombre que tenía una AMP encontró el dinero mientras que el que una AMN no lo encontró. Pero no es menos cierto que las circunstancias afortunadas se dan en la vida de todo el mundo. No obstante, el hombre con una AMN no podrá beneficiarse de las circunstancias favorables. Y el hombre con una AMP logrará que incluso los acontecimientos desafortunados se conviertan en ventajas.

En el equipo de ventas de la Combined Insurance Company of America había un vendedor llamado Al Allen. Al quería ser el vendedor estrella de la compañía. Trató de aplicar los principios de AMP que había descubierto en los libros y revistas de inspiración que leía. En la revista *Success Unlimited* (Éxito sin fronteras) leyó un editorial titulado «Desarrolle un descontento inspirador». No tardó mucho tiempo en aparecer la ocasión de poner en práctica lo que había leído. Ello le ofreció la oportunidad de organizar sus actitudes de tal manera que pudiera utilizar con eficacia la cara de la AMP de su talismán.

DESARROLLÓ UN DESCONTENTO INSPIRADOR. Un gélido día invernal, Al andaba recorriendo todos los establecimientos de una manzana de una ciudad de Wisconsin; entraba sin previo aviso y trataba de vender pólizas de seguros. Pero no hizo ninguna venta. Como es lógico, estaba descontento. Sin embargo, la AMP de Al transformó este *descontento* en un «*descontento inspirador*».

¿Por qué?

Recordó el editorial que había leído. Aplicó el principio. Al día siguiente, antes de salir de la delegación local, comentó con los compañeros sus fracasos del día anterior. Y les dijo: «Vais a ver. ¡Hoy visitaré a los mismos presuntos clientes y venderé más seguros que todos vosotros juntos!»

Y lo más curioso es que Al lo consiguió. Volvió a aquella misma manzana de casas y visitó a todas las personas con quienes había hablado el día anterior. ¡Consiguió vender 66 nuevos contratos de accidente!

Fue sin duda una hazaña insólita. Y ocurrió a causa de la «mala suerte» que había tenido Al, recorriendo las calles entre la cellisca y el viento durante ocho horas sin vender ni una sola póliza. Al Allen estuvo en condiciones de reorganizar su actitud. Supo transformar el descontento negativo que todos hubiéramos experimentado en similares circunstancias, en un descontento inspirador que se tradujo en un éxito al día siguiente. Al se convirtió en el mejor vendedor de la compañía y fue ascendido a jefe de ventas.

Esta capacidad de tomar el talismán invisible y utilizar la cara que posee la fuerza de la AMP en lugar de la cara de la AMN, es una de las características de muchas personas de éxito. Casi todos nosotros nos mostramos inclinados a considerar que el éxito ocurre de alguna manera misteriosa a través de ventajas que nosotros no poseemos. Tal vez porque las poseemos no las vemos. Lo obvio no suele verse. La AMP de un hombre es su ventaja, y ello no tiene nada de misterioso.

Henry Ford, tras haber alcanzado el éxito, suscitó mucha envidia. La gente creía que, por un azar de la suerte, por la ayuda de amigos influyentes, por su talento o por cualquier otra cosa en que pudiera consistir el «secreto» de Ford, es decir, por *estas cosas*, Ford había alcanzado el éxito. Y no cabe duda de que algunos de estos elementos desempeñaron un papel. Pero había algo más. Tal vez una persona de cada cien mil conociera el verdadero motivo del éxito de

Ford y es posible que estas personas se avergonzaran generalmente de hablar de ello a causa de su sencillez. Un vistazo a la forma de actuar de Ford nos ilustrará el «secreto» a la perfección.

Hace años, Henry Ford decidió desarrollar el ahora célebre motor conocido como V-8. Quería construir un motor con los ocho cilindros fundidos en un solo bloque. Dio instrucciones a los ingenieros en el sentido de que proyectaran semejante motor. Los ingenieros afirmaron como un solo hombre que era de todo punto *imposible* fundir un bloque de motor de ocho cilindros en una sola pieza.

«Háganlo de todos modos», les dijo Ford.

«Pero es que no es posible», replicaron ellos.

«Pongan manos a la obra —les ordenó Ford— y sigan esforzándose hasta que lo consigan, no importa el tiempo que haga falta.»

Los ingenieros pusieron manos a la obra. No tenían más remedio que hacerlo, si querían seguir perteneciendo al equipo de la Ford. Transcurrieron seis meses sin que lo lograran. Transcurrieron otros seis y tampoco lo consiguieron. Cuanto más lo intentaban, tanto más «imposible» parecía.

A finales de año, Ford se puso en contacto con sus ingenieros. Una vez más, éstos le informaron de que no habían sido capaces de cumplir sus órdenes.

«Sigan trabajando —les dijo Ford—. Lo quiero y lo tendré.»

¿Y qué ocurrió?

Pues que, como es lógico, fabricar el motor no era imposible en absoluto. El Ford V-8 se convirtió en el automóvil de éxito más espectacular en carretera, permitiendo a Henry Ford y a su empresa adelantarse tanto a sus competidores más próximos que éstos tardaron años en darles alcance. Ford utilizaba una AMP. Y esta misma capacidad la tiene usted a su disposición. Si la utiliza y vuelve el talismán por la cara adecuada tal como hizo Henry Ford, podrá alcanzar también el éxito y convertir en realidad la posibilidad de lo improbable. Si sabe lo que quiere, podrá hallar el medio de conseguirlo.

Un hombre de 25 años tiene por delante unas 100.000 horas de trabajo si se retira a los 65. ¿Cuántas de sus horas laborales estarán animadas por la fuerza de la AMP? ¿Y cuántas de ellas dejarán la vida fuera de combate con los arrolladores golpes de la AMN?

Pero, ¿cómo puede usted poner en marcha en su vida la AMP en lugar de la AMN? Algunas personas parecen utilizar esta fuerza instintivamente. Henry Ford fue una de ellas cuando se empeñó en mejorar sus automóviles. Otras tienen que aprender a hacerlo. Al Allen lo aprendió aplicando y asimilando lo que leía en libros y revistas de carácter inspirador. *La actitud mental positiva: un camino hacia el éxito* es uno de estos libros.

Usted también puede aprender a desarrollar una AMP.

Algunas personas utilizan durante algún tiempo la AMP, pero, cuando sufren algún revés, pierden la fe en ella. Empiezan bien, pero algunos episodios de «mala suerte» los inducen a volver el talismán del lado equivocado. No comprenden que el éxito lo *conservan* quienes *siguen intentándolo con AMP*. Son como el célebre caballo de carreras *John P. Grier*. *John P. Grier* era un pura sangre muy prometedor, tan prometedor que fue cuidado, adiestrado y calificado como el único caballo que tenía posibilidad de derrotar al más grande caballo de carreras de todos los tiempos: *Man o'War*.

No PERMITA QUE SU ACTITUD MENTAL LE CONVIERTA EN UNA «PIEZA DE MUSEO». En la competición para el premio Dwyer en Aqueduct, ambos caballos se enfrentaron finalmente en julio de 1920. Era un día espléndido. Todas las miradas se encontraban clavadas en la línea de salida. Ambos caballos salieron al mismo tiempo. Corrían por la pista el uno al lado del otro. Estaba claro que *John P. Grier* le estaba ofreciendo a *Man o'War* la gran carrera de su vida. Al llegar a la señalización de la cuarta parte de la carrera seguían igualados. La mitad de la carrera... Las tres cuartas partes de la carrera y aún iban igualados. La octava parte... y todavía igualados. Después, en la recta, *John P. Grier hizo* que el público se levantara de sus asientos. Poco a poco se empezó a adelantar.

Fue un momento de crisis para el jockey de *Man o'War*. Este adoptó una decisión. Por primera vez en la carrera del gran caballo, el jockey le azotó fuertemente la grupa con el látigo. *Man o'War* reaccionó como si le hubieran prendido fuego en la cola. Se disparó hacia adelante y se alejó de *John P. Grier* como si éste se hubiera quedado inmóvil. Al finalizar la carrera, *Man o'War* había ganado por siete largos.

Sin embargo, lo importante desde nuestro punto de vista fue el efecto que la derrota ejerció en el otro caballo. *John P. Grier* había sido un caballo de gran temple; la victoria era su actitud. No obstante, aquella experiencia le afectó de tal modo que jamás se recuperó. Todas sus carreras posteriores fueron unos intentos débiles y sin convicción, y jamás volvió a ganar.

Las personas no son caballos de carreras, pero esta historia nos induce a recordar a demasiados hombres que, en la época del «boom» de los años veinte, empezaron con una maravillosa actitud positiva. Alcanzaron el éxito económico y después, cuando se produjo la Depresión en 1930, experimentaron la derrota. Se sintieron aplastados. Su actitud cambió de positiva a negativa. Su talismán se volvió de la cara de la AMN. Dejaron de esforzarse. Al igual que *John P. Grier*, se convirtieron en «piezas de museo».

Algunas personas parecen utilizar constantemente la **AMP**. Otras empiezan y después lo dejan. Pero otras —la inmensa mayoría de nosotros—, jamás han empezado a utilizar realmente las extraordinarias facultades que poseen.

¿Qué decir de nosotros? ¿Podemos *aprender* a utilizar la AMP de la misma manera que hemos aprendido otras habilidades?

La respuesta, basada en nuestros años de experiencia, es un rotundo *sí*.

Éste es el tema del presente libro. En los capítulos siguientes, le mostraremos cómo se puede hacer. El esfuerzo del aprendizaje merecerá la pena porque la AMP constituye el ingrediente esencial de todo éxito.

CONOZCA A LA PERSONA VIVIENTE MÁS IMPORTANTE. ¡El día en que reconozca en usted la AMP será el día en que conocerá a la persona viviente más importante! ¿Quién es? Pues la persona viviente más importante en relación con usted y con su propia vida es *usted* mismo. Eche un vistazo hacia el interior de sí mismo. ¿No es cierto que lleva consigo un talismán invisible con las iniciales AMP grabadas en una cara y las iniciales AMN grabadas en la otra? ¿Qué es exactamente este talismán, esta fuerza? El talismán es su mente. La **AMP** es una Actitud Mental Positiva.

Una Actitud Mental Positiva quiere decir una actitud mental adecuada. ¿Y cuál es la actitud mental *adecuada*? Está compuesta en general por las características «positivas» simbolizadas por palabras tales como fe, integridad, esperanza, optimismo, valentía, capacidad de iniciativa, generosidad, tolerancia, tacto, amabilidad y sentido común. La persona con una Actitud Mental Positiva se propone elevadas metas y se esfuerza constantemente por alcanzarlas.

La AMN es una Actitud Mental Negativa. Y sus características son contrarias a las de la AMP.

Tras haberse pasado varios años estudiando a los

hombres de éxito, los autores de *La actitud mental positiva: un camino hacia el éxito* han llegado a la conclusión de que el sencillo secreto que comparten todos ellos es el de una Actitud Mental Positiva.

Fue la AMP la que ayudó a S. B. Fuller a superar los inconvenientes de la pobreza. Fue la AMP la que indujo a Tom Dempsey, a pesar de su pierna tullida, a efectuar el tiro libre más largo jamás lanzado en un partido de fútbol americano profesional. Y fue ciertamente una Actitud Mental Positiva la que permitió que Henry J. Kaiser construyera un buque de transporte Liberty cada diez días. La capacidad de Al Allen de volver su talismán del lado adecuado, le indujo a visitar de nuevo a sus posibles clientes —los mismos que el día anterior le habían rechazado— y a establecer un nuevo récord de ventas.

¿Sabe de qué manera puede conseguir que su talismán invisible le resulte beneficioso? Es posible que lo sepa y es posible que no. Tal vez haya usted conseguido desarrollar y fortalecer su AMP hasta el punto de ver convertidos en realidad todos aquellos deseos que merecen la pena. Pero, si no ha sido así, podrá y logrará usted aprender las técnicas capaces de permitirle liberar la fuerza de su AMP a través de la magia que ejercerá en su vida a medida que vaya leyendo este libro.

En este libro se describe qué es una Actitud Mental Positiva y cómo se puede desarrollar y aplicar. Es el principio *esencial* de los Diecisiete Principios que se describen en este libro con vistas a la consecución de un éxito que merezca la pena. El éxito se alcanza a través de la combinación de la AMP con uno o más de los otros dieciséis principios para alcanzar el éxito. Domínelos. Empiece a aplicarlos uno a uno a medida que vaya reconociéndolos en el transcurso de la lectura de *La actitud mental positiva: un camino hacia el éxito.* Cuando haya convertido estos principios en parte de su vida, habrá alcanzado una Actitud Mental Positiva en su grado más elevado. Y el resultado será el éxito, la salud, la felicidad, la riqueza o cualquier otro objetivo concreto que usted se haya propuesto en la vida. Todo eso será suyo... siempre y cuando no viole las leyes de la Infinita Inteligencia y los derechos de sus congéneres. Estas violaciones constituyen las formas más repelentes de una AMN.

En el capítulo 2 encontrará usted la fórmula capaz de permitirle conservar una mentalidad positiva. Domine esta fórmula; aplíquela en todo lo que haga y estará en condiciones de lograr todos sus deseos.

GUÍA N.º 1

Ideas a seguir

1. ¡Conozca a la persona viviente más importante! Esta persona es *usted*. Su éxito, su salud, su felicidad y su riqueza dependerán de la forma en que usted utilice su talismán invisible. ¿Cómo lo utilizará? La elección le corresponde solamente a usted.

2. Su mente es su talismán invisible. Las letras AMP (Actitúd Mental Positiva) se hallan grabadas en una cara y las letras AMN (Actitud Mental Negativa) se hallan grabadas en la otra. Se trata de fuerzas muy poderosas. *La AMP es la actitud mental adecuada para cada ocasión concreta.* Posee la capacidad de atraer lo bueno y lo bello. La AMN los repele. La Actitud Mental Negativa le aparta de todo aquello que hace que la vida merezca la pena de ser vivida.

   Examen de conciencia: «¿Cómo puedo desarrollar la actitud mental adecuada?» Sea concreto.

40

3. No le reproche a Dios su falta de éxito. Al igual que S. B. Fuller, usted puede desarrollar un ardiente deseo de alcanzar el éxito. ¿Cómo? *Centre su mente en las cosas que quiere y apártela de las cosas que no quiere.* ¿Cómo?

4. Al igual que S. B. Fuller, lea la Biblia y libros de inspiración para estos fines. Pida la guía divina. *Busque la luz.*

Examen de conciencia: ¿Cree que es correcto pedir la Guía Divina?

5. *Toda adversidad lleva la semilla de un beneficio equivalente o todavía mayor para aquellos que poseen una AMP.* A veces, las cosas que parecen adversidades resultan ser *oportunidades disfrazadas.* Tom Dempsey lo supo descubrir en su calidad de inválido.

Examen de conciencia: ¿Quiere usted dedicar tiempo a reflexionar para establecer de qué manera se pueden convertir las adversidades en semillas de beneficios equivalentes o todavía mayores?

6. Acepte el regalo de valor incalculable: *la alegría del trabajo.* Aplique el valor más grande de la vida: *ame a las personas y sírvalas.* Al igual que Henry J. Kaiser, atraerá grandes y generosas parcelas de éxito. Podrá hacerlo si desarrolla una AMP.

Examen de conciencia: ¿Tratará de averiguar cómo puede desarrollar una AMP mientras lea este libro?

7. Nunca subestime la fuerza repelente de una actitud mental negativa. Ésta puede impedir que se beneficie de la buena suerte.

Examen de conciencia: La AMP atrae la buena suerte. ¿Cómo puedo desarrollar la costumbre de una AMP?

8. Puede usted sacar provecho de la decepción... si la convierte en un descontento inspirador por medio de la AMP. Como Al Allen, desarrolle un *descontento inspirador*. Reorganice sus actitudes y convierta el fracaso de un día en el éxito del siguiente. ¿Cómo cree usted que puede desarrollar un descontento inspirador?

9. Convierta en realidad la posibilidad de lo improbable adquiriendo una AMP. Dígase a sí mismo, tal como Henry Ford les decía a sus ingenieros: *«¡Sigue trabajando!»*

   Examen de conciencia: ¿Tiene usted el valor de apuntar alto y de esforzarse a diario por tener presente su objetivo?

10. No permita que su actitud mental le convierta en una «pieza de museo». Cuando alcance el éxito y surja una depresión o alguna otra circunstancia desfavorable que le produzca una pérdida o una derrota, utilice el factor de automotivación: *El éxito lo alcanzan quienes lo intentan y lo conservan quienes lo siguen intentando con una AMP*. De este modo evitará quedar aplastado.

PRINCIPIOS UNIVERSALES EN FORMA DE FACTORES DE AUTOMOTIVACIÓN

— Toda adversidad lleva la semilla de un beneficio equivalente o todavía mayor.

— La grandeza es para aquellos que desarrollan un ardiente deseo de alcanzar objetivos elevados.

— El éxito lo alcanzan y lo mantienen aquellos que lo intentan y lo siguen intentando con una AMP.

— Para convertirse en un experto en cualquier actividad humana hace falta práctica... práctica... práctica.

— La mayor fuerza del hombre estriba en la fuerza de la plegaria.

2

USTED PUEDE CAMBIAR SU MUNDO

Sabemos ahora que la sigla AMP significa Actitud Mental Positiva. Y sabemos también que una Actitud Mental Positiva es uno de los 17 principios del éxito. Cuando empiece a aplicar una combinación de estos principios con la AMP en su profesión o en la solución de sus problemas personales, habrá echado a andar por el sendero del éxito, estará en el buen camino y seguirá la dirección adecuada para alcanzar sus propósitos.

Para conseguir cualquier cosa que merezca la pena en la vida, es imprescindible que aplique una AMP, con independencia de los demás principios del éxito que usted emplee. La AMP es el catalizador por medio del cual conseguiremos que cualquier combinación de principios del éxito dé resultado de tal manera que se alcance un objetivo deseable. En cambio, la AMN, combinada con alguno de los mismos principios, es el catalizador que da por resultado el crimen o el mal. Y el dolor, el desastre, la tragedia —el pecado, la enfermedad, la muerte—, son algunas de sus consecuencias.

LOS 17 PRINCIPIOS DEL ÉXITO. Los autores han venido dedicándose durante muchos años a pronunciar conferencias, a dar clases y a dirigir un curso por correspondencia sobre los 17. principios del éxito. El título del curso es: *AMP, la ciencia del éxito.* Estos 17 principios son los siguientes:

1. Una Actitud Mental Positiva.
2. Precisión de objetivos.
3. Recorrer un kilómetro más.
4. Exactitud de pensamiento.
5. Autodisciplina.
6. Genio creador.
7. Fe aplicada.
8. Una personalidad agradable.
9. Iniciativa personal.
10. Entusiasmo.
11. Atención controlada.
12. Labor de equipo.
13. Aprender de la derrota.
14. Visión creadora.
15. Dedicación de tiempo y dinero.
16. Conservación de una buena salud física y mental.
17. Utilización de la fuerza del hábito cósmico (ley universal).

Estos 17 principios del éxito no son una creación de los autores. Han sido extraídos de la experiencia vital de cientos de las personas de más éxito que nuestra nación ha conocido en el transcurso del pasado siglo.

Mientras viva, y a partir de hoy, podrá usted analizar todos sus éxitos y fracasos... siempre y cuando se grabe indeleblemente estos 17 principios en su memoria. Puede usted desarrollar y conservar una Actitud Mental Positiva adquiriendo el compromiso de aplicar y adoptar estos 17 principios en su vida cotidiana.

No existe ningún otro método conocido por medio del cual pueda usted mantener una actitud positiva.

Analícese *ahora* a sí mismo con valentía y averigüe cuáles de estos principios ha utilizado y cuáles de ellos ha olvidado.

En el futuro, analice tanto sus éxitos como sus fracasos utilizando los 17 principios en calidad de instrumento de medición, y muy pronto podrá usted establecer el obstáculo que le ha impedido avanzar.

Si tiene usted una AMP y no alcanza el éxito, entonces ¿qué? Si utiliza usted una AMP y no alcanza el éxito, ello puede deberse a que no utiliza los principios que son necesarios en la combinación precisa para alcanzar el objetivo que se ha propuesto.

Podría analizar usted las historias de S. B. Fuller, Tom Dempsey, Henry J. Kaiser, el leñador, Al Allen y Henry Ford y establecer cuáles de los 17 principios del éxito aplicó o bien dejó de aplicar cada una de estas personas. Podría analizar a alguien a quien conozca y que sea en la vida real una «pieza de museo». Mientras vaya leyendo las historias que se presentarán en los siguientes capítulos, haga lo mismo. Pregúntese: ¿Cuáles de los 17 principios del éxito se están utilizando? ¿Cuáles no? Al principio puede resultar difícil comprender y aplicar esos principios. Sin embargo, a medida que siga leyendo *La actitud mental positiva: un camino hacia el éxito,* cada uno de estos principios le irá resultando más claro. Y entonces podrá utilizarlos. Cuando llegue al capítulo 20, estará usted en condiciones de analizarse a sí mismo cuidadosamente a través de los 17 principios del éxito. Allí encontrará un esquema de autoanálisis bajo el título «Análisis del Cociente de Éxito.»

¿Le ha tratado el mundo con dureza? Los alumnos que se matriculan en el curso *AMP, la ciencia del éxito*, suelen ser personas que se consideraban fracasadas en alguna faceta de su vida. La primera pregunta que se le podría hacer a una persona así cuando se inician las clases es la siguiente: «¿Por qué? ¿Por qué quiere seguir este curso? ¿Por qué no ha alcanzado el éxito que hubiera deseado alcanzar?» Y las razones que estas personas *aducen* nos revelan la trágica historia de la causa de su fracaso.

«Jamás tuve oportunidad de prosperar. Mi padre era alcohólico, ¿sabe?»

«Me crié en los barrios bajos y eso es algo que no hay quien lo supere.»

«Sólo recibí enseñanza primaria.»

Estas personas están diciendo esencialmente que el mundo las ha tratado con dureza. Están echando la culpa de sus fracasos al mundo y a circunstancias *exteriores*. Le echan la culpa a la herencia o al ambiente. Empiezan con una Actitud Mental Negativa. Y, como es lógico, con esta actitud *están* en desventaja. Sin embargo, lo que les impide prosperar es la AMN, no la desventaja externa a la que ellos atribuyen su fracaso.

Una lección aprendida en la infancia. Se cuenta una maravillosa historia acerca de un predicador que un sábado por la mañana estaba tratando de preparar un sermón en difíciles circunstancias. Su esposa había salido de compras. Era un día lluvioso, y su hijito se mostraba nervioso y aburrido porque no tenía nada que hacer. Al final, desesperado, el pastor tomó una vieja revista y empezó a hojearla hasta llegar a una ilustración brillantemente coloreada. Era un mapamundi. Arrancó la página de la revista, la rompió en trocitos y los esparció todos por el suelo del salón al tiempo que decía: «Johnny, si puedes recomponer todo eso te daré un cuarto de dólar.»

El predicador supuso que la tarea le iba a llevar a Johnny buena parte de la mañana. Pero a los diez minutos oyó llamar con los nudillos a la puerta de su estudio. Era su hijo con el rompecabezas ya ordenado. El hombre se sorprendió de que Johnny hubiera terminado tan temprano, con los trozos de papel pulcramente colocados y el mapa del mundo recompuesto.

«Hijo, ¿cómo lo has hecho tan de prisa?», preguntó el predicador.

«Oh —contestó Johnny—, ha sido fácil. En la parte de atrás había la imagen de un hombre. He colocado un trozo de papel debajo, he compuesto la figura del hombre, he colocado un papel encima y lo he vuelto del revés. He pensado que si la figura del hombre estaba bien, el mundo también lo estaría.»

El clérigo sonrió y le entregó a su hijo un cuarto de dólar. «También me has dado el tema del sermón de mañana —dijo—. *Si un hombre está bien, el mundo estará bien.*»

Esta idea encierra una gran lección. Si alguien no está satisfecho de su mundo y desea cambiarlo, tiene que empezar por sí mismo. *Si usted está bien, su mundo estará bien.* En eso consiste la AMP. Si uno tiene una Actitud Mental Positiva, los problemas de su mundo tienden a doblegarse ante él.

USTED NACIÓ CAMPEÓN. ¿Se le ha ocurrido pensar alguna vez en las batallas que ganó antes de nacer? «Deténgase a pensar acerca de sí mismo —dice el experto en genética Amram Scheinfeld—. En toda la historia del mundo jamás ha habido nadie exactamente igual a usted y, en toda la inmensidad del tiempo venidero, jamás habrá otro igual.»

Es usted una persona muy especial. Y tuvieron que librarse numerosas luchas concluidas con éxito para que apareciera usted. Imagínese: decenas de millones de células espermáticas participaron en la gran batalla y, sin embargo, sólo una de ellas ganó: ¡la que le hizo a usted! Fue una grandiosa carrera para alcanzar un solo objetivo: un valioso óvulo con un diminuto núcleo. Este objetivo por el que competían los espermatozoos era de tamaño inferior al de una cabeza de alfiler. Y cada espermatozoo era tan pequeño que hubiera tenido que ampliarse miles de veces para que el ojo humano pudiera percibirlo. Y, sin embargo, a este nivel microscópico se libró la batalla más decisiva de su vida.

La cabeza de cada uno de los millones de espermatozoos contenía una valiosa carga de 24 cromosomas, de la misma manera que, en el diminuto núcleo del óvulo, había también 24 cromosomas. Cada cromosoma estaba integrado por un conjunto de corpúsculos de apariencia gelatinosa. Cada bolita contenía cientos de genes a los que los científicos atribuyen todos los factores de su herencia.

Los cromosomas del espermatozoo incluían todas las tendencias y el material hereditario aportado por su padre y por sus antepasados; los del núcleo del óvulo contenían los rasgos hereditarios de su madre y de sus antepasados. Su madre y su padre representaban la culminación de más de dos mil millones de años de victoria en la lucha por la supervivencia. Y entonces un determinado espermatozoo —el más rápido, el más sano, el ganador— se unió con el óvulo que lo estaba aguardando para formar con éste una diminuta célula viva.

Se había iniciado la vida de la persona viviente más importante. Se había usted proclamado campeón, triunfando sobre las más asombrosas fuerzas con que jamás haya tenido que enfrentarse. A todos los fines prácticos, había heredado usted de la vasta reserva del pasado todas las capacidades y facultades que potencialmente necesita para alcanzar sus objetivos.

Nació usted para ser un campeón y cualesquiera que sean las dificultades y obstáculos con que tropiece en su camino, jamás serán ni una décima parte de las que ya superó en el momento de su concepción. Toda persona lleva la victoria *incorporada*. Pensemos en el caso de Irving Ben Cooper, que fue uno de los jueces más respetados de los Estados Unidos. Sin embargo, eso estaba muy lejos de lo que el joven Ben Cooper pensaba que iba a ser en su juventud.

De qué manera un muchacho asustado desarrolló una AMP. Ben se crió en un barrio casi bajo de St. Joseph, Missouri. Su padre era un sastre inmigrante que ganaba muy poco dinero. Muchos días no había suficiente para comer. Para calentar la pequeña casa, Ben solía tomar un cubo y bajar a las vías del tren que discurrían por allí cerca. Allí recogía trozos de carbón. Ben se avergonzaba de tener que hacerlo. A menudo procuraba dar un rodeo por calles poco transitadas para que los niños de la escuela no le vieran.

Pero ellos le veían con frecuencia. Había una banda de muchachos en concreto que se complacía especialmente en tender emboscadas a Ben y golpearle cuando regresaba a casa. Le esparcían el carbón por la calle y él regresaba a casa llorando. De este modo, vivía en un estado más o menos permanente de miedo y de desprecio de sí mismo.

Algo ocurrió, tal como tiene que ocurrir siempre que rompemos el esquema de la derrota. La victoria que llevamos en nuestro interior no se manifiesta hasta que estamos preparados. Ben se sintió impulsado a emprender una acción positiva tras la lectura de un libro. Era *La lucha de Robert Coverdale*, de Horatio Alger.

En dicho libro, Ben leyó las aventuras de un joven que se enfrentaba como él a grandes dificultades, pero que las superaba con el valor y la fuerza moral que Ben deseaba poseer.

El muchacho leyó todos los libros de Horatio Alger que pudo conseguir que le prestaran. Mientras los leía, se identificaba con el papel del héroe. Se pasó todo el invierno en la fría cocina, leyendo historias de valor y éxito y absorbiendo de forma inconsciente una Actitud Mental Positiva.

Algunos meses después de haber leído el primer libro de Horatio Alger, Ben Cooper se estaba dirigiendo una vez más a las vías del tren. Vio a lo lejos tres figuras ocultándose detrás de un edificio. Su primer impulso fue el de dar media vuelta y echar a correr. Entonces recordó el valor que había admirado en los héroes de sus libros y, en lugar de dar media vuelta, su mano asió con más fuerza el cubo de carbón mientras seguía avanzando *como si fuera uno de los héroes de Horatio Alger.*

Fue una lucha brutal. Los tres muchachos se abalanzaron simultáneamente sobre Ben. El cubo se le cayó y él empezó a agitar los brazos con una decisión que pilló por sorpresa a los matones. La mano derecha de Ben golpeó los labios y la nariz de uno de los muchachos... y su mano izquierda le golpeó el estómago. Para asombro de Ben, el muchacho dejó de luchar, dio media vuelta y se alejó corriendo. Entretanto, los otros dos muchachos seguían golpeándole y propinándole patadas. Ben consiguió apartar a uno de los chicos y derribar al otro. Se abalanzó después sobre el segundo joven, colocándose de rodillas mientras le golpeaba repetidamente el estómago y la mandíbula... como si se hubiera vuelto loco. Ahora no quedaba más que un muchacho. Era el jefe, que había saltado encima de Ben. Ben consiguió apartarle y levantarse. Durante unos instantes, ambos muchachos permanecieron de pie, mirándose fijamente el uno al otro.

Y entonces, poco a poco, el jefe empezó a retroceder. Y también salió huyendo. Tal vez ello se debiera a una justa cólera, pero el caso es que Ben tomó un trozo de carbón y lo arrojó contra el fugitivo.

Sólo entonces Ben se percató de que le estaba sangrando la nariz y de que tenía magulladuras por todo el cuerpo a causa de los golpes y los puntapiés que había recibido. ¡Había merecido la pena! Fue un gran día en la vida de Ben. En aquel momento superó el temor.

Ben Cooper no era mucho más fuerte que hacía un año. Sus atacantes tampoco eran menos fuertes. La diferencia estribaba en la actitud mental de Ben: decidió que ya no iba a permitir que unos matones le intimidaran. A partir de entonces, iba a cambiar su mundo. Y, como es natural, eso fue exactamente lo que hizo.

IDENTIFÍQUESE CON UNA IMAGEN DE ÉXITO. El muchacho dio a sí mismo una identidad. Cuando aquel día se enfrentó con los tres matones, no estaba peleando como el asustado y desnutrido Ben Cooper. Estaba luchando como Robert Coverdale o cualquier otro de los intrépidos y valientes héroes de los libros de Horatio Alger.

El hecho de identificar el propio «yo» con una imagen de éxito puede contribuir a romper los hábitos de la duda sobre uno mismo y la derrota provocados por muchos años de AMN. Otra técnica análogamente positiva para cambiar el propio mundo consiste en identificarse con una imagen que le estimule a adoptar las decisiones adecuadas. Puede ser un lema, una fotografía o cualquier otro símbolo que resulte significativo para usted.

¿QUÉ LE DIRÁ LA FOTOGRAFÍA? El presidente de una empresa del Medio Oeste de ámbito internacional estaba visitando su delegación de San Francisco. Vio una fotografía suya de gran tamaño en la pared del despacho de Dorothy Jones, unas secretaria particular. «Dotti, es una fotografía más bien grande para el tamaño de esta habitación, ¿no le parece?»

«Cuando tengo un problema, ¿sabe lo que hago?»,

replicó Dorothy. Sin aguardar la respuesta, lo demostró prácticamente, colocando los codos sobre el escritorio, apoyando la cabeza sobre los dedos de sus manos dobladas y levantando los ojos hacia la fotografía. «Jefe, ¿cómo demonios resolvería usted este problema?», dijo.

Los comentarios de Dotti parecen un poco chistosos. Y, sin embargo, la esencia de su idea es sorprendente. Tal vez tenga usted una fotografía en su despacho, en su casa o en su cartera, capaz de darle la respuesta adecuada a una importante pregunta de su vida. Puede ser la fotografía de su madre, de su padre, de su esposa, de su marido... de Benjamín Franklin o de Abraham Lincoln. Puede ser la representación de un santo.

¿Qué le dirá la fotografía? Hay un medio de averiguarlo. Cuando se enfrente con un serio problema o decisión, diríjale la pregunta a la fotografía. Y preste atención a la respuesta.

Otro ingrediente esencial para cambiar su mundo consiste en tener *precisión de objetivos*, uno de los 17 principios del éxito.

LA PRECISIÓN DE OBJETIVOS ES EL PUNTO INICIAL DE TODO LOGRO. La precisión de objetivos, *combinada con una AMP*, es el punto inicial de todo avance que merezca la pena. Recuerde: su mundo cambiará, tanto si usted quiere como si no quiere cambiarlo. Sin embargo, tiene usted la facultad de elegir en qué sentido. Puede usted seleccionar los objetivos. Cuando usted establece sus objetivos concretos con una AMP, se suele observar una tendencia natural a utilizar siete de los principios del éxito:

(a) Iniciativa personal
(b) Autodisciplina
(c) Visión creadora
(ch) Exactitud de pensamiento

(d) Atención controlada (concentración del esfuerzo)

(e) Dedicación de tiempo y dinero

(f) Entusiasmo

Robert Christopher poseía precisión de objetivos con una AMP.

Veamos ahora de qué manera las naturales tendencias a estos principios adicionales se manifestaron en el caso que vamos a relatar. Porque, tal como les ocurre a muchos jóvenes, la imaginación de Bob se sintió estimulada durante la lectura de la emocionante y fantástica narración titulada *La vuelta al mundo en 80 días*. Bob nos dijo:

«Yo solía soñar despierto muy a menudo y, cuando me hice mayor, leí dos libros acerca del estímulo a actuar: *Piense y hágase rico* y *La magia de la fe*.

»*La vuelta al mundo en 80 días*. Bueno, ¿por qué no podía dar yo la vuelta al mundo con 80 dólares? Yo creía que se podía alcanzar cualquier fin siempre y cuando se tuviera fe y confianza en que ello era posible. Es decir: empecé desde donde estaba para ir adonde quería ir.

»Pensé: "Otros han trabajado en buques cargueros para ganarse un pasaje trasatlántico y han viajado en auto-stop por todo el mundo. ¿Por qué no iba a poder hacerlo yo?"»

Y entonces Bob se sacó una pluma estilográfica del bolsillo y anotó en un papel una lista de los problemas con que tendría que enfrentarse. Anotó, además, las respuestas que le parecieron adecuadas a cada uno de los problemas.

Bob Christopher era un experto fotógrafo y estaba en posesión de una máquina que, además, era muy buena. Tras haber adoptado una decisión, entró en acción:

(a) Firmó un contrato con el importante laboratorio farmacéutico Charles Pfizer, comprometiéndose a recoger muestras de tierra de los distintos países que tenía pensado visitar.

(b) Obtuvo un permiso internacional de conducción y una colección de mapas a cambio de la promesa de un reportaje acerca de las condiciones viarias de Oriente Medio.

(c) Consiguió documentación de marinero.

(ch) Se afilió a una asociación de Albergues Juveniles.

(d) Estableció contacto con unas líneas aéreas que accedieron a transportarle al otro lado del Atlántico a cambio de la promesa de unas fotografías que la compañía pretendía utilizar con fines publicitarios.

Y, una vez ultimados sus planes, este joven de 26 años abandonó la ciudad de Nueva York en avión con 80 dólares en el bolsillo. *La vuelta al mundo con 80 dólares* era su principal objetivo. Y he aquí algunas de sus experiencias:

— Desayunó en Gander, Terranova. ¿Cómo pagó? Fotografió a los cocineros de la cocina y éstos se mostraron muy complacidos.

— Compró cuatro cartones de cigarrillos norteamericanos en Shannon, Irlanda, por un precio, de 4,80 dólares. Por aquel entonces, los cigarrillos constituían en muchos países un medio de intercambio tan bueno como el dinero.

— Llegó a Viena desde París. La tarifa: un cartón de cigarrillos al maquinista.

— Le regaló al maquinista cuatro cajetillas de cigarrillos para que le llevara de Viena a Suiza en un tren que atravesaba los Alpes.

— Se trasladó en autobús a Damasco. Un policía se mostró tan complacido de la fotografía que Bob le había sacado, que ordenó al conductor del autobús que le llevara.

— Sacó una fotografía al presidente y al equipo de colaboradores de la compañía de transportes Iraq Express. Ello le permitió trasladarse gratis de Bagdad a Teherán.

— En Bangkok, el propietario de un magnífico restaurante le alimentó a cuerpo de rey. Porque Bob le facilitó la información que necesitaba: una detallada descripción de una determinada zona y una colección de mapas.

— Se trasladó del Japón a San Francisco en calidad de tripulante del buque *The Flying Spray*.

¿La vuelta al mundo en 80 días? No... Robert Christopher dio la vuelta al mundo en 84 días. Pero alcanzó su objetivo. Dio la vuelta al mundo con 80 dólares.

Y gracias a que tenía precisión de objetivos con una AMP, se sintió *automáticamente estimulado* a utilizar otros 13 de los 17 principios del éxito para alcanzar su objetivo concreto.

EL PUNTO INICIAL DE TODO LOGRO. Repitámoslo: el punto inicial de todo logro es la precisión de objetivos con una AMP. Recuerde esta afirmación y pregúntese a sí mismo: ¿cuál es mi objetivo? ¿Qué es lo que quiero realmente?

Basándonos en las personas que vemos en nuestro curso AMP, «La ciencia del éxito», calculamos que 98 de cada 100 personas que se muestran satisfechas con su propio entorno, no tienen en su mente una imagen muy clara del mundo que *quisieran* para sí mismas.

¡Piénselo! Piense en las personas que andan sin rumbo por la vida, luchando *contra* muchas cosas, pero sin un objetivo concreto. ¿Podría usted decir

ahora mismo qué es lo que quiere de la vida? Tal vez
no sea fácil establecer los objetivos. Es posible incluso que ello exija un doloroso examen de conciencia.
Pero valdrá la pena por mucho que sea el esfuerzo,
ya que, tan pronto como haya establecido su objetivo,
podrá usted empezar a disfrutar de muchas ventajas.
Estas ventajas se producen casi automáticamente.

1. La primera gran ventaja consiste en que su
subconsciente empieza a funcionar según una ley universal: «Lo que la mente del hombre puede *concebir*
y *creer*, la mente del hombre lo puede *alcanzar* con
una AMP». Por el hecho de imaginar su destino preciso, su subconsciente queda afectado por esta autosugestión y empieza a esforzarse por conducirle hasta
allí.

2. Por el hecho de saber lo que quiere, mostrará
usted tendencia a seguir el camino adecuado y a enca-
minarse hacia la dirección adecuada. Entra usted en
acción.

3. El trabajo resulta divertido. Se siente usted
estimulado a pagar el precio necesario. Dedica tiempo
y dinero. Estudia, piensa y planifica. Cuanto más reflexiona acerca de sus objetivos, tanto más se entusiasma. Y, gracias al entusiasmo, su deseo se convierte en un *ardiente* deseo.

4. Se pone usted en estado de alerta ante las oportunidades capaces de ayudarle a alcanzar sus objetivos
a medida que éstas se van presentando en sus experiencias cotidianas. Por el hecho de saber lo que quiere, es más probable que usted sepa reconocer estas
oportunidades.

Estas cuatro ventajas quedan ilustradas en una de
las primeras experiencias del hombre que más tarde
llegaría a ser el director del *Ladies' Home Journal*.
Edward Bok se trasladó con sus padres desde Holan-

da a los Estados Unidos cuando era pequeño. Tenía el convencimiento de que algún día iba a dirigir una revista. Teniendo en cuenta este objetivo concreto, aprovechó un día un incidente trivial que a casi todos nosotros nos hubiera pasado inadvertido.

Vio a un hombre abrir una cajetilla de cigarrillos, sacar un papel de la misma y arrojarlo al suelo. Bok se agachó y recogió el papel. En él figuraba la fotografía de una famosa actriz. Debajo de la fotografía se indicaba que ésta pertenecía a una colección. De este modo, se estimulaba al comprador de cigarrillos a reunir toda la colección completa. Bok volvió el papel del revés y se percató de que estaba en blanco.

La mente de Bok, centrada en su propósito, vio en ello una oportunidad. Pensó que el valor de la fotografía incluida en la cajetilla de cigarrillos aumentaría considerablemente en caso de que en la parte en blanco se imprimiera una breve biografía de la persona fotografiada. Se dirigió a la imprenta que imprimía las fotografías y le explicó la idea a su director. El director le dijo inmediatamente:

«Le daré diez dólares por cada biografía de 100 palabras que me escriba de 100 norteamericanos famosos. Envíeme una lista y reúnalos por grupos... ya sabe: presidentes, soldados famosos, actores, escritores, etc.»

De este modo, Edward Bok consiguió su primer encargo literario. La demanda de biografías aumentó hasta el punto de necesitar ayuda, razón por la cual le ofreció a su hermano cinco dólares por cada biografía a cambio de su colaboración. Poco tiempo después Bok ya tenía a sus órdenes a cinco periodistas ocupados en la tarea de redactar biografías para las imprentas. ¡Bok se había convertido en director!

Usted tiene el éxito innato. Observe que a ninguno de los hombres de quienes hemos estado hablando se les ofreció el éxito en bandeja. Al principio, el **mundo** no fue especialmente amable con Edward Bok o con el juez Cooper. Y, sin embargo, cada uno de ellos supo extraer de la materia prima que le rodeaba una carrera muy satisfactoria. Y cada uno de ellos lo consiguió mediante el desarrollo de las muchas aptitudes que se encerraban en su interior.

Todo el mundo posee muchas aptitudes para superar sus problemas concretos. Es interesante señalar que la vida nunca nos deja abandonados. Si la vida nos plantea un problema, también nos da aptitudes para afrontarlo. Como es natural, nuestras aptitudes varían según el uso a que pensemos destinarlas. Y, aunque usted no goce de buena salud, no por ello tendrá que renunciar a una vida útil y feliz.

Tal vez usted opine que la mala salud es un obstáculo muy difícil de superar. Si ello es cierto, anímese con la experiencia de Milo C. Jones. Milo no había tratado de adquirir riquezas cuando gozaba de buena salud. Y entonces enfermó. Al enfermar, todas las circunstancias le fueron desfavorables.

He aquí la historia de su experiencia.

Cuando gozaba de buena salud, Milo C. Jones había trabajado muy duro. Era agricultor y llevaba una pequeña granja cerca de Fort Atkinson, Wisconsin. Pero no lograba que la granja rindiera mucho más que lo suficiente para cubrir sus propias necesidades y las de su familia. Esta clase de existencia se sucedía año tras año. ¡Y, de repente, ocurrió algo!

Jones sufrió una parálisis que le obligó a permanecer en cama. Aquel hombre se había quedado completamente inválido a una edad muy avanzada. Apenas podía mover el cuerpo. Sus familiares estaban seguros de que se iba a sentir permanentemente desdichado a causa de su irremediable invalidez. Y así hubiera sido de no ocurrirle otra cosa. Y fue él quien hizo que ocurriera, permitiéndole alcanzar la clase de felicidad que produce el éxito y el bienestar económico.

¿Qué utilizó Jones para provocar aquel cambio? Utilizó la mente. Sí, su cuerpo estaba paralizado. Pero su mente no había sufrido ningún daño. Podía pensar, y empezó a forjar planes. Un día, mientras pensaba y forjaba planes, reconoció a la persona viviente más importante con el talismán mágico de la sigla AMP grabada en una cara y la sigla AMN grabada en la otra. Y vio con toda claridad que él era *una mente con un cuerpo*. ¡En aquel preciso instante, tomó una decisión!

LA **AMP** ATRAE LA RIQUEZA. Milo C. Jones decidió desarrollar una Actitud Mental Positiva. Decidió tener esperanza, ser optimista y feliz y convertir su pensamiento creador en realidad, empezando desde donde estaba. Quería ser útil. Y quería mantener a su familia, en lugar de ser una carga para ella. Pero, ¿cómo podía convertir su desventaja en ventaja? No permitió que este problema vital le arredrara. Halló la respuesta.

En primer lugar, Jones pasó revista a todos los beneficios de que gozaba. Descubrió que había muchas cosas por las que podía sentir gratitud. Este sentimiento de gratitud le indujo a buscar otros beneficios de que pudiera disfrutar en el futuro. Y puesto que, entre otras cosas, buscaba un medio de ser útil, encontró y supo reconocer aquello que andaba buscando. Era un plan y exigía acción.

Y Jones entró mentalmente en acción.

Les reveló el plan a los componentes de su familia.

«Ya no puedo trabajar con mis manos —empezó diciéndoles—; por consiguiente, he decidido trabajar con el pensamiento. Cada uno de vosotros puede, si quiere, sustituir mis manos, mis pies y mi cuerpo físico. Plantemos maíz en todas las tierras cultivables de nuestra granja. Después criemos cerdos y alimentémoslos con el maíz. Sacrifiquemos los cerdos mientras sean jóvenes y tiernos y convirtámoslos en salchichas, que a su vez venderemos como *marca registrada* a todas las tiendas de minoristas del país. ¡Se venderán como el agua!», añadió, riéndose.

¡Y se vendieron como el agua! En pocos años, la *marca* «Salchichas de lechón Jones» se convirtió en una de las favoritas en todos los hogares. Y estas cuatro palabras se convirtieron en un símbolo conocido por los hombres, mujeres y niños de toda la nación.

Y Milo C. Jones vivió para verse convertido en millonario. Había alcanzado mucho más a través de una Actitud Mental Positiva. Había vuelto su talismán por la cara de la AMP. Y, de este modo, a pesar de ser un inválido, se convirtió en un hombre feliz.

Y era feliz porque se sentía útil.

UNA FÓRMULA PARA AYUDARLE A CAMBIAR EL MUNDO. Afortunadamente, no todo el mundo tiene que enfrentarse con unas dificultades tan grandes. Sin embargo, todos tenemos problemas. Y cada cual reacciona a símbolos de estímulo mediante la sugestión o la autosugestión. Un método muy eficaz consiste en aprenderse deliberadamente de memoria un factor de automotivación a fin de extraerlo del subconsciente y llevarlo a la conciencia en momentos de necesidad.

¡TE DESAFÍO!

¿Cuál es por tanto la fórmula que puede ayudarle a cambiar su mundo? Apréndase de memoria, comprenda y repita con frecuencia a lo largo del día: «Lo que la mente del hombre puede *concebir* y *creer*, la mente del hombre puede *alcanzarlo* con una AMP.» Se trata de una forma de autosugestión. Es un factor de automotivación para llegar al éxito y, cuando se convierte en parte de usted, *usted se atreverá a apuntar más alto.*

Bill era un enfermizo muchacho del campo que vivía en la región del sudeste de Missouri. Un entusiasta maestro de la escuela indujo al pequeño William Danforth a cambiar su mundo. El maestro lo hizo con este reto ¡*Te desafío!* «¡Te desafío a que te conviertas en el chico más sano de la escuela!» Y el «¡Te desafío!» se convirtió en el factor de automotivación de William Danforth a lo largo de toda su vida.

Se convirtió en el chico más sano de la escuela. Antes de morir a la edad de 85 años, ayudó a miles de otros jóvenes a tener buena salud... y lo que es más: a aspirar con nobleza, a atreverse con audacia y a servir con humildad. En el transcurso de su larga carrera, jamás perdió un solo día de trabajo como consecuencia de la enfermedad.

El «¡*Te desafío!*» le indujo a fundar una de las más importantes empresas de los Estados Unidos, la Ralston Purina Company. El «¡*Te desafío!*» le indujo a entregarse a la reflexión creadora y a convertir las desventajas en ventajas. «¡*Te desafío!*» le llevó a organizar la American Youth Foundation, cuya finalidad era la de inculcar en muchachos y muchachas los ideales cristianos y prepararlos para las responsabilidades de la vida.

«¡*Te desafío!*» indujo a William Danforth a escribir un libro titulado precisamente ¡*Te desafío!* Hoy en día, este libro inspira a los hombres y a las mujeres, a los muchachos y a las muchachas, a tener el valor de construir un mundo mejor en el que poder vivir.

¡Qué extraordinario testimonio de la fuerza de un factor de automotivación para el desarrollo de una Actitud Mental Positiva!

¿Siente usted alguna vez la tentación de culpar al mundo de sus fracasos? Si así fuera, deténgase a reflexionar. ¿Reside el problema en el mundo o bien en usted? ¡Atrévase a aprender los 17 principios del éxito! ¡Atrévase a aprenderse de memoria los factores de automotivación! Atrévase a aplicarlos en la absoluta certeza de que le darán tan buenos resultados como se los dan a cientos de otras personas diariamente.

Tal vez no sepa usted cómo. Tal vez necesite aprender a reflexionar con más precisión. Siga las instrucciones de la Guía N.º 2. Y después pase al capítulo 3. Su propósito es el de ayudarle... a eliminar las telarañas de su pensamiento.

GUÍA N.º 2

Ideas a seguir

1. ¡Usted puede cambiar su mundo! Para alcanzar algo que merezca la pena en la vida, es necesario fijarse elevados objetivos y tener la voluntad de alcanzarlos. ¿Ha pensado usted en los elevados objetivos que quisiera alcanzar?

2. Grábese indeleblemente en la memoria los 17 principios del éxito. ¿Se los ha aprendido de memoria?

3. ¿Muestra usted tendencia a «echarle la culpa al mundo»? En tal caso, apréndase de memoria el factor de automotivación: *Si el hombre está bien, su mundo estará bien.* ¿Está bien su mundo más inmediato?

4. Nació usted para ser un campeón. A todos los fines prácticos, ha heredado usted de la vasta reserva del pasado todas las aptitudes y las facultades potenciales que necesita para alcanzar sus objetivos. ¿Está dispuesto a pagar el precio que exige el desarrollo de sus aptitudes y la utilización de las facultades que alberga dentro de usted mismo?

5. Identifíquese con una imagen de éxito, tal como hizo Irving Cooper. ¿A quién elegirá usted?

6. Hágase una importante pregunta: ¿Qué le dirá la fotografía? Preste atención a la respuesta.

7. La precisión de objetivos con una AMP constituye el punto inicial de todo logro que merezca la pena. ¿Ha elegido usted algún logro determinado, concreto y deseable? ¿Lo tendrá diariamente en cuenta?

8. Cuando usted establece sus propósitos y objetivos concretos, observará que varios otros principios del éxito tenderán a ponerse automáticamente en funcionamiento para ayudarle a alcanzarlos.

9. Todo el mundo posee muchas capacidades para superar sus problemas especiales. ¿Cuáles de sus capacidades especiales cree usted que puede desarrollar?

10. He aquí una fórmula que ha ayudado a muchas personas a cambiar su mundo: Lo que la mente del hombre puede *concebir* y *creer*, la mente del hombre lo puede *alcanzar* con una AMP. ¿Se ha aprendido usted de memoria esta fórmula?

¡UNA ACTITUD MENTAL POSITIVA Y UNA PRECISIÓN DE OBJETIVOS CONSTITUYEN EL PUNTO INICIAL HACIA TODO LOGRO QUE MEREZCA LA PENA!

3

ELIMINE LAS TELARAÑAS
DE SU PENSAMIENTO

Usted es aquello que piensa. Pero, ¿qué *piensa* usted? ¿Hasta qué extremo son ordenados sus procesos mentales? ¿Hasta qué extremo son «directos» sus pensamientos?

¿Y hasta qué extremo están «limpios»?

Hay ciertas telarañas mentales que confunden los pensamientos de casi todo el mundo, incluso los de las mentes más brillantes. *Negativo*: sentimientos, emociones, pasiones... hábitos, creencias y prejuicios. Nuestros pensamientos se enredan en estas telarañas.

A veces tenemos unos hábitos indeseables y queremos corregirlos. Y a veces sentimos una fuerte tentación de obrar el mal. Y después, como un insecto atrapado en la tela de una araña, luchamos por librarnos de ella. Nuestra *voluntad* consciente se halla en conflicto con nuestra imaginación y con la *voluntad* de nuestro subconsciente. Cuanto más luchamos, tanto más atrapados nos sentimos.

Algunas personas se dan por vencidas y experimentan los conflictos mentales de un infierno viviente. Otras aprenden a extraer y a utilizar las facultades del subconsciente a través de la mente consciente. Y lo consiguen: *La actitud mental positiva: un camino hacia el éxito* le enseña a extraer y utilizar esas facultades.

Es posible que un insecto no pueda evitar quedar atrapado en la telaraña. Y, una vez atrapado, no puede escapar. Hay una cosa, sin embargo, sobre la que cada persona ejerce un absoluto control: su actitud mental. Podemos evitar las telarañas mentales. Podemos eliminarlas. Podemos barrerlas en cuanto empiecen a desarrollarse. Y, una vez atrapados, podemos librarnos. Y podemos *seguir siendo* libres.

Ello se consigue pensando con exactitud y con una AMP. La exactitud de pensamiento es uno de los 17 principios del éxito revelados en *La actitud mental positiva: un camino hacia el éxito*.

Para pensar con exactitud hay que razonar. La ciencia del razonamiento o de la exactitud de pensamiento se denomina *lógica*. Ésta se puede adquirir a través de libros específicamente dedicados a este tema, por ejemplo: *El arte de la claridad de pensamiento*, de Rudolf Flesch; *Su oyente más entusiasta*, de Wendell Johnson; *Introducción a la lógica*, de Irving Copi; y *El arte del pensamiento directo*, de Edwin Leavitt Clarke. Estos libros pueden constituir una extraordinaria ayuda desde el punto de vista práctico.

PERO NO ACTUAMOS SÓLO POR MEDIO DE LA RAZÓN. Y la acción basada en el sentido común es el resultado de algo más que la mera razón. Depende de los hábitos de pensamiento y acción, de las intuiciones, de las experiencias y de otras influencias tales como las tendencias y el ambiente.

Una de las telarañas de nuestra mente consiste en suponer que actuamos sólo movidos por la razón, cuando lo cierto es que todo acto consciente es el resultado de hacer aquello que queremos hacer. Adoptamos decisiones. Cuando razonamos, mostramos tendencia a llegar a conclusiones favorables a los profundos *impulsos internos* de nuestro subconsciente. Y esta tendencia se da en todo el mundo... incluso en los grandes pensadores y filósofos.

En el año 31 a. de C., un filósofo griego que vivía en una ciudad del mar Egeo quiso ir a Cartago. Era maestro de lógica; por consiguiente, analizó las razones favorables para emprender el viaje y las razones en contra. Por cada razón favorable, había muchas más razones que desaconsejaban el viaje. Como es natural, se marearía. El barco era tan pequeño que una tormenta tal vez pusiera en peligro su vida. Los piratas a bordo de rápidos veleros estaban al acecho en aguas de Trípoli, dispuestos a saquear los barcos mercantes. En caso de que el barco fuera apresado, los piratas le despojarían de sus bienes y a él le venderían como esclavo. La discreción le aconsejaba que *no* emprendiera el viaje.

Pero lo emprendió. ¿Por qué? *Porque quería hacerlo*. De hecho, la emoción y la razón tendrían que estar equilibradas en la vida de todo el mundo. Ninguna de las dos debiera prevalecer. Por consiguiente, *a veces* es bueno hacer lo que se quiere en lugar de hacer aquello que *teme la razón*. En cuanto al filósofo... tuvo un viaje muy agradable y regresó a casa sano y salvo.

Veamos qué le ocurrió a Sócrates, el gran filósofo ateniense que vivió entre los años 470 y 399 a. de C., pasando a la historia como uno de los pensadores más grandes de todos los tiempos. Pese a toda su sabiduría, Sócrates tenía también telarañas mentales.

De joven, Sócrates se enamoró de Xantipa, que era muy hermosa. Él no era apuesto, pero era muy persuasivo. Los individuos persuasivos tienen la capacidad de conseguir lo que desean. Y Sócrates logró convencer a Xantipa de que se casara con él.

¿ESTÁ USTED VIENDO TAN SÓLO LA PAJA EN EL OJO AJENO? Finalizada la luna de miel, las cosas empezaron a ir mal en casa. Su mujer empezó a verle defectos. Y él, a ver los de ella. Él actuaba movido por su egoísmo. Ella andaba siempre fastidiándole. Y Sócrates afirmó, según se dice: «Mi objetivo en la vida era llevarme bien con la gente. Elegí a Xantipa porque sabía que, si pudiera llevarme bien con ella, podría llevarme bien con todo el mundo».

Eso es lo que decía. Pero sus acciones desmentían sus palabras. Cabe dudar de que se llevara bien con algo más que unas pocas personas. Cuando se anda siempre tratando de demostrarles a las personas que están equivocadas, se las repele en lugar de atraerlas, tal como le ocurría a Sócrates.

Sin embargo, él decía que soportaba la molestia de Xantipa como una forma de autodisciplina personal. Lo cierto es que hubiera conseguido desarrollar una auténtica autodisciplina si hubiera intentado comprender a su esposa e influir en ella mediante las mismas atenciones y expresiones de cariño que había utilizado para convencerla de que se casara con él. No veía la viga de su propio ojo y, en cambio, veía la paja en el ojo de Xantipa.

Como es natural, Xantipa tampoco estaba libre de culpa. Sócrates y ella eran como tantos matrimonios de hoy en día. Después de la boda, dejan de comunicarse sus verdaderos sentimientos de afecto, comprensión y amor. Se «olvidan» de utilizar los mismos modales agradables y las mismas actitudes mentales que hicieron de su noviazgo una feliz experiencia. Y el olvido es también una telaraña.

Pero Sócrates no leyó *La actitud mental positiva: un camino hacia el éxito*. Y Xantipa tampoco. De haberlo hecho, ésta hubiera sabido estimular a su marido para que su vida hogareña fuera más feliz. Y hubiera visto la viga en su propio ojo, en lugar de ver la paja en el de Sócrates. Hubiera controlado sus propias reacciones y se hubiera mostrado sensible a las necesidades de su esposo. Es posible incluso que hubiera podido demostrarle la falacia de su lógica tras la lectura del capítulo 5, titulado «…Y algo más.»

Y puesto que la historia de Sócrates demuestra que éste sólo veía la paja en el ojo de Xantipa, hablaremos ahora de otro joven… que aprendió a ver la viga en su propio ojo. Pero, antes de hacerlo, veamos de qué manera se desarrolla el hábito de la *importunación*.

Cuando se conoce la causa de un problema, es frecuente que éste se pueda evitar. O, en caso de que el problema ya exista, se puede hallar una solución.

S. I. Hayawaka escribió en la obra *El lenguaje en el pensamiento y en la acción*:

> Para curar [lo que ella cree que son] los defectos de su marido, es posible que una esposa le importune. Los defectos del marido se agravan y ella sigue importunándole. Como es natural, los defectos se agravan ulteriormente y ella le importuna todavía más. Dominada por una reacción fija al problema de los defectos de su marido, la esposa sólo sabe abordarlo de una manera. Y, cuanto más insiste, tanto más se deteriora la situación, hasta que ambos acaban con los nervios destrozados; el matrimonio se destruye y sus vidas se hacen pedazos.

Pero, bueno, ¿qué ocurrió con el joven? Era la primera noche de un curso de AMP, «La ciencia del éxito», cuando al joven se le preguntó:

«¿Por qué quiere seguir este curso?»

«¡Por mi mujer!», contestó él. Muchos de los alumnos se rieron… pero no así el instructor. Éste sabía por experiencia que hay muchos hogares desdichados porque el marido o la esposa ve los defectos del otro, pero no los suyos propios.

DEVOLVIÓ LA FELICIDAD A SU HOGAR. Cuatro semanas más tarde, en el transcurso de una reunión en privado, el instructor le preguntó al alumno:

«¿Cómo anda su problema?»

«¡Está resuelto!»

«¡Estupendo! Pero, ¿cómo lo ha conseguido?»

«He aprendido lo siguiente: *Cuando me enfrento con un problema que implica malentendidos con otras personas, tengo que empezar primero por mí mismo.* Al examinar mi propia actitud mental, descubrí que era negativa. Resultó que el problema no estribaba en mi mujer... ¡sino en mí mismo! Al resolver mi problema, descubrí que ya no tenía ninguno con ella.»

¿Qué hubiera ocurrido si Sócrates se hubiera hecho la siguiente reflexión: «Cuando me enfrento con un problema que implica un malentendido con Xantipa, tengo que empezar primero por mí mismo»? ¿Y qué ocurriría si usted se dijera: «Cuando me enfrento con un problema que implica un malentendido con otra persona, tengo que empezar primero por mí mismo»? ¿Sería su vida más feliz?

No obstante, hay otras muchas telarañas que obstaculizan la felicidad. Y lo más curioso es que el mayor obstáculo está constituido por el propio instrumento de nuestro pensamiento: las *palabras*. Las palabras son símbolos, tal como nos dice S. I. Hayakawa en su libro. Descubrirá usted que un símbolo de una palabra puede significar la suma total de una combinación de innumerables ideas, conceptos y experiencias. Comprobará también, a medida que vaya leyendo *La actitud mental positiva: un camino hacia el éxito*, que el subconsciente se comunica inmediatamente con la conciencia mediante símbolos.

Por medio de una palabra puede usted inducir a

otros a actuar. Cuando usted le dice a otra persona: «¡Puede hacerlo!», ello constituye una *sugestión*. Cuando se dice a sí mismo: «¡Puedo hacerlo!», se está usted estimulando por medio de la autosugestión. En el capítulo siguiente nos referiremos a estas verdades universales. Digamos primero que se há desarrollado toda una nueva ciencia en torno a los importantes descubrimientos realizados sobre las palabras y la comunicación de ideas a través de las palabras: la ciencia de la *semántica*.

Hayakawa es un experto en este campo y nos dice que el hecho de averiguar lo que significa realmente una palabra en boca de otra persona o incluso en la de nosotros mismos es de esencial importancia en el proceso de la exactitud mental.

Pero, ¿cómo se puede conseguir tal cosa?

Limítese a ser *concreto*. Empiece por una *coincidencia de las mentes* (o de significados) y se evitarán con ello muchos malentendidos innecesarios.

UNA PALABRA PUEDE PROVOCAR UNA DISCUSIÓN. El tío de un niño de nueve años se encontraba de visita en casa de los padres de éste. Una noche, cuando el padre regresó a casa, tuvo lugar el siguiente diálogo:

«¿Qué piensas de un niño que dice mentiras?»

«No le tengo en muy buen concepto, pero sé una cosa con toda certeza: mi hijo dice la verdad.»

«Pues hoy ha dicho una mentira.»

«Hijo, ¿le has dicho una mentira a tu tío?»

«No, papá.»

«Vamos a aclarar esta cuestión. Tu tío dice que le has mentido. Tú dices que no. ¿Qué ha ocurrido exactamente?», preguntó el padre, dirigiéndose al tío.

«Bueno, le he dicho que llevara los juguetes al sótano. Él no lo ha hecho y me ha dicho que lo había hecho.»

«Hijo, ¿has llevado los juguetes al sótano?»

«Sí, papá.»

«Hijo, ¿cómo explicas eso? Tu tío dice que no has llevado los juguetes al sótano y tú dices que sí.»

«Hay varios peldaños que conducen desde la planta baja al sótano... Unos cuatro peldaños más abajo hay una ventana... He dejado los juguetes en el antepecho de la ventana... el sótano es la distancia entre el suelo y el techo... ¡Los juguetes *están* en el sótano!»

La discusión entre el tío y el sobrino se debía a la definición de una palabra: sótano. El chico sabía probablemente lo que su tío quería decir, pero había sentido pereza y no había querido bajar toda la escalera. Al enfrentarse con el castigo, trató de salvarse, utilizando la lógica para demostrar su aseveración.

Es posible que eso resulte un poco embrollado. Pero veamos la historia más sugestiva de un joven que no conocía el significado del más importante símbolo verbal en cualquier idioma. ¿Y cuál es la palabra más importante en cualquier idioma? Esta palabra es Dios.

No hace mucho tiempo un estudiante de la Universidad de Columbia acudió a visitar al reverendo Harry Emerson Fosdick, pastor de la iglesia Riverside de la ciudad de Nueva York. El estudiante apenas había franqueado la puerta cuando dijo: «¡Soy ateo!». Al sentarse, repitió en tono desafiante: «No creo en Dios».

EMPECEMOS CON UNA COINCIDENCIA DE LAS MENTES. Afortunadamente, el doctor Fosdick era un experto en el campo de la semántica. Sabía por su dilatada experiencia que jamás podía establecer una auténtica comunicación con otra persona a no ser que comprendiera exactamente qué quería decir aquella persona con las palabras que estaba empleando. Sabía también que era necesario que la otra persona le comprendiera a él. Por consiguiente, en lugar de ofenderse con la descarada afirmación del estudiante, el doctor Fosdick le expresó un sincero y amistoso interés y después le rogó:

«Por favor, descríbame el Dios en el que no cree.»

El joven tuvo que reflexionar, tal como le ocurre a cualquier persona a la que se dirige una pregunta que no provoca automáticamente una respuesta afirmativa o negativa. El doctor Fosdick sabía que una pregunta atinada sería capaz de eliminar de la mente del joven las resistentes telarañas de pensamiento negativo.

Al cabo de un rato, el estudiante empezó a tratar de describir al Dios en el que no creía. Al hacerlo así, le facilitó al clérigo una clara imagen del Dios que rechazaba.

«Bueno —dijo el doctor Fosdick una vez el alumno hubo terminado—, si ése es el Dios en el que usted no cree, yo tampoco creo en él. Por consiguiente, ambos somos ateos. No obstante —añadió—, seguimos teniendo el universo en nuestras manos. ¿Qué piensa usted de... su formación, su significado?»

Antes de despedirse del doctor Fosdick, el joven había descubierto que no era ateo en absoluto sino que, por el contrario, era un magnífico teísta. Creía en Dios.

Ahora bien, el doctor Fosdick no se había arredrado ante el uso impreciso de una palabra. En este caso, contribuyó a eliminar las telarañas mentales del joven, haciéndole preguntas. Una respuesta clara y sencilla a la pregunta relativa a aquello en lo que el joven no creía fue suficiente para que se produjera una *coincidencia de sus mentes*. La segunda pregunta encauzó los pensamientos del joven hacia los canales adecuados y dio al doctor Fosdick la oportunidad de explicar lo que él entendía por Dios universal.

LAS ANCAS DE RANA LE ENSEÑARON LA LÓGICA. Tal como hemos visto, el estudiante llegó a dos conclusiones enteramente distintas. Cada una de ellas se basaba en una premisa distinta. Las telarañas impiden la exactitud de pensamiento e inducen a llegar a una conclusión errónea cuando se parte de una premisa falsa. W. Clement Stone tuvo a este respecto una divertida experiencia que describe de la manera siguiente:

En mi infancia me gustaba comer ancas de rana. Un día, en un restaurante, me sirvieron unas ancas de rana enormes y no me gustaron. Inmediatamente llegué a la conclusión de que no me gustaban las ancas de rana de gran tamaño.

Algunos años más tarde acudí a un lujoso restaurante de Louisville, Kentucky, y vi que en el menú figuraban ancas de rana. Mantuve con el camarero la siguiente conversación:

«¿Son pequeñas estas ancas de rana?»

«¡Sí, señor!»

«¿Está seguro? Las grandes no me gustan.

«¡Sí, señor!»

«Si son pequeñas, las tomaré.»

«¡Sí, señor!»

Cuando regresó el camarero con el plato, vi que eran unas ancas de rana muy grandes. Me irrité y dije: «¡Estas ancas de rana no son pequeñas!».

«Son las más pequeñas que hemos podido encontrar, señor», me contestó el camarero.

Para no desairarle, me comí las ancas de rana. Y me gustaron tanto que pensé que ojalá hubieran sido más grandes.

Aprendí una lección de lógica.

Al analizar la cuestión, comprendí que mis conclusiones sobre las ancas de rana grandes o pequeñas se habían basado en una premisa equivocada. No era el tamaño de las ancas de rana lo que las hacía desagradables. Lo que ocurría era que las enormes ancas de rana que había comido la primera vez no eran frescas. Y yo había asociado mi desagrado hacia las ancas de rana grandes con el tamaño y no ya con su mal estado.

Vemos por tanto que las telarañas mentales impiden una exactitud de pensamiento cuando partimos de una premisa equivocada. Y, de este modo, muchas personas no piensan con exactitud cuando permiten que ciertos símbolos verbales de carácter general confundan su mente con premisas equivocadas. Palabras o expresiones tales como siempre, sólo, nunca, nada, todos, todo el mundo, nadie, no se puede, imposible, o esto... o aquello, son muy a menudo premisas equivocadas. Por consiguiente, cuando se las utiliza de esta manera, sus conclusiones lógicas son falsas.

LA NECESIDAD, JUNTO CON UNA AMP, PUEDE ESTIMULARLE A ALCANZAR EL ÉXITO. Existe una palabra que, si se utiliza con una AMP, puede inducir a una persona a alcanzar un honroso logro. Si se utiliza con una AMN, se convierte en causante de mentiras, engaños y falsedades. La palabra es *necesidad*. La *necesidad* es la madre del ingenio y el padre del crimen.

Unas normas inviolables de integridad son fundamentales para alcanzar cualquier logro que merezca la pena, y forman parte inherente de una AMP.

A lo largo de este libro, leerá usted muchas historias de éxito cuyos protagonistas se vieron impulsados por la *necesidad*. Y, en todos los casos, observará que tales personas alcanzaron el éxito sin transgredir ninguna norma inviolable de integridad. Lee Braxton es uno de estos hombres.

Lee Braxton, de Whiteville, Carolina del Norte, era hijo de un modesto herrero que apenas ganaba para vivir. Era el décimo hijo de un familia de doce. «...Se puede decir, por tanto —señala el señor Braxton—, que me familiaricé con la pobreza en una época muy temprana de mi vida. Gracias a mi esfuerzo, conseguí superar el sexto año de estudios. Hice de limpiabotas, fui mozo de una tienda de comestibles, vendí periódicos, trabajé en una fábrica de géneros de punto, fui lavacoches y ayudante de mecánico.»

Al convertirse en mecánico, Lee pensó que había logrado sus máximas aspiraciones. Tal vez aún no se hubiera producido en él un descontento inspirador. A su debido tiempo, contrajo matrimonio. Y, junto con su esposa, siguió viviendo en medio de la escasez. Estaba acostumbrado a la pobreza. Y ahora le pareció que le sería imposible romper los lazos que le mantenían atado, aunque le pagaban muy mal y apenas podía mantener a su familia. Los Braxton ya lo estaban pasando muy mal en su intento de seguir tirando cuando, para completar la sensación de derrota, él perdió el empleo. Estuvo a punto de perder la casa al no poder hacer frente a la hipoteca. La situación parecía desesperada.

Pero Lee era un hombre de carácter. Era también un hombre religioso. Y creía que *Dios es siempre un Dios bueno*. Por consiguiente rezó, pidiendo su guía e inspiración. Como en respuesta a su plegaria, un amigo le proporcionó el libro *Piense y hágase rico*. Este amigo había perdido su empleo y su casa durante los días de la Depresión, y se había sentido estimulado a recuperar su fortuna tras haber leído *Piense y hágase rico*.

Ahora Lee estaba preparado. Leyó el libro una y otra vez. Estaba buscando el éxito económico y se dijo a sí mismo. «Me parece que hay algo que tengo que hacer. He de añadir algo. Ningún libro lo hará por mí. Lo primero que debo hacer es desarrollar una Actitud Mental Positiva en relación con mis aptitudes y mis oportunidades. Tengo que elegir sin falta un objetivo concreto. Y, cuando lo haga, he de apuntar más alto de lo que jamás haya hecho en el pasado. Pero tengo que poner manos a la obra. Empezaré con el primer empleo que pueda encontrar».

Buscó un trabajo y lo encontró. Al principio no era muy lucrativo.

Sin embargo, pocos años después de haber leído

Piense y hágase rico, Lee Braxton organizó y se convirtió en presidente del First National Bank de Whiteville, fue elegido alcalde de su ciudad y participó en muchos y muy buenos negocios. Y es que Lee había apuntado alto, mejor dicho, muy alto. Se había propuesto el objetivo de ser lo suficientemente rico como para poder retirarse a la edad de cincuenta años. Alcanzó su meta con seis años de adelanto: se retiró de los negocios activos con una considerable fortuna y unos magníficos ingresos propios a la edad de cuarenta y cuatro años. Hoy en día, Lee Braxton lleva una vida útil. Dedica todos sus esfuerzos a ayudar al pastor evangelista Oral Roberts en su ministerio.

Ahora bien, los trabajos que hizo y las inversiones que efectuó para elevarse desde el fracaso hasta el éxito no tienen importancia aquí. Lo que nos importa es el hecho de que *la necesidad induce a un hombre con AMP a actuar sin transgredir las normas consideradas como inviolables.* Un hombre honrado no engañaría, estafaría o robaría a causa de la necesidad. *La honradez es inherente a una AMP.*

Necesidad, AMN y crimen. Comparemos ahora a este hombre con los miles de personas que poseen una AMN y se encuentran en prisión por robo, desfalco u otros delitos. Cuando se les pregunta por qué se les ocurrió robar, su respuesta es invariablemente: «Tuve que hacerlo». ¡Y por eso han terminado en prisión! Se dejaron arrastrar hacia la falta de honradez porque sus telarañas mentales les indujeron a creer que la necesidad obliga a las personas a ser deshonestas.

Hace algunos años, Napoleón Hill, que era asesor personal en la biblioteca de la penitenciaría federal de Atlanta, mantuvo varias conversaciones con Al Capone. En el transcurso de una de ellas, el autor preguntó: «¿De qué manera inició usted su carrera delictiva?».

Capone le contestó con una sola palabra: «Necesidad».

Después las lágrimas asomaron a sus ojos y se le hizo un nudo en la garganta. Empezó a referir algunas de las cosas buenas que había hecho y que los periódicos jamás habían mencionado. Como es lógico, éstas parecen insignificantes en comparación con todo el mal que se asocia con su nombre.

Aquel desdichado echó a perder su vida, destruyó su paz de espíritu, debilitó su cuerpo con una enfermedad mortal y sembró el pánico y el desastre en su camino... todo porque jamás aprendió a eliminar sus telarañas mentales en relación con la *necesidad*.

Y Capone habló de sus buenas obras, dando a entender que con ellas había compensado en cierto modo el mal que había hecho y revelando claramente con ello otra telaraña que le impedía pensar con exactitud. Aunque un hombre pueda neutralizar el mal que ha hecho mediante el verdadero arrepentimiento, seguido de una vida de buenas obras, Capone no era un hombre de esta clase.

Pero hubo un hombre que sí lo era. Se trataba de un adolescente difícil. Y, sin embargo, su madre jamás perdió la esperanza, aunque sus muchas plegarias por él parecieran no obtener respuesta. Y jamás perdió la fe, a pesar de las escapadas o fechorías de su hijo.

ERA UN ADOLESCENTE DIFÍCIL. Este joven se convirtió en un adolescente difícil, instruido, intelectual, apasionado y sensual. Se enorgullecía de ser el primero, incluso en el mal. Se dice que desobedecía a sus padres y maestros, que mentía y engañaba, que cometía pequeñas fechorías, hacía trampa en el juego y se entregaba a toda clase de excesos alcohólicos y sexuales.

Y, sin embargo, gracias a las constantes y reiteradas súplicas de su madre para que se enmendara, *trató de hallarse a sí mismo* antes de haber alcanzado el punto más bajo de su vida moral. A veces se llenaba de vergüenza al pensar que hombres con menos instrucción que él eran capaces de resistir las tentaciones que él era incapaz de resistir. Y puesto que era un hombre instruido y estaba buscando, empezó a estudiar la Biblia y otros libros de inspiración de su época.

Aun así, perdió muchas batallas contra sí mismo. Y un día ganó la batalla que le permitió alzarse con la victoria. Es lo que suele ocurrir cuando una persona lo *sigue intentando*. Durante un período de remordimiento en el que se sentía abrumado por los sentimientos de autocondena, oyó por casualidad una conversación en la que una voz decía: «¡*Toma y lee!*»

Tomó el primer libro que tenía a mano, lo abrió y leyó: «Andemos honestamente, como de día; no en orgías ni en borracheras; no en casas de prostitución ni desenfrenos; no en disputas ni envidias; al contrario, vestíos del Señor Jesucristo y no os cuidéis de la carne para satisfacer sus pasiones.»

Ocurre a menudo. Cuando una persona sufre una grave derrota en una lucha consigo misma, es posible que en aquel momento esté preparada. Su remordimiento puede ser tan emocional y sincero que tal vez le induzca a emprender una acción inmediata y, a través de la perseverancia, le permita cambiar y seguir el camino que le conduzca a una victoria total.

¡Ahora aquel joven estaba preparado!

Y una vez adoptada una decisión irrevocable, alcanzó la paz de espíritu. *Creía* que la Potencia divina le ayudaría a superar los pecados contra los que antes había luchado en vano y adquirió una profunda espiritualidad. Los resultados de su vida futura lo demostraron. El joven se entregó a Dios y al servicio de sus hermanos.

Por lo que fue y por lo que llegó a ser es considerado capaz de ejercer una poderosa influencia en la tarea de dar esperanza incluso a los desesperados. Se llamaba Agustín. Y fue declarado santo.

Es bien sabido que la fuerza de la Biblia ha sido útil para cambiar las actitudes negativas en positivas, incluso de los más negligentes seres humanos. Y gracias a la eficacia especial de esta Palabra Escrita, éstos se sintieron inspirados a eliminar las telarañas de su mente. Fueron limpios en sus pensamientos y en sus costumbres. Muchos, como San Agustín, se han sentido impulsados a arrepentirse profundamente y, como él, han experimentado el deseo de dedicar sus vidas al servicio de Dios y de la humanidad. Y muchos grandes evangelistas han surgido de entre ellos.

Ahora bien, hay muchas personas de profunda fe religiosa que también leen la Biblia, pero nos dicen: «No traten de obstaculizar la obra de Dios» cuando les recomendamos otros libros de inspiración. Las telarañas mentales les impiden tratar de extraer el bien donde quiera que se encuentre.

No se trata de obstaculizar la labor de Dios. Estas buenas gentes temen que sea sacrílego atreverse a explorar los poderes de la mente que Dios les ha dado: la capacidad de elegir, planificar y controlar su futuro. Muchos libros de inspiración se proponen estimular al lector a dirigir sus pensamientos, controlar sus emociones y ordenar su destino. Y a menudo le ayudan a comprender las verdades de la Biblia.

Ello es cierto, por ejemplo, en el caso del gran éxito editorial *El poder del pensamiento tenaz* (Ediciones Grijalbo, Barcelona, 20.ª edición, 1981). En su libro, Norman Vincent Peale se esfuerza por inducir al lector a mejorar su personalidad. Para ello, cita directamente la Biblia en la que creen estas personas. He aquí algunas de las citas que utiliza el doctor Peale (y que sería conveniente aprender de memoria):

Tal como piensa en su corazón, así es el hombre.

Si tienes fe, todo será posible para ti.
Señor, yo creo; ¡ayuda a mi incredulidad!
Cúmplase según lo has creído.
La fe sin obras está muerta.
Aquello que pidas en la plegaria, cree que ya
lo has recibido y se te concederá.
Si Dios está con nosotros, ¿quién estará contra nosotros?
Pedid y se os dará; buscad y hallaréis; llamad
y se os abrirá.

Ya ha visto usted varias telarañas mentales que le hemos descrito. Algunas de ellas son:

1. Negativas: (a) sentimientos, (b) emociones, y (c) pasiones; (d) hábitos, (e) creencias y (f) prejuicios.
2. Ver tan sólo la paja en el ojo ajeno.
3. Discusiones y malentendidos provocados por dificultades semánticas.
4. Falsas conclusiones debidas a falsas premisas.
5. Palabras o expresiones generales o bien restrictivas, así como premisas básicas o bien secundarias.
6. La idea según la cual la necesidad conduce a la falta de honradez.
7. Pensamientos o hábitos deshonestos.
8. El temor de que sea sacrílego utilizar los poderes de la mente.

Hemos visto por tanto que existen muchas variedades de telarañas mentales: algunas son pequeñas y otras grandes, algunas son débiles y otras resistentes. Y, sin embargo, si elabora usted una lista adicional de las suyas propias y después examina detenidamente los hilos de cada una de las telarañas, comprobará que todas ellas han sido tejidas por la AMN.

Y si reflexiona cuidadosamente acerca de ello, se dará cuenta de que la telaraña más fuerte que teje la

AMN es la telaraña de la *inercia*. La inercia le induce a no hacer nada; o, en caso de que esté siguiendo un camino equivocado, le impide ofrecer resistencia o bien detenerse. Y usted sigue adelante.

LA IGNORANCIA ES EL RESULTADO DE LA INERCIA. Aquello que le parece lógico a la persona que ignora los hechos o carece de los *conocimientos prácticos* puede parecerle ilógico al hombre que los conoce. Cuando adopta usted decisiones porque se niega a mantener una mentalidad abierta y a aprender la verdad, ello se debe a la *ignorancia*. Y la AMN se mantiene viva y se desarrolla gracias a la ignorancia. ¡Elimínela! *La actitud mental positiva: un camino hacia el éxito* le indicará claramente *cómo* eliminarla.

Es posible que un hombre con una AMP ignore los hechos o carezca de los conocimientos prácticos. Es posible que no comprenda. Y, sin embargo, reconoce la premisa básica según la cual la verdad es verdadera y no falsa aunque él no la conozca o no la comprenda. Gracias a ello, se esfuerza por mantener una mentalidad abierta y por aprender. Tiene que basar sus conclusiones en lo que sabe y, sin embargo, ha de mostrarse dispuesto a cambiarlas cuando haya ampliado sus conocimientos.

¿Se atreverá usted a eliminar las telarañas de sus pensamientos? Si la respuesta es «sí», déjese conducir por la Guía N.º 3 mientras avanza hacia el capítulo 4. Estará usted dispuesto a ver las cosas con mentalidad abierta. ¡Estará dispuesto a explorar los poderes de su mente! Y, cuando lo haga, su exploración le conducirá a un gran descubrimiento. Pero sólo usted podrá hacer este descubrimiento.

GUÍA N.º 3

Ideas a seguir

1. Usted es lo que piensa. Sus pensamientos se valoran según su actitud sea positiva o negativa. Échese un vistazo. Es usted 1) ¿bueno?... 2) ¿malo?... 3) ¿sano?... 4) ¿psicosomáticamente enfermo?... 5) ¿rico?... 6) ¿pobre? En tal caso, 1) tiene usted buenos pensamientos... 2) sus pensamientos son malos... 3) sus pensamientos giran en torno a la buena salud... 4) sus pensamientos son la causa de ello... 5) sus pensamientos giran en torno a la riqueza... 6) sus pensamientos están centrados en la pobreza.

2. Negativo: sentimientos, emociones pasiones (prejuicios, creencias, hábitos): podrá eliminar esas telarañas mentales girando su talismán de la cara de la AMN a la de la AMP.

3. Puede usted eliminar las telarañas mentales de las pasiones, emociones, sentimientos, tendencias, prejuicios, creencias y hábitos, cambiando su talismán invisible de la AMN a la AMP. Aprenderá a hacerlo a medida que vaya reaccionando a lo que lea en *La actitud mental positiva: un camino hacia el éxito*.

4. Cuando se enfrenta usted con un problema que implica un malentendido con otras personas, tiene que empezar primero por usted mismo.

5. Una palabra puede provocar una discusión, crear un malentendido, ocasionar desgracias y terminar en aflicción. Una palabra con una AMP, en comparación con otra con una AMN,

produce efectos contrarios. Una palabra puede producir paz o guerra, aceptación o rechazo, amor u odio, integridad o falta de honradez.

6. Empecemos con una coincidencia de las mentes. Cuando el doctor Fosdick hizo eso, el joven llegó a la conclusión de que no era ateo sino que creía en Dios.

7. Las ancas de rana le enseñaron la lógica. Cuando piense por medio de deducciones, procure que las premisas principales y secundarias sean correctas.

8. Las palabras generales o bien restrictivas tales como: siempre — sólo — nunca — nada — todos — todo el mundo — nadie — no se puede — imposible, debieran eliminarse del razonamiento en calidad de premisas hasta que no estemos seguros de que son correctas.

9. *Necesidad* es la palabra. ¿Le impulsa la *necesidad* a alcanzar altos objetivos a través de su honradez e integridad personal, o bien la *necesidad* le impulsa a tratar de conseguir resultados por medio del engaño o la falta de honradez?

10. Un adolescente difícil: es posible que conozca usted uno. Mas no desespere. Quizá no llegue a ser un santo. Pero tal vez algún día logre que su propio mundo y el de usted sea un mundo mejor.

11. *Dirija* sus pensamientos; *controle* sus emociones; ¡y *encauce* su destino! Apréndase de memoria y repita con frecuencia los factores de automotivación de la Biblia que se citan las páginas 82-83.

12. Aprenda a distinguir los «hechos» de la fantasía, la realidad de la ficción. Y aprenda después la diferencia que existe entre los hechos que son importantes y los que no lo son.

DIRIJA SUS PENSAMIENTOS CON UNA AMP
PARA CONTROLAR SUS EMOCIONES Y
ENCAUZAR SU DESTINO

4

¿SE ATREVERÁ USTED A EXPLORAR
LOS PODERES DE SU MENTE?

«¡Usted es una mente con un cuerpo!»

Y, dado que es una mente, *usted* posee poderes místicos... poderes conocidos y desconocidos. ¡Atrévase a explorar los poderes de su mente! ¿Por qué explorarlos?

Cuando haga los descubrimientos que le están aguardando, éstos le podrán reportar: (1) salud física, moral y mental, felicidad y riqueza; (2) éxito en la profesión o actividad que haya elegido; e incluso (3) un medio de influir, controlar, utilizar o aprovechar los poderes conocidos y desconocidos.

Y atrévase a investigar todas las fuerzas espirituales que se encuentran más allá del reino de los procesos físicos conocidos, unas fuerzas que podrá utilizar cuando aprenda a aplicarlas. Lo cual no le resultará muy difícil, no más difícil que encender un televisor por primera vez.

Porque un niño está en condiciones de sintonizar con su programa de televisión preferido. Y, cuando lo hace, desconoce cómo están construidos la emisora y el televisor, al igual que la tecnología en que está basado. Pero no importa. Lo único que el niño necesita es saber girar el mando adecuado o bien pulsar el botón preciso.

Verá usted en este capítulo de qué manera puede girar el mando adecuado o bien pulsar el botón preciso para conseguir lo que desee del aparato eléctrico más eficaz que jamás se haya concebido. A pesar de que este aparato es obra de la Potencia divina, usted lo posee. ¿Cómo está hecho? Bùeno, entre otras cosas, está compuesto por más de ochenta millones de células eléctricas. Como es natural, consta de muchas piezas. Y cada pieza es en sí misma un mecanismo eléctrico.

Una de ellas es una maravilla eléctrica. Y, sin embargo, sólo pesa un kilo y medio aproximadamente. Su mecanismo está compuesto por más de diez mil millones de células que generan, reciben, registran y transmiten energía.

¿Cuál es este maravilloso aparato que usted posee? Su cuerpo. Usted es y será *el mismo* aunque pierda un brazo, un ojo u otras partes de su cuerpo.

¿Y la maravilla eléctrica? *Su cerebro y su sistema nervioso.* Éste es el mecanismo a través del cual se controla su cuerpo y *a través del cual funciona su mente.*

Y su mente: ésta también está compuesta por partes. Una es la conciencia y la otra es el subconsciente. Ambas están sincronizadas y funcionan conjuntamente. Los científicos han conseguido averiguar muchas cosas acerca de la conciencia. Y, sin embargo, hace menos de cien años que empezamos a explorar el vasto territorio desconocido del subconsciente, pese a que el hombre utilizaba deliberadamente sus poderes místicos ya desde los primeros tiempos de la historia de la humanidad y pese a que incluso hoy en día los aborígenes de Australia y otras poblaciones primitivas siguen haciéndolo en gran medida.

¡Empecemos a explorar ahora!

¡DÍA A DÍA ME ESTOY HACIENDO CADA VEZ MÁS RICO EN TODOS LOS SENTIDOS! Empecemos acompañando a Bill McCall de Sidney, Australia, en un viaje desde el fracaso y la derrota hasta el éxito y los logros.

A la edad de diecinueve años, Bill estableció su propio negocio de cueros y pieles. Fracasó. A la edad de veintiún años se presentó como candidato al Congreso federal. Y una vez más fracasó. Parece ser, sin embargo, que estas y otras derrotas indujeran a este joven australiano a desarrollar un descontento inspirador.

Y entonces empezó a buscar las normas del éxito.

Ocurría que Bill McCall deseaba hacerse rico y creía que podría encontrar las pautas para hacerse rico en los libros de inspiración. Mientras examinaba la sección de libros de inspiración de la biblioteca, a Bill le llamó la atención el título *Piense y hágase rico*. Pidió el libro y empezó a leerlo. Lo leyó una vez y después volvió a leerlo. Y, aunque lo leyó una tercera vez, no acertaba a comprender exactamente de qué manera podría aplicar los principios mediante los cuales algunos de los hombres más ricos del mundo habían adquirido sus riquezas. Y nos dijo:

«Estaba leyendo *Piense y hágase rico* por cuarta vez mientras paseaba tranquilamente por una calle comercial de Sidney. ¡Y entonces ocurrió! Ocurrió de repente. Me detuve frente al escaparate de una carnicería y levanté los ojos. Y, en aquella décima de segundo, tuve un destello de inspiración.» Sonrió y siguió diciendo: «Exclamé en voz alta: "¡Ya está! ¡Ya lo tengo!" Me sorprendió mi propio estallido emocional. También se sorprendió una señora que pasaba, la cual se detuvo a mirarme con asombro. Me apresuré a regresar a casa con mi nuevo descubrimiento.» Después añadió muy serio: «Entonces estaba leyendo el capítulo cuarto titulado *Autosugestión*. El subtítulo decía: *El medio para influir en el subconsciente.*

»Ahora recuerdo que, cuando yo era pequeño, mi padre solía leer en voz alta el librito de Emile Coué *Autodominio a través de la autosugestión consciente.*» Miró a Napoleón Hill y dijo: «Fue usted quien señaló en su libro que, si Emile Coué había conseguido que las personas evitaran la enfermedad y los enfermos recuperaran la salud por medio de la autosugestión consciente, la autosugestión también se podría utilizar para adquirir riquezas o cualquier otra cosa que uno pudiera desear. "Hágase rico a través de la autosugestión": éste fue mi gran descubrimiento. Para mí fue un nuevo concepto». McCall describió después los principios. Casi parecía que se los hubiera aprendido de memoria a partir del libro. «Miren, la autosugestión consciente es el medio de control mediante el cual un individuo puede alimentar voluntariamente su subconsciente con pensamientos de carácter creador o, por negligencia, permitir que los pensamientos de carácter destructivo se abran camino hasta el rico vergel de su mente.

»Cuando lees en voz alta dos veces diariamente la expresión escrita de tu deseo de ganar dinero con emoción y atención concentrada, y ya te ves y te sientes en posesión del dinero, comunicas el objeto de tu deseo directamente al subconsciente. Mediante la repetición de este procedimiento, creas voluntariamente unos hábitos mentales favorables a tus esfuerzos de convertir el deseo en su equivalente monetario.

»Permítanme repetirlo: es muy importante que, cuando se lee en voz alta la expresión escrita del deseo mediante la cual se intenta desarrollar una "conciencia monetaria", se haga la lectura con gran emoción y sentimiento.

»La capacidad de utilización de los principios de la autosugestión dependerá en buena medida de la capacidad que uno tenga de concentrarse en un deseo determinado hasta que este deseo se convierta en un deseo ardiente.

»Cuando llegué a casa, sin apenas resuello de tanto correr, me senté inmediatamente junto a la mesa del comedor y escribí: Mi principal objetivo concreto es el de ser millonario en 1960». Luego añadió mirando a Napoleón Hill: «Usted señaló que una persona tenía que concretar la cantidad de dinero que quería y establecer una fecha. Así lo hice».

El hombre con quien estábamos hablando no era el joven Bill McCall que fracasó a la edad de 19 años. Era conocido como el honorable William McCall, el miembro más joven que jamás hubiera tenido el Parlamento australiano, antiguo presidente de la junta de directores de la filial de la Coca-Cola en Sidney y director de veintidós empresas de propiedad familiar. Y en cuanto a la riqueza, cabe señalar que se hizo millonario y llegó a ser tan rico como algunos de los hombres sobre los cuales había leído en el libro que le permitió *explorar el poder de su subconsciente con la autosugestión*. (¡Cabe señalar, por cierto, que se convirtió en millonario con cuatro años de adelanto!)

¡DÍA A DÍA VOY SIENDO CADA VEZ MEJOR EN TODOS LOS SENTIDOS! *Observará usted que utilizamos la palabra «autosugestión» como sinónimo del término «autosugestión consciente» utilizado por Emile Coué.*

McCall recordó que, cuando él era pequeño, su padre se había beneficiado de un descubrimiento hallado en un libro de aquel entonces, un descubrimiento que cualquier hombre, mujer o niño puede utilizar con eficacia en cuanto lo conozca por sí mismo. Al igual que Bill McCall y su padre, usted puede emplear también adecuadamente el poder de la autosugestión consciente.

Ahora bien, la autosugestión consciente le fue revelada a Emile Coué porque éste se atrevió a explorar los poderes de su propia mente y de la de los demás. Antes de hacer su gran descubrimiento, solía utilizar la hipnosis para curar las enfermedades físicas de sus pacientes. Sin embargo, tras haber hecho su gran descubrimiento (que, en realidad, estaba basado en una simple ley natural), abandonó la utilización de la hipnosis.

¿Y cómo descubrió y reconoció esta ley natural?

Emile Coué realizó su gran descubrimiento al hallar la respuesta a algunas preguntas que se había formulado a sí mismo. Dichas preguntas fueron:

Pregunta n.º 1: ¿Es la sugestión del médico o es, por el contrario, la sugestión de la mente del enfermo la que logra la curación?

Respuesta: Coué demostró en forma concluyente que era la mente del enfermo la que, en forma subconsciente o bien consciente, llevaba a cabo la sugestión a la que reaccionaban su propia mente y su propio cuerpo.

Pregunta n.º 2: Si la sugestión del médico estimula la sugestión interna del paciente, ¿por qué no puede el paciente utilizar por sí mismo sugestiones sanas y útiles? ¿Y por qué no puede abstenerse de las perjudiciales sugestiones negativas?

La respuesta a esta segunda pregunta se produjo rápidamente: a cualquier persona, incluso a un niño, se le puede enseñar a desarrollar una Actitud Mental Positiva. El método consiste en repetir afirmaciones positivas tales como: *Día a día, en todos los sentidos, por medio de la gracia de Dios, voy mejorando cada vez más.*

A lo largo de *La actitud mental positiva: un camino hacia el éxito,* descubrirá usted muchos factores de automotivación que podrá utilizar para su autosugestión. Y si, en estos momentos, no sabe usted todavía cómo utilizar la autosugestión, lo sabrá sin duda antes de finalizar la lectura de este libro.

CUANDO LA PUERTA DE LA MUERTE ESTÁ A PUNTO DE ABRIRSE. En los Estados Unidos nacen cada año 450.000 niños fuera de la institución matrimonial y más de un millón y medio de adolescentes ingresan en instituciones penitenciarias por robo de automóviles y otros delitos. Esas tragedias personales podrían evitarse en muchos casos si: (a) los padres aprendieran a utilizar adecuadamente la sugestión, y (b) a sus hijos e hijas se les enseñara a utilizar eficazmente la autosugestión espiritual. Por medio de un adecuado uso de la sugestión, se podría estimular a los jóvenes a desarrollar unas normas morales inviolables por medio de su propia autosugestión consciente y éstos podrían así neutralizar o rechazar con inteligencia las sugestiones indeseables de sus compañeros.

Como es natural, el individuo suele responder con más frecuencia a lo largo de toda su vida a una autosugestión *(inconsciente)* que a la autosugestión *consciente.* En tales casos, responde al hábito y a un impulso interior del subconsciente. Cuando un hombre con una AMP se enfrenta con un serio problema personal, los factores de automotivación surgen del subconsciente y llegan hasta la conciencia para acudir en su ayuda. Ello es especialmente cierto en momentos de emergencia, sobre todo cuando está a punto de abrirse la puerta de la muerte. Es lo que le ocurrió a Ralph Weppner de Toowoomba, Queensland, Australia, uno de los alumnos de nuestro curso AMP, «La ciencia del éxito».

Era la una y media de la madrugada. En una pequeña habitación de hospital, dos enfermeras se encontraban junto al cuerpo de Ralph. A las cuatro y media de la tarde anterior, se había llamado con urgencia a la familia para que acudiera al hospital. Al llegar los familiares junto al lecho del enfermo, Ralph se encontraba en estado de coma como consecuencia de un grave ataque al corazón. Los parientes se hallaban en el pasillo, cada uno de ellos preocupándose por él o rezando a su manera.

En la habitación escasamente iluminada, ambas enfermeras se afanaban con inquietud —cada una en una muñeca—, tratando de encontrarle el pulso. Puesto que Ralph había estado en coma durante todo aquel período de seis horas y el médico había hecho todo lo que había podido, éste había abandonado la habitación, yendo a visitar a otros pacientes del hospital que también se encontraban en situación crítica.

Ralph no podía moverse, hablar ni sentir nada. Y, sin embargo, podía oír las voces de las enfermeras. Pudo pensar claramente durante algunos momentos. Oyó que una de las enfermeras decía muy excitada:

«¡No respira! ¿Puede usted encontrarle el pulso?»

«No», fue la respuesta.

Una y otra vez oyó la pregunta y la respuesta: «¿Puede usted encontrarle el pulso?». «No.»

«Estoy bien —pensaba él—, pero debo decírselo. Tengo que encontrar el medio de decírselo.»

Al mismo tiempo, le resultaba gracioso que las enfermeras se engañaran de aquel modo. Y seguía pensando: «Estoy muy bien. No voy a morir. Pero, ¿cómo... cómo... se lo voy a decir?»

Y entonces recordó el factor de automotivación que había aprendido: *¡Puede hacerlo si cree que puede!*

Trató de abrir los ojos, pero parecía que, cuanto más lo intentaba, tanto más imposible le era. Sus párpados no respondían a las órdenes de su voluntad. Trató de mover el brazo, la pierna, la cabeza... pero no podía sentir ninguna reacción en absoluto. En realidad, no sentía nada. Una y otra vez trató de abrir los ojos hasta que, al final, oyó unas palabras: «Me ha parecido verle parpadear... aún está ahí».

«No experimentaba ningún temor —dice Ralph—, y seguía pensando que todo aquello resultaba muy gracioso. Periódicamente, una de las enfermeras me decía: "¿Está usted ahí, señor Weppner? ¿Está usted ahí?". A lo cual yo trataba de responder, moviendo el párpado para decirles que estaba bien... que aún estaba ahí.»

La situación se prolongó durante un buen rato hasta que, gracias a sus constantes esfuerzos, Ralph pudo abrir finalmente un ojo y después el otro. Fue entonces cuando el médico regresó. Con una extraordinaria pericia y persistencia entre él y las enfermeras le devolvieron a la vida.

PERSUASORES OCULTOS. Sin embargo, fue la autosugestión del *Puede hacerlo si cree que puede*, aprendida de memoria en el curso de AMP, «La ciencia del éxito», la que le ayudó a salvarse cuando se encontraba a las puertas de la muerte.

Los libros que leemos y los pensamientos que se nos ocurren influyen en nuestro subconsciente. No obstante, hay también unas fuerzas invisibles que ejercen unos efectos análogamente poderosos aunque su carácter sea *subliminal*, es decir, aunque se encuentren fuera del ámbito de la conciencia.

Estas fuerzas invisibles pueden deberse a causas físicas conocidas o bien a fuentes desconocidas. Antes de comentar lo desconocido, ilustremos un ejemplo que es de conocimiento general desde que se publicó la obra *Persuasores ocultos*, de Vance Packard. La historia se publicó primero en los periódicos norteamericanos y después fue recogida por las revistas. Consideremos un informe que se publicó en una importante revista nacional a propósito del tema de la publicidad subliminal. El informe se refiere a un experimento que se llevó a cabo en un cine de Nueva Jersey en el que los mensajes publicitarios se proyectaban con tanta rapidez en la pantalla que los espectadores no eran conscientes de ellos.

Durante un período de seis semanas, más de cuarenta mil personas participaron sin saberlo en esta prueba mientras se encontraban en el cine. En la pantalla, por medio de un proceso especial que los hacía invisibles a simple vista, se proyectaban dos mensajes publicitarios sobre unos productos que podían adquirirse en el vestíbulo del cine. Al término de las seis semanas, se elaboró una tabla con los resultados: las ventas de uno de los productos habían aumentado en más de un 50 por ciento, mientras que las del otro experimentaron un incremento de casi un 20 por ciento.

El inventor del proceso explicó que, a pesar de que los mensajes eran invisibles, habían llegado hasta el público gracias a la capacidad del subconsciente de absorber las impresiones que son demasiado fugaces como para que la conciencia pueda captarlas.

Cuando el informe apareció en la prensa, el público se horrorizó ante «este intento de canalizar nuestros hábitos mentales, nuestras decisiones de compra y nuestros procesos mentales» mediante el uso de la sugestión subliminal. La gente se asustó. Temía que la sometieran a un lavado de cerebro en la forma más sutil. Y, sin embargo, nos sorprende que nadie planteara la cuestión desde el punto de vista de una AMP. La sugestión subliminal también puede emplearse para objetivos deseables. Todo el mundo sabe que el poder puede usarse para bien o para mal, según se dirija.

Ahora que el experimento ha demostrado sus efectos, no hace falta mucha imaginación para comprender qué beneficiosos resultados podrían obtenerse en caso de que los siguientes factores de automotivación se proyectaran en una pantalla cinematográfica:

¡Dios es siempre un Dios bueno!

¡Día a día, en todos los sentidos, por medio de la gracia de Dios, va usted siendo cada vez mejor!

¡Tenga el valor de enfrentarse con la verdad!

¡Lo que el hombre puede concebir y creer, la mente del hombre lo puede alcanzar con una AMP!

¡Toda adversidad lleva la semilla de un beneficio equivalente o todavía mayor para aquellos que tienen una Actitud Mental Positiva!

¡Usted puede hacerlo si cree que puede!

Éste sería el planteamiento de la AMP, siempre y cuando se obtuviera de antemano, como es lógico, el consentimiento del público.

Otro ejemplo de fuerza física conocida que afecta al subconsciente nos lo ofrece el efecto del radar en los navegantes.

¿POR QUÉ SE HUNDIERON LOS BUQUES «ANDREA DORIA» y «VALCHEM»? Cuando el *Andrea Doria*, capitaneado por Pierre Calamai, y el *Stockholm*, bajo las órdenes del capitán H. G. Nordenson, chocaron aproximadamente a 50 millas de la isla de Nantucket, cincuenta personas perdieron la vida.

El *Andrea Doria* fue localizado por el oficial de radar del *Stockholm* cuando ambos buques se encontraban a unas 10 millas el uno del otro.

El lujoso buque *Santa Rosa*, de la Grace Line, bajo el mando del capitán Frank S. Siwik, chocó con el petrolero *Valchem* el 26 de marzo de 1959, a 22 millas de la costa de Nueva Jersey. Cuatro tripulantes resultaron muertos. El segundo de a bordo, Walter Wells, oficial de radar del *Santa Rosa*, afirmó que había trazado dos gráficos del rumbo del *Valchem*.

En ambos casos, las investigaciones no permitieron hallar una explicación satisfactoria de la causa de las colisiones. ¿Pudieron ser las ondas de los instrumentos de radar la verdadera causa? Tal vez Sidney A. Schneider tenga la respuesta.

De joven, Sidney A. Schneider, de Skokie, Illinois, empezó a mostrar interés por el hipnotismo al observar cómo su hermano mayor, estudiante universitario, conseguía hipnotizar con éxito a su primer sujeto. Sidney se convirtió en un experto hipnotizador. Posteriormente trabajó como radiotelegrafista y como ingeniero electrónico.

En la segunda guerra mundial, Sidney Schneider se convirtió en una de las piezas fundamentales del sistema conocido como «I.A.E.», es decir, «Información, Amigo o Enemigo». Su misión consistía en cerciorarse de que todos los buques que abandonaran nuestro país (Estados Unidos) estuvieran dotados de equipos de radar. Observó que, en algunas ocasiones, los oficiales de radar entraban en un estado de hipnosis. *Y no se percataban de que habían entrado en un estado de hipnosis cuando salían del mismo.*

Gracias a sus conocimientos hipnóticos y electrónicos, Schneider llegó a la conclusión de que la concentrada atención de los oficiales navales tenía lugar cuando las ondas del aparato de radar quedaban sincronizadas con las ondas cerebrales del oficial en cuestión. Basándose en esta teoría, modificó las ondas del instrumento de radar y eliminó la posibilidad de los estados hipnóticos.

Sidney Schneider nos dijo que había convertido sus conclusiones sobre el principio que sumía a los oficiales de radar en un estado hipnótico en el llamado Sincronizador de Ondas Cerebrales, un aparato que inventó al término de la guerra.

¿Qué es el Sincronizador de Ondas Cerebrales?

Es un instrumento electrónico destinado a provocar diversos niveles de hipnosis a través del estímulo subliminal y luminoso de las ondas cerebrales. El instrumento puede utilizarse solo o bien combinado con una grabación magnetofónica de las sugestiones verbales del terapeuta. Al paciente no se le aplica ningún tipo de conexión física. Los resultados se obtienen a cualquier distancia a la que resulte visible la luz del aparato. El aparato permite que la luz provoque profundos niveles hipnóticos en más del 90 por ciento de los sujetos en un promedio de tres minutos.

En un experimento realizado con el Sincronizador de Ondas Cerebrales, ninguno de los sujetos fue informado acerca del aparato o de los efectos que éste podía producir. Tampoco se les dijo que estaban siendo objeto de un experimento. Y, sin embargo, un 30 por ciento de ellos fue hipnotizado en distintos grados, que oscilaron entre estados ligeros y profundos.

«¿Por qué y cómo funciona el Sincronizador de Ondas Cerebrales?», preguntamos nosotros.

«Es como una emisora de televisión —dijo Schneider—. El cerebro humano produce impulsos (ondas) eléctricos en varias frecuencias. Este conocimiento lleva aplicándose en el campo de la medicina desde el año 1929, y el invento del electroencefalógrafo comúnmente llamado aparato de EEG es un instrumento que registra las ondas cerebrales.

»Mi aparato funciona en forma parecida a como lo hace un sistema de televisión —añadió Schneider—. La razón de que las imágenes que recibe el televisor no se desplacen hacia arriba o hacia abajo reside en que los impulsos generados en el interior del aparato se hallan sincronizados con los correspondientes impulsos generados por la emisora de televisión. El televisor *se ve obligado a funcionar según el ritmo controlado por la emisora y la imagen tiene que obedecer.*

»Al igual que una emisora de televisión, el Sincronizador de Ondas Cerebrales produce también unos impulsos de sincronización. Y, a través del estímulo luminoso, las ondas enviadas por el sincronizador hacen que la frecuencia de las ondas cerebrales *siga el mismo ritmo.* Llegados a este punto, se puede provocar la hipnosis. Basta comparar el cerebro con un televisor y el Sincronizador de Ondas Cerebrales con una emisora de televisión.»

Y a medida que siga leyendo, podrá observar usted que, aparte de comparar su cerebro con un televisor, también podrá compararlo con una emisora de televisión.

ALGUNOS CONOCIMIENTOS PUEDEN SER PELIGROSOS. Acabamos de explorar algunas de las fuerzas invisibles debidas a *causas físicas conocidas.* Entremos ahora en el reino de lo desconocido, en el emocionante campo de fenómenos psíquicos tales como:

1. PES (percepción extrasensorial)... conciencia o bien reacción ante un acontecimiento o influencia externa no captada por medios sensoriales. Entre ellos se incluyen:

(a) Telepatía... transferencia de pensamientos.

(b) Clarividencia... capacidad de discernir objetos no perceptibles por los sentidos.

(c) Precognición... visión del futuro.

(ch) Postcognición... visión del pasado.

2. Psicocinesis... efecto de la mente sobre un objeto.

Pero seamos realistas y mantengamos los pies firmemente apoyados en el suelo. ¡Exploremos lo desconocido con sentido común! Correrá usted peligro a menos que utilice la lógica y evite los efectos de sus «telarañas» mentales. Los hechos deberían ser los pontones que le permitieran cruzar el río de la duda. Por consiguiente, deje que un guía experto le dirija por caminos seguros. Le vamos a presentar a este guía. Pero antes, hablemos del pasado.

El famoso libro de Thomas J. Hudson *La ley de los fenómenos físicos* se convirtió en un gran éxito editorial al ser publicado en 1893. La obra contenía descripciones de emocionantes experiencias psíquicas. La imaginación de decenas de millares de lectores se sintió estimulada. Algunos de ellos estaban preparados para el acontecimiento, pero otros no.

A partir de entonces, el interés del público por los fenómenos psíquicos fue aumentando rápidamente. Sin embargo, muchas personas que no estaban debidamente preparadas se perjudicaron a sí mismas llegando incluso a perder la razón. Ello se debió al espanto y al interés magnético que algunos conocimientos acerca de los poderes psíquicos generaron en ellas. Algunas personas no adecuadamente instruidas, inmaduras mentalmente y no muy bien equilibradas emocionalmente, tienen una clara tendencia a sentirse fascinadas por este intrigante estudio. Es fácil comprender por qué tantos dirigentes religiosos, científicos y personas responsables del bienestar de la población han anatematizado el estudio de los fenómenos psíquicos:

1. Las imaginaciones se desbordaban y amenazaban la cordura de la gente.
2. La realidad y la ficción no se distinguían entre sí.
3. El hipnotismo practicado por aficionados y artistas de variedades, así como los engaños y los fraudes practicados por faquires, médiums

y charlatanes, abusaban de la mente del público.

4. Los principios religiosos fundamentales se encauzaban hacia el mal.

Cualquier cosa asociada con los fenómenos psíquicos resultaba repelente y era tabú.

A pesar de los peligros y tabúes y del ostracismo social o profesional, hubo hombres valientes, honrados y sensatos que exploraron la verdad.

Pero fue la prolongada y valerosa lucha del doctor Joseph Banks Rhine, perteneciente en otros tiempos a la Universidad de Duke, con el estímulo y la ayuda de su esposa, la doctora Louisa E. Rhine, lo que dio un enfoque respetable al estudio de los fenómenos psíquicos. Ello se debió al intachable carácter del doctor Rhine y a sus 30 años de experimentos *controlados* de laboratorio basados en leyes matemáticas. Su tarea fue muy difícil porque los fenómenos psíquicos espontáneos no suelen producirse en un laboratorio. Tales fenómenos ocurren cuando menos se espera y, a menudo, cuando una persona se encuentra en un estado de gran tensión emocional o se ve dominada por un intensificado deseo obsesivo... coincidiendo con frecuencia con la muerte de algún ser querido.

LA COMPAÑÍA WESTINGHOUSE REALIZA INVERSIONES EN COMUNICACIONES POR PES. No cabe duda de que cualquier autor que trate hoy en día el tema de los fenómenos psíquicos procura ampararse en la respetabilidad del doctor Rhine, haciendo referencia a la persona de éste y a la Universidad de Duke de tal manera que sus propias teorías resulten «digeribles». Nosotros no somos una excepción. Y le sugerimos con urgencia que, si el tema le interesa, lea la obra *El alcance de la mente* y los demás libros del doctor Rhine como autor o coautor. Nuestra recomendación: deje que el Joseph Banks Rhine sea su guía.

¿Hasta qué extremo ha sido eficaz la labor del doctor Rhine en lo relativo a romper la resistencia a la investigación y la creencia en estos extraños poderes de la mente? Nos parece que una buena prueba estriba en el hecho de que los sesudos hombres de negocios están convencidos de ello y están llevando a cabo experimentos por su cuenta: en el transcurso de una entrevista, el doctor Peter A. Castruccio, director del Instituto Westinghouse de Astronáutica, confirmó que los científicos de la Westinghouse estaban realizando investigaciones con el fin de hallar un medio para utilizar la telepatía y la clarividencia en comunicaciones de larga distancia. El doctor Castruccio mantuvo, además, muchas entrevistas con el doctor Rhine antes de adoptar una decisión sobre la puesta en marcha de este gran experimento.

¿Alcanzarán el éxito las investigaciones encaminadas a utilizar la telepatía y la clarividencia con fines comerciales? Contestaremos de la siguiente manera: no hace mucho tiempo, la gente se burlaba de ciertas ideas que *entonces* resultaban increíbles, pero que *hoy en día* se dan por descontadas: (a) la conversión de la materia en energía y de la energía en materia; (b) la desintegración del átomo; (c) los satélites fabricados por el hombre; (ch) la propulsión a chorro; (d) cualquiera de los artículos actualmente de uso cotidiano como, por ejemplo, los televisores.

¿Y qué decir de la computadora electrónica, diseñada a partir de la computadora humana, es decir, el cerebro y el sistema nervioso humanos? ¡Todo ello lo concibieron, lo creyeron y lo llevaron a cabo hombres con una AMP! ¡Los aparatos que funcionan a la velocidad de la luz, es decir, a 300.000 quilómetros por segundo! ¡Los aparatos que pueden calcular 40.000 operaciones aritméticas por segundo y detectar y corregir sus propios errores! Aparatos que se convirtieron en realidad porque el hombre introdujo en ellos unos circuitos eléctricos que funcionan en muchos sentidos como el sistema nervioso de nuestro propio cuerpo físico. Nuestra respuesta:

¡Lo que la mente del hombre puede concebir y creer, la mente del hombre puede alcanzarlo con una AMP!

Sin embargo, ningún aparato o invento realizado por el hombre es tan maravilloso como la prodigiosa computadora humana que usted posee: su cerebro y su sistema nervioso, con la fuerza de su actividad eléctrica.

El hombre es algo más que un cuerpo con un cerebro.

Usted es una mente con un cuerpo, ¡una *mente* que posee y recibe la influencia de poderes conocidos y desconocidos! Una mente compuesta de dos partes: la conciencia y el subconsciente.

Aquí hemos acentuado más el concepto del subconsciente y de los poderes y fuerzas conocidas y desconocidas que influyen en él. Pero, ¿qué decir de la conciencia? Ésta es también muy importante y a ella nos referiremos en el siguiente capítulo titulado ...¡Y *algo más!*

Ahora, si su reacción a lo que ha leído no le ha permitido comprender de qué manera puede girar el mando adecuado o bien pulsar el botón preciso para conseguir lo que quiera de su propio aparato, atrévase a explorar los poderes de su mente. Siga los consejos de la Guía n.º 4 ...¡Y *algo más!*

GUÍA N.º 4

Ideas a seguir

1. *Usted es una mente con un cuerpo.* Su cuerpo es un aparato eléctrico. Su cerebro es un mecanismo eléctrico maravilloso.

2. Su mente tiene dos partes: la conciencia y el subconsciente. Ambas funcionan conjuntamente.

3. *Autosugestión consciente* y *sugestión* son términos sinónimos y se contraponen a la *autosugestión* en tanto que actividad inconsciente. La *autosugestión* envía automáticamente mensajes desde el subconsciente a la conciencia así como a las distintas partes del cuerpo. En el subconsciente están localizados el hábito, la memoria, las normas inviolables de conducta, etc.

4. *Día a día, en todos los sentidos, voy mejorando cada vez más.* Las afirmaciones del propio «yo» repetidas con frecuencia, rapidez y y firmeza influyen en el subconsciente y lo impulsan a reaccionar. Bill McCall adquirió riqueza mediante el uso de la autosugestión.

5. El gran descubrimiento de Coué fue el siguiente: puede usted utilizar sugestiones sanas y positivas para ayudarse a sí mismo. Y puede también rechazar las sugestiones negativas y perjudiciales.

6. Aprenda a utilizar la adecuada *sugestión* para influir en los demás. Aprenda a utilizar las adecuadas *autosugestiones conscientes.* Cuando lo haga, podrá conseguir: salud física, moral y mental, felicidad y éxito.

7. *Usted puede hacerlo si tiene una AMP y cree que puede.*

8. Persuasores ocultos: elija el planteamiento de la AMP.

9. Su cerebro envía energía en forma de ondas cerebrales. Y esta energía es una fuerza que puede influir en otra persona o en un objeto.

10. Algunos conocimientos pueden ser peligrosos. Atrévase a explorar los poderes de su mente. Cuando entre en el peligroso territorio inexplorado de los fenómenos psíquicos, deje que el doctor Joseph Banks Rhine sea su guía.

DÍA A DÍA, EN TODOS LOS SENTIDOS,
MEDIANTE LA GRACIA DE DIOS,
VOY SIENDO CADA VEZ MEJOR
A TRAVÉS DE UNA AMP

5

...Y ALGO MÁS

¿Lo ha intentado con sinceridad... y ha seguido fracasando?

Tal vez ha fracasado porque se necesitaba *algo más* para alcanzar el éxito. El axioma de Euclides dice: «El todo es igual a la suma de las partes y es mayor que cualquiera de sus partes». Eso puede compararse, asimilarse y aplicarse a todos los resultados o logros. Y a la inversa, cualquier parte es más pequeña que el todo. Por consiguiente, es importante que usted añada todas las partes necesarias para completar el todo.

La Actitud Mental Negativa es una de las principales causas de fracaso. Tal vez ignore usted inútilmente los hechos, las leyes universales y las fuerzas. Tal vez conozca algunos de ellos pero no sepa aplicarlos a una necesidad concreta. Tal vez no sepa cómo influir, utilizar, controlar o armonizar con los poderes conocidos y desconocidos.

Cuando usted busca el éxito con una AMP, lo sigue intentando. Sigue buscando para encontrar *algo más*. El fracaso lo experimentan aquellos que, cuando sufren una derrota, dejan de seguir buscando ese *algo más*.

¡ Es fácil cuando se conoce este «algo más» y se adquieren los conocimientos prácticos! Déle un rompecabezas a un niño y es posible que no lo resuelva. Si sigue intentándolo y aprende a resolverlo, lo podrá recomponer con rapidez. Usted no es un niño. Pero tal vez haya en la vida varios rompecabezas que desearía resolver. Los podrá resolver más fácilmente con una AMP. Por ejemplo, había una vez un autor que escribió la letra de una canción, pero no lograba publicarla. George M. Cohan la compró y añadió *algo más*. Este *algo más* hizo la fortuna de George M. Cohan, quien se limitó a añadir tres palabritas: *¡Hip, hip, hurra!*

Thomas Edison llevó a cabo más de diez mil experimentos antes de conseguir la lámpara incandescente. Pero, tras cada derrota sufrida, seguía buscando *algo más*, hasta que al final encontró lo que andaba buscando. Cuando lo desconocido se convirtió para él en conocido, pudieron empezar a fabricarse innumerables bombillas eléctricas. Para ello bastó con aplicar las leyes universales que siempre habían existido, pero que antes no se habían considerado aplicables a un invento concreto.

Existen muchos tratamientos y medidas preventivas contra las enfermedades. Pero es posible que, en un momento determinado, se desconozcan. Las medidas médicas preventivas contra la poliomielitis eran desconocidas hasta que el doctor Jonas Edward Salk utilizó los principios de una ley universal que la medicina no había aplicado previamente para prevenir esta temible enfermedad.

Puede usted ganar millones empleando una fórmu-

110

la de éxito. Si pierde dinero, puede ganar otro millón... ¡e incluso más! Siempre y cuando conozca usted la fórmula y sepa aplicarla. Supongamos que no reconoce usted la fórmula que le ayudó a ganar su primer millón. Quizá fracase en su segundo intento por haberse desviado de los principios del éxito aplicables al caso. En su segundo intento, tal vez necesite introducir algunas modificaciones para adaptarse al cambio de situación. Pero los principios serán los mismos.

¡Orville y Wilbur Wright consiguieron volar porque añadieron algo más! Muchos inventores habían estado a punto de inventar el avión antes de los hermanos Wright, quienes utilizaron los mismos principios que habían empleado los demás. Pero añadieron... *algo más.* Crearon una nueva combinación. Y alcanzaron el éxito allí donde otros habían fracasado. Ajustaron unas planchas móviles de un diseño especial a los bordes de las alas para que el piloto pudiera controlarlas y conservar así el equilibrio del aparato. Estas planchas fueron las precursoras del moderno alerón.

Observará usted que todas esas historias de éxito tienen un común denominador. En cada uno de los casos, el ingrediente secreto fue la aplicación de una ley universal no aplicada previamente. En eso estribaba la diferencia. Por consiguiente, si se encuentra usted en el umbral del éxito sin poder franquearlo, trate de añadir *algo más.* No tiene por qué ser mucho. Las palabras «Hip, hip, hurra» fueron suficientes para conseguir un éxito musical. Unas diminutas planchas fueron suficientes para hacer volar un avión tras el fracaso de otros. No es necesariamente la cantidad de este *algo más,* sino la «calidad inspirada», lo que cuenta.

¿Por qué llegó el Tribunal Supremo a la conclusión de que Alexander Graham Bell había inventado

EL TELÉFONO? Muchas personas afirmaron haber inventado el teléfono antes que Alexander Graham Bell. Entre los que afirmaban tener patentes anteriores estaban Gray, Edison, Dolbear, McDonough, Vanderweyde y Reis. Philipp Reis fue el único que, al parecer, estuvo cerca del éxito. La pequeña diferencia que resultó ser una gran diferencia fue un solo tornillo. Reis no sabía que, en caso de haber girado el tornillo un cuarto de vuelta, hubiera transformado la corriente intermitente en corriente continua. ¡Y entonces hubiera alcanzado el éxito!

En la causa seguida ante el Tribunal Supremo, éste señaló:

> Que Reis sabía lo que había que hacer para transmitir el lenguaje por medio de la electricidad es de todo punto evidente, puesto que en su primer escrito decía: «En cuanto sea posible producir, en cualquier lugar y de cualquier manera, vibraciones cuyas curvas sean las mismas que las de cualquier tono o combinación de tonos determinada, recibiremos la misma impresión que aquel tono o aquella combinación de tonos hubieran producido en nosotros.»

El tribunal añadía:

> Reis descubrió cómo reproducir los tonos musicales, pero nada más. Podía cantar a través de su aparato, pero no podía hablar. Desde el principio hasta el final, él mismo lo ha reconocido así.

Al igual que en el caso de los hermanos Wright, el *algo más* que Bell añadió era relativamente sencillo. Pasó de una corriente intermitente a una corriente continua, el único tipo capaz de reproducir el lenguaje humano. Ambas corrientes son exactamente la misma corriente directa. «Intermitente» significa que se interrumpe con una breve pausa. Concretamente, Bell mantuvo el circuito abierto en lugar de romper el circuito intermitentemente, tal como Reis había hecho. El tribunal terminaba diciendo:

Reis jamás pensó en ello y no logró transmitir el lenguaje telegráficamente. Bell lo hizo y lo consiguió. En tales circunstancias, resulta imposible afirmar que lo que hizo Reis fue una anticipación del descubrimiento de Bell. Seguir a Reis es fracasar; en cambio, seguir a Bell es alcanzar el éxito. La diferencia entre ambos es simplemente la diferencia entre el fracaso y el éxito. Si Reis lo hubiera seguido intentando, tal vez hubiera hallado el camino del éxito, pero se pasó y fracasó. Bell reanudó su tarea y logró un afortunado resultado.

Su silencioso socio mayoritario le animó a alcanzar el éxito. R. G. LeTourneau, constructor de equipos pesados para excavaciones, animaba a miles de personas con su estímulo. En sus charlas, se refería en tono reverente a «mi Socio Mayoritario». Y hablaba de la inspiración y la ayuda que recibía de su «Socio». LeTourneau apenas tenía estudios, pero realizó unas obras de ingeniería asombrosas.

En su calidad de contratista de la gran presa Hoover de Nevada, LeTourneau perdió una fortuna porque tropezó con un inesperado estrato rocoso. El coste de la perforación de la roca superó con mucho lo que él había calculado al formalizar el contrato. Y se arruinó cumpliendo la parte del trato que le correspondía.

Sin embargo, en lugar de pensar amargamente en su pérdida, LeTourneau se entregó a la oración. ¿Cómo rezaba? Expresando su gratitud —una profunda gratitud— por lo que le quedaba: un cuerpo sano. Dos fuertes manos. Un cerebro capaz de pensar. Y *algo más.* «En mi hora de mayor desgracia —dijo LeTourneau—, encontré mi mayor ventaja en la revelación y el descubrimiento de un silencioso Socio Mayoritario. Desde entonces, he reconocido a este socio en mi vida personal y empresarial. Todo lo que tengo, todo lo que he hecho y que ha merecido la pena, se lo debo a Él.»

Napoleón Hill estuvo asociado con el señor LeTourneau durante dieciocho meses y tuvo oportunidad de observarle de cerca. Para entonces, LeTourneau se había convertido en un célebre conferenciante de carácter inspirador. Dedicaba buena parte de su tiempo a recorrer el país en su aparato particular, predicando su mensaje: «Es una maravilla estar asociado con Dios». Una noche en que ambos hombres regresaban a casa en avión tras haber pronunciado una conferencia en Carolina del Norte, ocurrió algo interesante.

Poco después de que el piloto despegara, el señor LeTourneau se durmió. Treinta minutos más tarde, Napoleón Hill le vio sacarse un cuaderno de notas del bolsillo y escribir en él varias líneas. Tras haber aterrizado el aparato, Napoleón Hill le preguntó al señor LeTourneau si recordaba haber hecho una anotación en el cuaderno.

«¡Pues no! —exclamó LeTourneau. Inmediatamente se sacó el cuaderno del bolsillo y lo examinó—. ¡Aquí está! ¡Llevaba muchos meses buscándolo! ¡Ésta es la respuesta a un problema que me había impedido completar una máquina en la que estamos trabajando!»

¡CUANDO RECIBA USTED UN DESTELLO DE INSPIRACIÓN, ANÓTELO! Puede ser el *algo más* que andaba buscando. Nosotros creemos que la comunicación con la Inteligencia Infinita tiene lugar a través del subconsciente. Y creemos que usted debería adquirir la costumbre de anotar los destellos de inspiración que el subconsciente comunica a la conciencia.

Albert Einstein desarrolló unas complejas y profundas teorías en relación con el universo y las leyes naturales que lo rigen. Y, sin embargo, utilizaba tan sólo el más sencillo —pero el más importante— de los instrumentos jamás inventados: un lápiz y un trozo de papel. Tenía por costumbre anotar sus preguntas y sus respuestas. Usted podrá desarrollar sus poderes mentales cuando aprenda a desarrollar el hábito de hacerse preguntas a sí mismo, cuando adquiera la costumbre de utilizar lápiz y papel para anotar sus preguntas, sus ideas y sus respuestas.

No es probable que Einstein y otros científicos hubieran llegado a sus célebres conclusiones si no hubieran aprendido a través de los conocimientos escritos de los matemáticos y científicos que les habían precedido. Tampoco es probable que Einstein lo hubiera intentado si no hubiera experimentado el impulso de buscar principios universales tras haber adquirido la costumbre de pensar y actuar. ¿Conoce usted a algún gran pensador o a alguna persona de éxito que no haya anotado las ideas que se le ocurren?

¡APRENDA DEL PENSADOR CREATIVO A PENSAR CREATIVAMENTE! Las obras *Poder Creativo* e *Imaginación aplicada*, de Alex F. Osborn, de la agencia de publicidad Batten, Barton, Durstine y Osborn, ha estimulado a cientos de miles de personas a dedicarse al pensamiento creativo. Y lo importante es que estas personas también se han sentido impulsadas a emprender acciones positivas y constructivas. El pensamiento no es creativo a no ser que vaya seguido de la acción.

Osborn, al igual que muchos pensadores creativos, utilizaba un cuaderno de notas y un lápiz como herramientas de trabajo preferidas. Cuando se le ocurría alguna idea, la anotaba. Al igual que otros grandes hombres de éxito, dedicaba tiempo a pensar, planificar y estudiar.

Alex Osborn dijo una perogrullada al afirmar:

«Todo el mundo posee cierta capacidad creativa, pero la mayoría de la gente no ha aprendido a utilizarla». Los geniales métodos de Osborn, explicados en su ameno texto *Imaginación aplicada*, se utilizan en clases universitarias, fábricas, oficinas comerciales, iglesias y clubs y también en los hogares. La inspiración genial desarrollada por Osborn es un método muy sencillo mediante el cual dos o más personas utilizan su imaginación colectiva para aprovechar las ideas que surgen del subconsciente y afloran a la conciencia en respuesta a una pregunta derivada de un problema determinado. Las ideas se anotan tan pronto como se les ocurren a los participantes. No se permite ningún juicio crítico hasta que no se hayan anotado muchas ideas. Más tarde, las ideas se analizan y se juzgan para establecer su viabilidad y su valor.

En el colegio superior La Salle de Filadelfia, así como en muchas universidades de todos los Estados Unidos, se imparten cursos de pensamiento creativo muy frecuentados en los que se incluyen los métodos utilizados por los pensadores creativos en muchas fases del comercio y la industria.

Este pensamiento creativo fue el que permitió al doctor Elmer Gates convertir este mundo en un lugar mejor en el que poder vivir. El doctor Gates fue un gran profesor, filósofo, psicólogo, científico e inventor norteamericano. A lo largo de su vida, desarrolló cientos de inventos y descubrimientos en los diversos campos de las artes y las ciencias.

REALIZÓ SU PENSAMIENTO CREATIVO «ESPERANDO LAS IDEAS». La propia vida del doctor Gates demostró que sus originales métodos podían desarrollar un cuerpo sano y aumentar la eficacia de la mente. Napoleón Hill recuerda que, provisto de una carta de presentación de Andrew Carnegie, acudió a visitar al doctor Gates en su laboratorio de Chevy Chase. Cuando llegó Napoleón Hill, la secretaria del doctor Gates le dijo: «Lo siento, pero... no estoy autorizada a molestar al doctor Gates en este momento».

«¿Cuánto tiempo cree que tardaré en verle?», preguntó Napoleón Hill.

«No lo sé, pero podría tardar tres horas», contestó ella.

«¿Le importa decirme por qué no puede molestarle?»

Ella vaciló y después contestó:

«*Está esperando las ideas.*»

«¿Qué significa eso de que... "está esperando las ideas?"», preguntó Napoleón Hill, sonriendo.

Ella le devolvió la sonrisa y dijo:

«Tal vez será mejor que se lo explique el doctor Gates. En realidad, no sé cuánto va a tardar, pero puede usted esperar, si quiere. Si prefiere volver, veré si puedo darle una cita más concreta.»

El señor Hill decidió esperar. Fue una valiosa decisión. Lo que aprendió merecía la molestia de la espera. He aquí el relato de lo que ocurrió, en palabras de Napoleón Hill:

Cuando, al final, el doctor Gates entró en la estancia y su secretaria nos presentó, le conté en broma lo que la secretaria me había dicho. Tras haber leído la carta de presentación de Andrew Carnegie, me contestó amablemente: «¿Le interesaría ver dónde espero las ideas y cómo lo hago?».

Me acompañó a una pequeña estancia insonorizada. El único mobiliario de la habitación estaba constituido por una sencilla mesa y una silla. Sobre la mesa había varios cuadernos y lápices así como un botón para encender y apagar las luces.

Durante la entrevista, el doctor Gates me explicó que, cuando no lograba obtener la respuesta a un problema, entraba en aquella habitación, cerraba la puerta, se sentaba, apagaba las luces y se entregaba a una profunda concentración. Aplicaba entonces el principio del éxito de la atención controlada, pidiendo a su subconsciente que le diera una respuesta a un problema determinado, cualquiera que ésta fuera. En algunas ocasiones, parecía que no se le ocurría ninguna idea. Otras veces éstas afluían inmediatamente a su mente. Y, en algunos casos, las ideas tardaban dos horas en aparecer. En cuanto las ideas empezaban a cristalizar, encendía las luces y empezaba a escribir.

El doctor Elmer Gates mejoró y perfeccionó más de doscientas patentes que otros inventores habían iniciado, pero habían abandonado sin conseguir alcanzar el éxito. Él estuvo en condiciones de añadir los ingredientes que faltaban... el *algo más*. Su método consistía en empezar a examinar la aplicación de la patente y sus proyectos hasta que descubría sus fallos, el *algo más* que faltaba. Se llevaba a la habitación una copia de la solicitud de patente y los proyectos. Mientras esperaba las ideas, se concentraba en hallar la solución a un problema concreto.

Al pedirle Napoleón Hill que le explicara la fuente de sus resultados mientras *esperaba las ideas*, el doctor Gates le facilitó la siguiente explicación:
«Las fuentes de todas las ideas son:

1. El conocimiento situado en el subconsciente y adquirido a través de la experiencia, la observación y la educación individual.
2. El conocimiento acumulado por los demás a través de los mismos medios, que puede comunicarse mediante la telepatía.
3. El gran almacén universal de la Inteligencia Infinita en el que se guardan todos los conocimientos y todos los hechos y con la que se puede establecer contacto a través del subconsciente de nuestra mente.

»Cuando espero las ideas, es posible que entre en comunicación con una de estas fuentes o tal vez con todas. Si se dispone de otras fuentes para las ideas, yo las desconozco.»

El doctor Elmer Gates tenía tiempo de concentrarse y de *pensar* en busca de *algo más*. Sabía concretamente lo que andaba buscando. ¡Y seguía intentándolo con una acción positiva!

En el capítulo siete, comentaremos de qué manera puede usted «Aprender a ver» con el fin de que la búsqueda de *algo más* le resulte más fácil. En su búsqueda, es posible que fracase. Pero, al fracasar, quizá logre descubrir algo todavía más importante. Pregúntese: «¿Por qué?». Preste atención. ¡Piense! ¡Entre en acción!

Creemos que en ningún hogar debería faltar la Biblia, y tampoco un buen diccionario y una completa enciclopedia. Éstos también pueden ayudarle en su búsqueda de *algo más*.

¡NO TIENE QUE AVERGONZARSE DE FRACASAR COMO CRISTÓBAL COLÓN!

Busque en su *Encyclopaedia Britannica* o en otra enciclopedia y encontrará la conmovedora y emocionante historia de Cristóbal Colón, quien había estudiado astronomía, geometría y cosmografía. El *libro de Marco Polo*, las teorías de los geógrafos, los informes y tradiciones de los marineros así como las obras de arte y artesanía de origen no europeo que flotaban en las aguas del mar... todo ello estimulaba su imaginación.

Paso a paso a lo largo de los años, por medio del razonamiento inductivo, llegó a la firme creencia de que la tierra era redonda. Tras haber llegado a esta conclusión, se convenció de que el continente asiático podría alcanzarse zarpando desde España rumbo al oeste, de la misma manera que Marco Polo lo había alcanzado navegando con rumbo este. Empezó a experimentar el ardiente deseo de demostrar su teoría. Buscó el necesario apoyo económico, hombres y barcos para explorar lo desconocido *y encontrar algo más.*

¡Entró en acción! Mantuvo su mente concentrada en su objetivo. A lo largo de diez años, con mucha frecuencia estuvo a punto de recibir la ayuda necesaria. Tuvo que enfrentarse con el ridículo, el recelo y el temor de ciertos funcionarios gubernamentales, la incredulidad de aquellos que querían ayudarle pero que en el último momento se negaban a hacerlo ante el escepticismo de sus asesores científicos... todo ello le supuso una derrota tras otra. Pero él *siguió intentándolo.*

¡En 1492 recibió la ayuda que con tanta persistencia había buscado y por la que tanto había rezado! En agosto de aquel año zarpó rumbo al oeste para dirigirse a la India, China y Japón. Estaba siguiendo el camino adecuado y la dirección precisa.

Ya conoce usted la historia. Tras llegar a las islas del Caribe, regresó a España con oro, algodón, papagayos, armas curiosas, misteriosas plantas, aves y animales desconocidos, así como varios nativos. Creía haber alcanzado su objetivo y haber llegado a unas islas próximas a la India. Pero se equivocaba. No había llegado a Asia. Sin embargo, sin percatarse de ello inmediatamente, ¡Colón había encontrado *algo más!* ¡Muchísimo más!

Es posible que usted, al igual que Cristóbal Colón, no alcance sus principales objetivos o no haga realidad sus magníficas ideas. Es posible que usted, al igual que él, fracase en sus esfuerzos por llegar a un lejano destino en el reino de lo desconocido. Sin embargo, quizá descubra *algo más...* algo parecido a la riqueza de las Américas. Usted, al igual que él, puede animar y dirigir a aquellos que le siguen para que emprendan el camino adecuado y vayan avanzando hacia lo desconocido hasta alcanzar los meritorios objetivos que usted se propuso. Usted, como Colón, puede esforzarse con una Actitud Mental Positiva de tal manera que pueda alcanzar sus objetivos concretos y encontrar *algo más.*

No tiene que avergonzarse de fracasar como Cristóbal Colón.

...¡Y ALGO MÁS! ¿CÓMO SE PUEDE APLICAR? En estos momentos, ya debería estar usted en condiciones de extraer los principios de los ejemplos concretos y de establecer relación con ellos, asimilarlos y utilizarlos. Estamos de acuerdo con el almirante H. G. Rickover a propósito de las verdades fundamentales que contiene su afirmación:

> Entre los jóvenes ingenieros a los que entrevistamos, pocos son los que han adquirido fundamentos y principios a través de su adiestramiento en ingeniería; la mayor parte de ellos ha absorbido, en cambio, gran cantidad de datos... mucho más fáciles de aprender que los principios, pero de muy poca utilidad sin la aplicación de éstos. *Una vez se ha adquirido un principio, éste se convierte en parte de uno mismo y no se olvida jamás.* Puede aplicarse a problemas nuevos, y no se queda anticuado tal como suele ocurrir con los datos en una sociedad cambiante... (de *Educación y libertad,* de H. G. Rickover).

Aprenda los principios. Aplíquelos. Si no hace progresos satisfactorios en la consecución de sus objetivos, ¡busque el «algo más»! ¡Es posible que se trate de algo conocido o bien desconocido. Pero usted lo encontrará si dedica el tiempo necesario a estudiar, pensar, planificar y buscarlo.

Este capítulo sería incompleto sin una referencia

a la *Fuerza del Hábito Cósmico. Utilice la Fuerza del Hábito Cósmico:* es uno de los 17 principios del éxito.

El concepto de la Fuerza del Hábito Cósmico es muy fácil de entender. Porque es el nombre que hemos dado al *poder aplicado* de cualquier principio o ley natural o universal, conocido o desconocido.

La Fuerza del Hábito Cósmico puede definirse simplemente como el *uso* de la ley universal, tanto si usted la conoce como si no.

Es fácil comprender, por ejemplo, que, cuando un objeto cae al suelo, se está aplicando la ley de la gravedad. Y, por consiguiente, cuando usted desea que un objeto caiga desde una determinada altura, utiliza la Fuerza del Hábito Cósmico. Y, en este caso concreto, la ley de la gravedad.

Sin embargo, la *ley de la gravedad, o cualquier otra ley, no es en sí misma un poder.* No obstante, cuando usted *utiliza* adecuadamente el principio, el poder se emplea de acuerdo con la ley universal.

Y así, la desintegración del átomo, todos los inventos, todas las fórmulas químicas, todos los fenómenos psíquicos, todas las acciones y reacciones individuales —ya sean de carácter físico, mental o espiritual— son el resultado de la utilización de la ley natural. Porque todos los resultados obedecen a una causa. Y el resultado se consigue mediante la utilización de la Fuerza del Hábito Cósmico.

Una vez más, *el hombre es una mente con un cuerpo.* Y puede pensar. A través del pensamiento, aprende a utilizar la Fuerza del Hábito Cósmico. Y su pensamiento puede convertir sus ideas en realidad.

Este concepto no es difícil de entender porque en 1905 Albert Einstein ofreció al mundo su célebre fórmula: $E = mc^2$, que explica la relación existente entre la energía y la materia. Cuando la materia se aproxima a la velocidad de la luz, la llamamos energía, y a medida que la velocidad disminuye hasta reducirse a cero, vuelve a ser materia. En la fórmula mencionada, *E* es la energía, *m* es la masa o materia y *c* representa la velocidad de la luz.

Vemos por tanto que la fórmula de Einstein es un símbolo gráfico de una de las leyes de la Fuerza del Hábito Cósmico. Mediante la comprensión y la aplicación de esta fórmula, el hombre ha podido convertir la materia en energía y la energía en materia, y utilizar la fuerza atómica con propósitos constructivos tales como iluminar una ciudad, producir energía para un barco e incluso detalles cotidianos tales como generar calor para la cocina.

...Y algo más... Ahora podemos comprender que, puesto que la materia y la energía son una misma cosa, todo lo que hay en el Universo está relacionado entre sí.

¿Tiene usted un problema? ¡Estupendo! En el próximo capítulo aprenderá de qué manera puede adaptar a su propia vida muchas de las lecciones aprendidas en este capítulo. Y entonces podrá afrontar con éxito los problemas creados por la ley universal del cambio, la cual —como toda ley natural— es el resultado de la Fuerza del Hábito Cósmico.

GUÍA N.º 5

Ideas a seguir

1. *...Y algo más.* ¿Qué significa para usted el importante principio que desarrolla este capítulo y cómo puede aplicarlo?

2. Si ha fracasado en un empeño, podría deberse a que le falta *algo más...* ¿El número que falta para una acertada combinación ganadora que le permita alzarse con el triunfo?

3. «El todo es igual a la suma de las partes y es mayor que cualquiera de sus partes.» ¿Falta alguna parte que le impide alcanzar el éxito?

4. La pequeña diferencia entre el éxito y el fracaso es a menudo un *algo más*: «¡Hip, hip, hurra!». Una plancha móvil aplicada al ala. Un cuarto de vuelta de un tornillo.

5. ¿Está usted asociado con su silencioso Socio Mayoritario?

6. Utilice los más sencillos —pero los más importantes— instrumentos jamás inventados —papel y lápiz— para anotar los destellos de inspiración cuando éstos se presenten.

7. ¿En qué difiere la técnica de las ideas geniales de la «espera de las ideas»? ¿Cuál es el valor de cada una de ellas?

8. Utilice el principio del éxito de la *Atención Controlada*.

9. No tema fracasar como Cristóbal Colón.

10. ¿Ha adquirido usted el hábito de aprender principios fundamentales o bien se limita a absorber cantidades de datos?

11. ¿Entiende usted y puede aplicar a su propia experiencia las verdades y los principios fundamentales de la afirmación del almirante H. G. Rickover?

Entre los jóvenes ingenieros a los que entrevistamos, pocos son los que han adquirido fundamentos y principios a través de su adiestramiento en ingeniería; la mayor parte de ellos ha absorbido, en cambio, gran cantidad de datos... mucho más fáciles de aprender que los principios, pero de muy poca utilidad sin la aplicación de éstos. *Una vez se ha adquirido un principio, éste se convierte en parte de uno mismo y no se olvida jamás.* Puede aplicarse a problemas nuevos, y no se queda anticuado tal como suele ocurrir con los datos en una sociedad cambiante...

NO TIENE QUE AVERGONZARSE
DE FRACASAR
COMO CRISTÓBAL COLÓN

SEGUNDA PARTE

Cinco «bombas mentales» para enfrentarse al éxito

6

¿TIENE USTED UN PROBLEMA? ¡ESTUPENDO!

¿Tiene usted un problema? ¡Estupendo! ¿Por qué? Porque las repetidas victorias sobre sus problemas constituyen los peldaños de la escalera que le conducirá al éxito. A cada victoria aumenta su sabiduría, su situación y su experiencia. Como persona, se sentirá usted mejor, más madura y más afortunada cada vez que tropieza con un problema, lo aborda y lo supera con una AMP.

Deténgase a pensar en ello un instante. ¿Conoce usted un solo ejemplo en que un verdadero logro de su vida personal o de la vida de algún personaje histórico no se haya debido a un problema con el que tuvo que enfrentarse?

Todos tenemos problemas. Ello se debe a que usted y todo lo que existe en el universo se hallan en un constante proceso de cambio. El cambio es una ley natural inexorable. Lo importante para usted es que el éxito o el fracaso que puedan producirse al afrontar los desafíos del cambio dependen de su actitud mental.

Puede usted dirigir sus pensamientos y controlar sus emociones, regulando de este modo su actitud. Puede elegir entre una actitud positiva o negativa. Puede adoptar la decisión de influir, utilizar, controlar o bien establecer relaciones armoniosas con los cambios que se produzcan en sí mismo y en su ambiente. Puede encauzar su destino. Si afronta los desafíos del cambio con una AMP, podrá resolver con inteligencia todos los problemas que se le planteen.

¿Cómo se afronta un problema con una AMP? Si usted conoce y cree en el primer y principal elemento de una Actitud Mental Positiva: «Dios es siempre un Dios bueno», entonces podrá utilizar con eficacia la fórmula siguiente y afrontar sus problemas:

Cuando se enfrente con un problema que requiera una solución, con independencia de lo complejo que pueda ser, haga lo siguiente:

1. Pida la Guía Divina. Busque ayuda para poder encontrar la solución adecuada.
2. Dedique tiempo a reflexionar sobre la solución de sus problemas. Recuerde que toda adversidad lleva la semilla de un beneficio equivalente o todavía mayor para aquellos que tienen una AMP.
3. Exponga el problema. Analícelo y defínalo.
4. Dígase *a sí mismo* con entusiasmo: «¡Estupendo!».
5. Hágase a sí mismo preguntas concretas tales como:
    (a) ¿Qué tiene de bueno?
    (b) ¿Cómo puedo convertir esta adversidad en la semilla de un beneficio equivalente o aún mayor?, ¿cómo puedo convertir esta desventaja en una ventaja aún mayor?

6. Siga buscando respuestas a dichas preguntas hasta que encuentre por lo menos una respuesta que *pueda dar resultado.*

Ahora bien, hablando en general, los problemas que tendrá usted que afrontar serán de tres clases: problemas *personales* (emocionales, económicos, mentales, morales, físicos); problemas *familiares;* y problemas comerciales o *profesionales.* Puesto que los problemas personales son los que con carácter más inmediato experimentamos todos nosotros, nos gustaría contarle la historia de un hombre que se enfrentó con los más graves problemas que un ser humano pueda tener. Mientras lea la historia, observe de qué manera aplicó la AMP a la solución de cada una de las dificultades hasta alcanzar la victoria definitiva.

Afrontó el desafío de cambiar con una AMP en la penitenciaría de Leavenworth. Aquel hombre había nacido en la pobreza. Mientras cursaba estudios primarios, vendía periódicos y hacía de limpiabotas en los bares de la zona portuaria de Seattle para ayudar a su madre en los gastos de la casa. Más tarde se convirtió en grumete de un carguero de Alaska durante los meses de verano. Al finalizar los estudios superiores a los diecisiete años, se fue de casa. Se convirtió en uno de aquellos vagabundos que se desplazaban en tren de un lugar a otro de los Estados Unidos.

Sus compañeros eran hombres curtidos. Empezó a jugar y se asoció con gentuza... con los hombres de la llamada Legión de la Frontera. Los soldados de fortuna, los fugitivos, los contrabandistas, los cuatreros y gentes por el estilo eran sus compañeros. En México se incorporó a las fuerzas de Pancho Villa. «Uno no puede estar cerca de estas actividades ilegales sin conocerlas, aunque no tengas nada que ver con ellas —dijo Charlie Ward—. Mi error fueron los malas compañías. Mi mayor pecado fue asociarme con gente mala.»

De vez en cuando ganaba elevadas sumas en el juego, pero después las perdía. Al final fue detenido por contrabando de narcóticos, procesado y declarado culpable. Y, sin embargo, a lo largo de toda su vida, Charlie Ward sostuvo su inocencia de la acusación por la que había sido condenado. Tenía treinta y cuatro años cuando ingresó en Leavenworth. Jamás había estado en la cárcel, a pesar de las malas compañías. Y se sintió amargado. Juró que ninguna prisión iba a ser lo suficientemente fuerte como para retenerle y aguardó la oportunidad de escapar.

¡Pero entonces ocurrió algo! Charlie decidió cambiar su actitud de negativa a positiva. Afrontó el desafío de *cambiar* con una AMP. Algo en su interior le dijo que *dejara de ser hostil* y que se convirtiera en el mejor recluso de la prisión. A partir de aquel momento, toda la corriente de su vida empezó a fluir en la dirección que le era más favorable. Gracias al simple *cambio de una Actitud Mental Negativa a una Actitud Mental Positiva,* Charlie Ward empezó a ser dueño de sí mismo.

Cambió el sentido de su agresiva personalidad. Perdonó a los agentes federales causantes de su situación. Dejó de odiar al juez que le había sentenciado.

Echó una mirada objetiva al Charlie Ward del pasado. Y decidió evitar en el futuro el menor asomo de mal. Intentó por todos los medios que su permanencia en la prisión resultara lo más agradable posible.

En primer lugar, se hizo unas cuantas preguntas. Y por primera vez en su vida de adulto halló la respuesta en los libros y, sobre todo, en la Biblia. En su celda de la prisión empezó a leer la Biblia. La leyó y volvió a leerla. A partir de entonces, y hasta la fecha de su muerte, acaecida a los setenta y cuatro años, siguió leyéndola todos los días, buscando en ella inspiración, guía y ayuda.

Gracias a este cambio que se había producido en

su actitud y, por consiguiente, en su comportamiento, empezó a llamar favorablemente la atención de los funcionarios de la penitenciaría. Y un día, un recluso que trabajaba en las oficinas le dijo que otro recluso que trabajaba en la central eléctrica iba a ser liberado dentro de tres meses. Charlie Ward apenas sabía nada de electricidad, pero en la biblioteca de la prisión había libros sobre electricidad. Y estudió, aprendiendo todo lo que aquellos libros podían enseñarle.

Al término de los tres meses, Charlie ya estaba preparado y solicitó el puesto. Algo en sus modales y en su tono de voz impresionó al director adjunto. Este *algo* era la seriedad y la sinceridad de la Actitud Mental Positiva de Charlie Ward. ¡Obtuvo el puesto!

Gracias a sus continuos estudios y a su trabajo con una AMP, Charlie Ward se convirtió en superintendente de la central eléctrica de la prisión con ciento cincuenta hombres bajo sus órdenes. A cada uno de ellos trataba de alentarlo con el fin de que sacara el mejor partido de su situación.

Cuando Herbert Hughes Bigelow, director de la Brown & Bigelow de St. Paul, Minnesota, ingresó en Leavenworth por un delito de evasión de impuestos, Charlie Ward hizo también amistad con él. Es más, se tomó toda clase de molestias para animar a Bigelow a adaptarse al ambiente. El señor Bigelow tuvo en tanta estima la amistad y la ayuda de Charlie que, cuando estaba a punto de finalizar su período de condena en la prisión, le dijo: «Has sido muy bueno conmigo. Cuando salgas, ven a St. Paul. Tendremos un empleo para ti».

Cinco semanas más tarde, Charlie salió de la prisión y se dirigió a St. Paul. Cumpliendo lo prometido, el señor Bigelow le dio a Charlie un empleo de obrero con un salario de 25 dólares semanales. Gracias a su AMP, Charlie ascendió a capataz en dos meses. Al cabo de un año fue nombrado superintendente. Al final se convirtió en vicepresidente y director general. Y, a la muerte del señor Bigelow, Charlie fue nombrado presidente de la Brown & Bigelow y siguió ocupando este cargo hasta su muerte acaecida muchos años más tarde. Bajo la dirección de Charlie, las ventas aumentaron de menos de tres millones de dólares a más de cincuenta millones anuales. Brown & Bigelow se convirtió en la empresa más importante del sector.

Gracias a su Actitud Mental Positiva y a su deseo de ayudar a los menos afortunados, Ward alcanzó por su parte la paz de espíritu, la felicidad, el amor y las mejores cosas de la vida. Por decreto presidencial, recuperó sus derechos de ciudadano en reconocimiento a su vida ejemplar. Quienes le conocían le apreciaban sobremanera y se sentían inspirados a ayudar también a los demás.

Tal vez una de sus más insólitas y elogiosas actividades fue la de proporcionar trabajo a más de quinientos hombres y mujeres salidos de las prisiones. Éstos siguieron rehabilitándose bajo su atenta y comprensiva guía e inspiración. Jamás olvidó que él también había sido un recluso. Llevaba un brazal con una etiqueta en la que figuraba su viejo número de recluso como símbolo.

Charlie Ward había sido condenado a una pena de prisión. ¡Fue estupendo! ¿Por qué? Quién sabe lo que hubiera podido ser de Charlie Ward de haber seguido por el camino que había emprendido. En cambio, en la cárcel se enfrentó con el reto del cambio. Y allí aprendió a utilizar la AMP para resolver sus problemas personales. Hizo que su mundo fuera un mundo mejor en el que poder vivir. Se convirtió en un hombre mejor y más maduro. Nadie sabrá jamás exactamente el número de necesitados que han rezado pidiendo bendiciones para Charlie Ward en respuesta a sus más íntimos pensamientos:

«Estuve desnudo y me vestisteis; estuve enfermo

y me visitasteis. Estuve en la cárcel y vinisteis a verme.»

Afortunadamente, no todo el mundo se enfrenta con problemas tan graves como los que Charlie Ward tuvo que afrontar y resolver. Sin embargo, su historia encierra una lección, aparte de haber cambiado su actitud de negativa a positiva. Como usted recordará, el propio Charlie dijo: «Mi mayor error fueron las malas compañías». Las actitudes negativas son, a menudo, contagiosas, y las malas costumbres también. Examine sus compañías y procure que éstas sean lo más recomendables posible. Uno de los mayores servicios que puede prestar a los niños es inducirles a que seleccionen a amigos y compañeros adecuados. Recuerde:

El vicio es un monstruo de tan horrible semblante,
que basta con verlo para que lo aborrezcamos.
Pero, viéndolo a menudo y familiarizándonos
[con su rostro,
primero lo toleramos, después lo compadecemos
[y finalmente lo abrazamos.

Otra fuerza contra la que el ser humano tiene que combatir y que, si no se afronta con una AMP, puede provocar la destrucción física, moral y mental es el poder de la sexualidad. ¡La sexualidad es el factor que plantea el mayor desafío de cambio! Todo ser humano tiene capacidad para decidir si utilizará la tremenda fuerza de la sexualidad para el bien o para el mal. Cada ser humano tiene que luchar con los problemas que surgirán en su vida a causa de la sexualidad.

Puede usted cambiar la sexualidad en virtud o en vicio. Uno de los dones más grandes de Dios a la humanidad es el poder de procrear un ser humano. La sexualidad es el medio de la procreación. ¡Es un poder! Y, como todo poder, puede utilizarse para bien o para mal.

La sexualidad es una función física del cuerpo controlada por el subconsciente y por la conciencia. Los órganos físicos de la sexualidad, obra de Dios, son buenos como toda su creación. La pequeña diferencia —que constituye una gran diferencia— entre el hecho de que el poder de la sexualidad sea un vicio o una virtud es la *actitud mental*.

La emoción inherente a la sexualidad es una de las fuerzas más poderosas del subconsciente. Los efectos de su fuerza motivadora pueden ser observados mucho antes de la adolescencia. Este poder se mezcla con el impulso de todas las demás emociones y lo intensifica.

Cuando se halla en conflicto con la voluntad de la conciencia, el poder de la imaginación, al afectar al aspecto emotivo de la sexualidad, tiene tendencia a salir triunfante, a menos que la conciencia utilice su poder para influir, utilizar, controlar y establecer unas armoniosas relaciones con los poderes del subconsciente. Tiene usted la capacidad de elegir. Elija sabiamente... con una AMP. ¡Transforme la sexualidad en una virtud! De este modo, vencerá uno de los mayores problemas con que jamás haya tenido que enfrentarse en su vida personal. Y se sentirá física, mental y moralmente mejor.

¿Y cuáles son las siete virtudes? La *virtud* es práctica o acción moral, excelencia moral; rectitud, valor, castidad. *Las siete virtudes son: prudencia, fortaleza, templanza, justicia, fe, esperanza y caridad.*

1. *Prudencia.* Capacidad de gobernar y disciplinar el propio yo mediante el ejercicio de la razón.
2. *Fortaleza.* Fuerza mental que permite a una persona afrontar el peligro o soportar el dolor

o la adversidad con valentía. Es la posesión del valor necesario para afrontar aquello que repugna o asusta, o bien para afrontar el esfuerzo de una tarea que nos haya sido impuesta. Sus sinónimos son el coraje, la firmeza, el ánimo y la determinación.

3. *Templanza.* Habitual moderación en la satisfacción de los apetitos y pasiones.

4. *Justicia.* El principio o ideal de la justa actuación o de la adecuada acción; también la conformidad a este principio o ideal; integridad.

5. *Fe.* Confianza en Dios.

6. *Esperanza.* El deseo, ansiando obtener lo que se desea, o la creencia de que ello puede conseguirse.

7. *Caridad.* El acto de amar a todos los hombres como hermanos porque son hijos de Dios. Acentúa la benevolencia en la entrega y en la amplia comprensión de los demás con generosa tolerancia.

¿Cómo puede usted cambiar el poder de la sexualidad en lo bueno y lo bello? Podrá usted hallar una clara respuesta si la busca a medida que vaya leyendo y estudiando este libro. Logrará resultados positivos cuando usted establezca relación con los principios y los asimile en su propia vida.

Sin embargo, es necesario que uno se conozca a sí mismo. Las siguientes sugerencias le serán útiles en la búsqueda de la respuesta a medida que vaya leyendo:

1. Mantenga su mente centrada en las cosas que quiere y apartada de las que no quiere. Ello significa que hay que centrar la mente en los objetivos deseables inmediatos, intermedios y distantes. El instinto de la sexualidad en el

subconsciente se mostrará paciente en caso de que tenga la esperanza de que usted cumplirá su misión en la vida. El muchacho o la muchacha que esté auténticamente enamorado y tenga previsto casarse no tendrá los problemas sexuales que, de otro modo, podría tener.

2. Si hubiera más y más frecuentes matrimonios tempranos, habría menos problemas sexuales. La misión de procrear se cumple en el matrimonio; no obstante, hay que casarse por amor, independientemente del instinto sexual.

3. Lleve una vida equilibrada y ordenada.

4. Dedique largas horas a alguna tarea agradable. Ello le mantendrá activo, ocupará sus pensamientos y consumirá su energía sobrante.

5. Desarrolle una Magnífica Obsesión. Estudie el significado en el capítulo quince.

6. Establezca relación y asimile en su vida los conceptos del capítulo dos; «¡Usted puede cambiar su mundo!», y del capítulo siete: «¡Aprenda a ver!».

7. Elija un ambiente capaz de encauzarle hacia sus objetivos.

8. Elija los factores de automotivación que, a su juicio, puedan serle útiles en la autosugestión. Apréndaselos de memoria. Conviértalos en parte de sí mismo de tal manera que, en momentos de necesidad, pasen de su subconsciente a su conciencia en calidad de elementos de autosugestión.

Sin embargo, no todos los problemas de la vida personal son de carácter tan profundo y penetrante. Muchas veces, lo único que hace falta para afrontar un problema inmediato es rapidez de pensamiento, capacidad de adaptación y echar un vistazo suplementario a la situación que está provocando el problema.

A menudo basta una idea, seguida de la acción, para convertir el fracaso en éxito.

Basta una idea, seguida de la acción, para alcanzar el éxito allí donde otros han fracasado. En 1939, en la North Michigan Avenue de Chicago, en un sector conocido como «La Milla Magnífica» el alquiler de oficinas atravesaba un mal momento. Un edificio tras otro tenían las plantas vacías: el que conseguía alquilar la mitad de los locales se consideraba afortunado. Era un mal año para los negocios y la AMN se cernía sobre el sector inmobiliario de Chicago como una nube. Se oían comentarios tales como: «De nada sirve poner anuncios, no hay dinero», o «¿Qué podemos hacer? No se puede luchar contra los tiempos». En medio de aquella sombría atmósfera, apareció un administrador de fincas con una AMP. Tenía una idea. ¡Y entró en acción!

Aquel hombre fue contratado por la compañía de seguros Northwestern Mutual Life Insurance con el fin de que administrara un gran edificio de la North Michigan Avenue que había adquirido gracias a un juicio hipotecario. Cuando el hombre se hizo cargo del mismo, el edificio estaba ocupado tan sólo en un diez por ciento. Al cabo de un año, la ocupación era del cien por cien, con una larga lista de espera. ¿Cuál fue el secreto? El nuevo administrador aceptó el problema de la falta de demanda de despachos como un reto y no ya como una desgracia. He aquí lo que hizo, según él mismo explicó en el transcurso de una entrevista.

Sabía exactamente lo que quería. Quería tener ocupado el edificio al cien por cien con arrendatarios de categoría selecta. Sabía que, dadas las circunstancias imperantes, era probable que los despachos tardaran varios años en alquilarse. Por lo tanto, llegué a la conclusión de que teníamos todo que ganar y nada que perder, haciendo lo siguiente:

1. Buscaría a posibles arrendatarios adecuados, elegidos por mí.
2. Estimularía la imaginación de cada potencial arrendatario. Le ofrecería los despachos más preciosos de la ciudad de Chicago.
3. Le ofrecería aquellos despachos de calidad superior por un alquiler no más elevado que el que en aquellos momentos estuviera pagando.
4. Además, asumiría la responsabilidad de su actual arriendo, siempre que nos pagara el mismo alquiler mensual durante un año.
5. Además de todo eso, me ofrecería a redecorar de nuevo el despacho sin coste alguno para él. Utilizaría a arquitectos y decoradores con mentalidad creativa y remodelaría los despachos de mi edificio de acuerdo con el gusto personal de cada nuevo arrendatario.

Me hice las siguientes reflexiones:

1. Si un despacho no se alquilaba durante los próximos años, no percibiríamos ningún ingreso por él. Por consiguiente, no teníamos nada que perder siguiendo los planes arriba descritos. Era posible que al acabar aquel año no hubiéramos obtenido ninguna ganancia, pero no estaríamos en peores condiciones que si no hubiéramos actuado. Y nuestra situación sería mejor, porque habríamos complacido a unos inquilinos que en los años futuros nos proporcionarían unos alquileres seguros.
2. Además, es una costumbre establecida alquilar despachos tan sólo por un año. En la mayoría de los casos, quedarían por pagar tan sólo unos

cuantos meses del antiguo arriendo de mi nuevo inquilino. El hecho de hacernos cargo de estos alquileres no supondría por tanto un riesgo demasiado grande.

· 3. En caso de que un arrendatario se fuera al término de aquel año, sería relativamente fácil volver a alquilar el despacho en un edificio bien ocupado. La decoración del despacho no sería dinero perdido porque aumentaría el valor de todo el edificio.

El resultado fue maravilloso. Cada nuevo despacho decorado parecía más bonito que el anterior. Los inquilinos se mostraron tan entusiasmados que muchos se gastaron sumas adicionales. En un caso, un arrendatario se gastó otros 2.000 dólares en reformas.

Y así, al término de aquel año, el edificio que había empezado con sólo un diez por ciento de ocupación terminó ocupado al cien por cien. Ninguno de los inquilinos quiso marcharse tras expirar el contrato de un año. Se mostraban contentos con sus nuevos despachos ultramodernos. Y nos ganamos su aprecio al no aumentar los alquileres cuando venció su primer contrato de un año.

Nos gustaría que reflexionara usted acerca de esta historia. Era un hombre que se enfrentaba con un grave problema. Tenía en sus manos un gigantesco edificio que tenía nueve despachos vacíos por cada uno ocupado. Y, sin embargo, el edificio estaba ocupado en un cien por cien al finalizar el año. En el edificio de al lado, y a lo largo de «La Milla Magnífica», había docenas de edificios comerciales inactivos y prácticamente vacíos.

La diferencia era, como es lógico, la actitud mental de cada administrador en relación con el problema. Uno dijo: «Tengo un problema. Es horrible». El otro dijo, en cambio: «Tengo un problema. *¡Estupendo!*».

El hombre que considera sus problemas como oportunidades en potencia y que los examina en busca del elemento positivo que sin duda contienen es el hombre que comprende la esencia de la AMP. El hombre que desarrolla una idea que puede dar resultado y la acompaña de la acción convertirá el fracaso en éxito.

La norma se repite una y otra vez: los problemas y las dificultades se convierten en lo mejor que nos hubiera podido ocurrir... *siempre y cuando* los transformemos en ventajas.

Como usted ve, el problema con el que se enfrentó el administrador de la finca ocurrió durante los años de la Depresión. La situación era todavía muy grave en el año 1939 en que resolvió su problema. Pero había sido mucho peor.

Los problemas económicos de la nación y del mundo surgieron como resultado de la Depresión. Estas depresiones se deben a los ciclos de la vida económica de una o de varias naciones. Sin embargo, no hay por qué permanecer ociosos. No hay necesidad de dejarse zarandear de un lado para otro por los ciclos de la vida. Es posible afrontar el problema de los ciclos y superarlo con inteligencia. Al hacerlo así, a menudo se hace fortuna.

Haga fortuna o alcance sus objetivos por medio de la comprensión de los ciclos y las tendencias. Hace muchos años, Paul Raymond, vicepresidente encargado de los préstamos del American National Bank y de la Trust Company de Chicago, prestó un servicio a los clientes de su banco. Les envió el libro de Dewey y Dakin titulado *Ciclos*. Posteriormente, muchos de aquellos clientes hicieron grandes fortunas. Aprendieron y comprendieron la teoría de los ciclos y tendencias comerciales. Algunos pertenecerán al grupo de personas que no perderán las fortunas que amasaron, con independencia de los cambios económicos.

Edward R. Dewey, que ha sido durante muchos años director de la Fundación para el Estudio de los Ciclos, señala que todo organismo viviente, sea éste un individuo, un negocio o una nación, crece hasta alcanzar la madurez, se estanca y muere. E indica —lo que no es menos importante— una solución por medio de la cual, aparte de la tendencia o el ciclo, usted, como individuo, puede hacer algo al respecto. Puede afrontar con éxito el desafío del cambio. Puede desafiar la tendencia en relación con usted mismo y con sus propios intereses, independientemente de la tendencia general, con nueva vida, nuevo brío, nuevas ideas y nueva actividad.

Se anticipó a un ciclo descendente y se preparó para ascender. Antes de que los periódicos empezaran a comentar la recesión que se inició en la segunda mitad de 1957, uno de los clientes del banco entró en acción. Su organización emprendió agresivas actividades comerciales con una Actitud Mental Positiva. En 1958, su empresa registró un incremento de más de un 30 por ciento, en comparación con el del año anterior que había sido tan sólo de un 25 por ciento. Sin embargo, se registraba en todo el sector una tendencia descendente.

A veces, el ciclo que plantea un problema no es un ciclo que afecta a una industria o a toda una nación. Puede ser un ciclo dentro de un sector determinado. Este problema también se puede prever y abordar de antemano. Piense en el constante desarrollo de muchas empresas norteamericanas que, siguiendo el curso normal de los acontecimientos hubieran tenido que crecer hasta alcanzar la madurez, estancarse y morir. E. I. du Pont de Nemours & Co. constituye un destacado ejemplo al respecto.

Afrontaron el desafío con nueva vida, nuevo brío, nuevas ideas, nueva actividad. Es ocioso señalar que la E. I. du Pont de Nemours & Co., Inc., ha seguido creciendo. Pero, ¿cuál es la causa de su éxito? ¿Por qué no ha seguido el ciclo natural del desarrollo hasta alcanzar la madurez, el estancamiento y la muerte?

La Du Pont ha afrontado el desafío del cambio con nueva vida, nuevo brío, nuevas ideas, nueva actividad. Sus ejecutivos han abordado el problema con una AMP y con voluntad de superarlo. Han seguido realizando investigaciones y están haciendo constantemente nuevos descubrimientos, desarrollando nuevos productos y perfeccionando los anteriores. Inyectan nuevos ímpetus en su gestión y analizan y mejoran sus métodos de venta.

¡Aprenda de su éxito!

El propietario de un pequeño negocio, o bien usted como individuo, puede hacer estudios y realizar experimentos. Puede usted establecer relación y asimilar los principios utilizados en esta gran empresa. Usted también puede seguir desarrollándose con vigorizantes inyecciones de nuevas ideas, nueva vida, nuevo brío, nueva actividad. Puede usted cambiar una tendencia descendente y convertirla en ascendente. ¡Puede usted ser distinto! ¡Cuando otros flotan corriente abajo, usted puede moverse corriente arriba!

Por consiguiente, muchos de los ejemplos que se han ofrecido y se ofrecerán en este libro vienen a decirle que «si tiene un problema... ¡estupendo!» Estupendo si usted *aprende a ver* cómo convertir la adversidad en la semilla de un beneficio equivalente o todavía mayor. Es posible que no haya usted captado todavía el principio; el siguiente capítulo, titulado «Aprenda a ver», puede ayudarle.

GUÍA N.º 6

Ideas a seguir

1. Por consiguiente, ¿tiene usted un problema? ¡Estupendo! ¿Por qué? Porque cada vez que afronta un problema y lo aborda y conquista con una AMP, se convierte en una persona mejor, más madura y más próspera.

2. Todo el mundo tiene problemas. Los que poseen una AMP convierten sus adversidades en semillas de beneficios equivalentes o todavía mayores.

3. Su éxito o su fracaso al afrontar los problemas planteados por los desafíos del cambio estarán determinados por su actitud mental.

4. Puede usted dirigir sus pensamientos, controlar sus emociones y encauzar su destino reconociendo, estableciendo relación, asimilando y aplicando los principios que sean aplicables a su caso y que encontrará en este libro.

5. *Dios es siempre un Dios bueno.*

6. Cuando tenga un problema: (a) pida la Guía Divina; (b) piense; (c) exponga el problema y (ch) analícelo; (d) adopte la AMP del «¡Estupendo!» y después (e) convierta la adversidad en semilla de un mayor beneficio.

7. Charlie Ward constituye un destacado ejemplo de un hombre que afrontó con éxito los desafíos del cambio mediante el desarrollo de una AMP.

8. La sexualidad es el mayor desafío al cambio. Cambie el aspecto emocional de la sexualidad en virtud.

9. Las siete virtudes son: prudencia, fortaleza, templanza, justicia, fe, esperanza y caridad. *La actitud mental positiva: un camino hacia el éxito* le indica de qué manera puede establecer relación con estas cualidades, incorporándolas a su vida.

10. Una buena idea seguida de la acción puede transformar el fracaso en éxito.

¿TIENE UN PROBLEMA? ¡ESTUPENDO!
PORQUE SERÁ LA SEMILLA DE MAYORES BENEFICIOS
PARA LOS QUE TIENEN UNA AMP

7

APRENDA A VER

George W. Campbell era ciego de nacimiento.
«Cataratas congénitas», dijo el médico.

El padre de George miró al especialista sin poder creerlo. «¿No hay nada que pueda usted hacer? ¿No sería útil operarle?»

«No —contestó el médico—. De momento, no se conoce ningún remedio para tratar esta afección.»

George Campbell no podía ver, pero el cariño y la fe de sus padres enriquecieron su vida. De pequeño no supo que le faltaba algo.

Cuando George contaba seis años, ocurrió algo que él no pudo entender. Una tarde estaba jugando con otro niño, quien, olvidando que George era ciego, le lanzó una pelota. «¡Mira! ¡Te va a alcanzar!»

La pelota alcanzó a George... y nada en su vida fue igual después de aquello. George no sufrió daño, pero se quedó muy perplejo. Más tarde le preguntó a su madre: «¿Cómo podía saber Bill lo que iba a ocurrirme antes de que yo lo supiera?».

Su madre lanzó un suspiro porque había llegado el momento que ella tanto temía. Ahora era necesario que le dijera a su hijo por primera vez: «Eres ciego». He aquí cómo lo hizo:

«Siéntate, George —dijo suavemente mientras se inclinaba y tomaba una de sus manos—. Es posible que no sepa describírtelo y es posible que tú no puedas comprenderlo, pero deja que intente explicártelo de esta manera.» Tomó con cariño una de sus manitas entre las suyas y empezó a contarle los dedos.

«Uno, dos, tres, cuatro y cinco. Estos dedos son similares a lo que se conoce como los cinco sentidos —tomó cada uno de los dedos entre su índice y su pulgar mientras seguía su explicación—. Este dedito es para oír; este dedito es para tocar; este dedito es para oler; éste es para gustar —y aquí vaciló antes de proseguir—; y este dedito es para ver. Cada uno de los cinco sentidos, al igual que cada uno de los cinco dedos, envía mensajes a tu cerebro.»

Entonces dobló el dedito correspondiente a la «vista» y lo mantuvo apoyado contra la palma de la mano de George.

«George, tú eres distinto a los demás niños —le explicó— porque sólo gozas del uso de cuatro sentidos, como los cuatro dedos: uno para oír, dos para tocar, tres para oler y cuatro para gustar. Pero no tienes la posibilidad de usar tu sentido de la vista. Ahora quiero mostrarte algo. Levántate», le dijo suavemente.

George se levantó. Su madre tomó la pelota. «Ahora extiende la mano como si fueras a tomarla», le dijo.

George extendió las manos y, al cabo de un momento, percibió que la dura pelota golpeaba sus dedos. Los cerró con fuerza a su alrededor y la agarró.

«Muy bien, muy bien —dijo su madre—. No quiero que olvides jamás lo que acabas de hacer. Puedes agarrar la pelota con cuatro dedos en lugar de cinco, George. También puedes afrontar la vida, superarte y ser feliz con cuatro sentidos en lugar de cinco... si logras afianzarte y lo sigues intentando.»

La madre de George había utilizado una metáfora, y esta figura retórica tan sencilla es uno de los métodos más rápidos y eficaces de comunicación de ideas entre las personas.

George jamás olvidó el símbolo de los «cuatro dedos en lugar de cinco». Fue para él el símbolo de la esperanza. Y siempre que se desanimaba a causa de su carencia, utilizaba el símbolo como factor de automotivación. Ello se convirtió para él en una forma de autosugestión. Repetía a menudo: «Cuatro dedos en lugar de cinco». Y, en momentos de necesidad, la expresión surgía de su subconsciente y afloraba a su conciencia.

Descubrió, además, que su madre tenía razón. Pudo afrontar la vida y superarse con el uso de los cuatro sentidos que tenía.

Sin embargo, la historia de George Campbell no acaba aquí.

En pleno curso de escuela secundaria inferior, el muchacho cayó enfermo y tuvo que ingresar en el hospital. Durante su convalecencia, su padre le facilitó la información de que la ciencia había desarrollado un tratamiento para las cataratas congénitas. Como es natural, cabía la posibilidad de un fracaso, pero... las posibilidades de éxito superaban con mucho a las del fracaso.

George deseaba tanto poder ver, que estaba dispuesto a correr el riesgo.

En el transcurso de los seis meses siguientes, fue sometido a cuatro delicadas operaciones quirúrgicas... dos en cada ojo. Se pasó varios días en una habitación de hospital medio a oscuras, con vendas en los ojos.

Al final llegó el día en que iban a retirarle las vendas. Poco a poco y con cuidado, el médico fue desenrollando la venda de gasa que rodeaba la cabeza y cubría los ojos de George. Había sólo una luz borrosa.

¡George Campbell estaba todavía *técnicamente* ciego!

Por un terrible momento, permaneció tendido, pensando. Y entonces oyó al médico moviéndose junto a la cama. Le estaban colocando algo sobre los ojos.

«¿Puedes ver ahora?», preguntó el médico.

George levantó ligeramente la cabeza de la almohada. La luz borrosa se convirtió en color y el color en una forma, una figura.

«¡George!», dijo una voz. Reconoció la voz. Era la de su madre.

Por primera vez en sus dieciocho años de vida, George Campbell veía a su madre. Tenía los ojos cansados, un rostro arrugado de sesenta y dos años y unas manos nudosas y deformadas. Pero para George era extraordinariamente hermosa.

Para él... era un ángel. Los años de esfuerzo y paciencia, los años de enseñanza y esperanzas, los años de ser «los ojos» a través de los que él veía, el amor y el afecto: eso fue lo que George vio.

Aún hoy sigue recordando con cariño su primera imagen visual: la contemplación de su madre. Y, como usted verá, aquella primera experiencia le hizo valorar el sentido de la vista.

«Ninguno de nosotros puede comprender el milagro de la vista —dice—, a menos que haya tenido que apañárselas sin ella.»

LA VISIÓN ES UN PROCESO APRENDIDO. Pero George aprendió también algo que es muy útil para cualquier persona que se interese por el estudio de la AMP. Jamás olvidará el día en que vio a su madre de pie a su lado en su habitación de hospital sin saber quién era —o qué era— hasta que la oyó hablar. «Lo que vemos —señala George— es siempre una interpretación de la mente. Tenemos que adiestrar a la mente a interpretar lo que vemos.»

150

Esta observación está respaldada por la ciencia. «Buena parte del proceso de la visión no tiene lugar gracias a los ojos —dice el doctor Samuel Renshaw al describir el proceso mental de la visión—. Los ojos actúan como manos que se extienden "hacia afuera" y apresan "cosas" carentes de significado, transmitiéndolas al cerebro. Entonces entrega las "cosas" a la memoria. Vemos *algo* sólo cuando el cerebro lo interpreta en términos de acción comparativa.»

Algunos de nosotros andamos por la vida «viendo» muy pocas cosas del poder y la gloria que nos rodean. No filtramos adecuadamente la información que nuestros ojos nos facilitan a través de los procesos mentales del cerebro. Como consecuencia de ello, a menudo contemplamos cosas sin *verlas* realmente. Recibimos impresiones físicas sin captar lo que significan para nosotros. En otras palabras, no adoptamos una AMP en relación con las impresiones que nos envía nuestro cerebro.

¿Ha llegado la hora de someter a examen su visión mental? Su visión física, no... eso es cosa de los médicos especialistas. Sin embargo, la visión mental, al igual que la física, puede deformarse. Cuando ello ocurre, puede usted tropezar con toda una bruma de falsos conceptos... golpeándose y lastimándose a sí mismo y a otros innecesariamente.

Las debilidades físicas más comunes de la vista son los dos extremos contrarios: la miopía y la presbicia («vista cansada»). Éstas son también las principales deformaciones de la visión mental.

La persona que es mentalmente miope es muy probable que pase por alto los objetos y las posibilidades lejanas. Sólo presta atención a los problemas inmediatos y está ciega ante las oportunidades que podría aprovechar si pensara y planificara con vistas al futuro. Es usted miope si no elabora planes, ni se fija objetivos ni pone los cimientos del futuro.

Por otra parte, la persona mentalmente présbita es muy probable que pase por alto las posibilidades que tiene delante. No ve las oportunidades que tiene a mano. Sólo ve un mundo de sueños del futuro, sin relación con el presente. Quiere empezar por arriba, en lugar de ir subiendo poco a poco... y no comprende que la única tarea que se puede empezar por arriba es la tarea de cavar un hoyo.

MIRARON Y COMPRENDIERON LO QUE VEÍAN. Por consiguiente, en el transcurso del proceso de aprender a ver, deberá usted desarrollar tanto su visión de cerca como su visión de lejos. Las ventajas del hombre que sabe ver lo que tiene delante son enormes. Durante años, la población de la pequeña localidad de Darby, en Montana, había contemplado lo que llamaban la Montaña de Cristal. La montaña había recibido este nombre porque la erosión había dejado al descubierto un saliente de cristal ligeramente brillante que parecía sal gema. Ya en 1937 se había construido un camino de mulos justo sobre aquel saliente. Pero hasta 1951 —catorce años más tarde— no hubo nadie que se tomara la molestia de agacharse, tomar un fragmento de aquella centelleante materia y examinarlo detenidamente.

Aquel año de 1951, dos hombres de Darby, el señor A. E. Cumley y el señor L. I. Thompson, vieron una exposición de minerales en la ciudad. Thompson y Cumley denunciaron la existencia de la mina en la Montaña de Cristal. Thompson envió una muestra del mineral a la Oficina de Minas de Spokane, junto con la petición de que se enviara a un técnico para que examinara un «depósito muy grande» de mineral. Más adelante, aquel mismo año, la Oficina de Minas envió una apisonadora a la montaña y excavó lo suficiente como para poder asegurar que allí había efectivamente uno de los mayores depósitos del mundo del tan valioso berilo. Hoy en día grandes excavadoras ascienden trabajosamente a la montaña y vuelven a bajar cargadas con el metal muy pesado mientras al pie de la montaña, esperando prácticamente con billetes de dólares en las manos, se encuentran representantes de la Steel Company de los Estados Unidos y del Gobierno de los Estados Unidos, todos ellos deseosos de adquirir el preciado mineral. Todo porque un día dos jóvenes no sólo vieron *con sus ojos* sino que, además, se tomaron la molestia de ver *con sus mentes*. Hoy en día, aquellos hombres llevan camino de convertirse en multimillonarios.

Una persona mentalmente présbita no hubiera podido hacer lo que Thompson y Cumley hicieron... si su visión mental hubiera estado deformada. Porque es el hombre que sólo puede ver los valores lejanos sin percatarse de las ventajas que tiene delante. ¿Se encuentra la fortuna en el umbral de su casa? Mire a su alrededor. Cuando se dedica a sus tareas cotidianas, ¿tropieza con algunas pequeñas áreas de irritación? Tal vez pueda ocurrírsele algún medio de superarlas... un medio que sea útil no sólo para usted sino también para los demás. Muchos hombres han ganado fortunas dedicándose a satisfacer sencillas necesidades. Es lo que le sucedió al hombre que inventó la horquilla de presión para fijar el cabello y al que ideó el sujetapapeles, así como al creador de la cremallera corriente. Mire a su alrededor. Aprenda a ver. Tal vez encuentre *hectáreas de diamantes* en su propio patio de atrás.

No obstante, la miopía mental puede constituir un problema tan grande como la presbicia mental. El hombre que tiene este problema sólo ve lo que tiene ante sus narices, sin prestar atención a las posibilidades lejanas. Es el hombre que no comprende la fuerza de un plan. No comprende el valor de la reflexión. Está tan ocupado con las dificultades inmediatas que no permite que su mente busque en la lejanía nuevas oportunidades y tendencias y se forje una imagen de conjunto.

El hecho de poder ver el futuro es uno de los más espectaculares logros del cerebro humano. Allá en pleno cinturón de agrios de Florida hay una pequeña ciudad llamada Winter Haven. La campiña circundante está dedicada a tierras de labranza. Casi todo el mundo la consideraría una zona inadecuada para la atracción turística. No tiene playa ni montañas, tan sólo muchos kilómetros de suaves laderas con pequeños lagos y pantanos de cipreses en los valles.

Sin embargo, a aquella zona acudió un hombre que «vio» aquellos pantanos de cipreses con una visión que otros no habían utilizado. Se llamaba Richard Pope. Dick Pope adquirió una de aquellas viejas lagunas de cipreses, la cercó con una valla y ha rechazado ofertas de por lo menos un millón de dólares por los mundialmente famosos Jardines de los Cipreses.

Como es natural, no fue tan sencillo como puede parecer. A lo largo de todo el camino, Dick Pope tuvo que «ver» oportunidades en su situación.

Hubo, por ejemplo, la cuestión de la publicidad. Pope sabía que sólo podría atraer a la gente hasta aquel aislado lugar mediante una gran campaña de publicidad. Pero los anuncios cuestan dinero. Por consiguiente, lo que hizo Dick Pope fue muy sencillo. Se dedicó al negocio de la fotografía popular. Instaló un comercio de suministros fotográficos en los Jardines de los Cipreses, vendió rollos de películas a los visitantes y luego les enseñó cómo obtener espectaculares fotografías de los Jardines. Contrató después los servicios de experimentados esquiadores acuáticos. Les hacía realizar complejas actuaciones mientras por los altavoces indicaba al público de qué manera tenía que ajustar sus cámaras para captar el espectáculo. Y después, cuando aquellos visitantes regresaban a sus casas, las mejores fotografías de sus viajes eran siempre

154

las correspondientes a los Jardines de los Cipreses. Ello le proporcionó a Dick Pope la mejor publicidad que puede haber: ¡ la de las recomendaciones de palabra con la ayuda de fotografías!

Ésta es la clase de visión creativa que todos debemos desarrollar. Necesitamos aprender a contemplar nuestro mundo con ojos nuevos... viendo las oportunidades que se encuentran a nuestro alrededor, mirando simultáneamente hacia el futuro en busca de las posibilidades que pueda encerrar.

La visión es una facultad que se aprende. Pero, al igual que todas las facultades, hay que ejercitarla.

VEA LAS APTITUDES, CAPACIDADES Y PUNTOS DE VISTA DE OTRA PERSONA. Tal vez creamos conocer nuestras aptitudes; y, sin embargo, es posible que también nosotros *estemos ciegos*. Ilustrémoslo con el ejemplo de una maestra que necesitaba que le arreglaran la vista. Era miope y présbita al mismo tiempo, porque no podía ver ni las aptitudes presentes ni las futuras de sus alumnos y tampoco sus puntos de vista.

Todo el mundo —tanto los grandes hombres como los menos grandes— tiene que tener un punto de partida. Las personas no nacen brillantes y con éxito. En realidad, algunos de nuestros más grandes hombres fueron considerados bastante estúpidos en algún período de su vida. Sólo cuando adquirieron una Actitud Mental Positiva y aprendieron a comprender sus aptitudes, fijándose objetivos concretos, empezaron a ascender hacia el éxito. Pero hubo un joven en particular a quien sus profesores consideraban «un zopenco estúpido y necio».

El joven se sentaba y dibujaba figuras en su cartapacio. Miraba a su alrededor y escuchaba a todo el mundo. Hacía «preguntas imposibles», pero se negaba a revelar lo que sabía, incluso bajo la amenaza de un castigo. Los niños le llamaban «zoquete» y él se sentaba generalmente al fondo de la clase.

Aquel niño era Thomas Alva Edison. Se sentirá usted inspirado cuando lea la historia de la vida de este hombre. Asistió a la escuela primaria durante un período total de menos de tres meses. La maestra y sus compañeros de escuela le decían que era un estúpido. Y, sin embargo, se convirtió en un hombre instruido cuando un incidente le indujo a cambiar su talismán de la cara de la AMN a la de la AMP. Se convirtió en una persona dotada y en un gran inventor.

¿Cuál fue el incidente? ¿Qué ocurrió en la vida de Edison para que éste cambiara totalmente de actitud? Le dijo a su madre que había oído que la maestra le decía al inspector de la escuela que él era «tonto» y que no merecería la pena llevarle por más tiempo a la escuela. Su madre se dirigió con él a la escuela y gritó con toda su furia que su hijo Thomas Alva Edison tenía más talento que la maestra y el inspector.

Edison decía que su madre había sido el paladín más entusiasta que jamás hubiera podido tener un muchacho. Y, a partir de aquel día, se convirtió en un niño distinto. «Ejerció sobre mí una influencia que ha perdurado a lo largo de toda mi vida —dijo—. Jamás podré perder los beneficiosos efectos de sus enseñanzas iniciales. Mi madre fue siempre cariñosa, siempre comprensiva y jamás me interpretó o me juzgó erróneamente.» La fe de su madre le indujo a verse a sí mismo bajo una luz totalmente distinta. Le indujo a cambiar su talismán por la cara de la AMP y a adoptar una Actitud Mental Positiva en relación con los estudios y el aprendizaje. Esta actitud enseñó a Edison a ver las cosas con un más profundo discernimiento mental y le permitió comprender y desarrollar inventos beneficiosos para la humanidad. Tal vez la maestra no lo vio porque no estaba genuinamente interesada en ayudar al muchacho. Su madre sí lo estaba.

La gente muestra tendencia a ver lo que quiere ver.

Oír no presupone necesariamente atención o aplicación. El hecho de *escuchar* presupone siempre ambas cosas. A lo largo de *La actitud mental positiva: un camino hacia el éxito,* le instamos a que escuche el mensaje. Ello quiere decir: *ver* de qué manera puede usted relacionar con su propia vida el principio contenido en la siguiente experiencia:

El doctor Roy Plunkett, químico de la DuPont, llevó a cabo un experimento y fracasó. Al abrir el tubo de ensayo una vez finalizado el experimento, observó que éste no contenía aparentemente nada. Sintió curiosidad y se preguntó: «¿Por qué?». No tiró el tubo tal como otros hubieran podido hacer en circunstancias parecidas. En su lugar, lo pesó. Y, para su asombro, pesaba más que un tubo de análoga factura y diseño. Una vez más, el doctor Plunkett se preguntó: «¿Por qué?».

Mientras buscaba la respuesta a sus preguntas, descubrió aquel maravilloso plástico transparente llamado tetrafluoruroetileno, comúnmente conocido como teflon. Durante la guerra de Corea, el Gobierno de los Estados Unidos firmó un contrato con la DuPont a cambio de toda su producción.

Cuando haya algo que no entienda, pregúntese: «¿Por qué?». Examínelo más de cerca. Es posible que haga un gran descubrimiento.

HÁGASE PREGUNTAS. El hecho de hacerse preguntas a sí mismo o de hacérselas a los demás sobre las cosas que le desconciertan puede beneficiarle grandemente. Este procedimiento condujo a uno de los más grandes descubrimientos científicos del mundo.

Un joven inglés que estaba pasando las vacaciones en la propiedad de su abuela se encontraba descansando y reflexionando, con la espalda apoyada en el tronco de un manzano. Una manzana cayó al suelo. El joven era estudiante de matemáticas superiores.

«¿Por qué cae la manzana al suelo? —se preguntó—. ¿Atrae la tierra a la manzana? ¿Atrae la manzana a la tierra? ¿Se atraen mutuamente la una a la otra? ¿A qué principio universal obedece este hecho?»

Isaac Newton utilizó su capacidad de reflexión e hizo un descubrimiento. Ver mentalmente es *pensar*. Halló las respuestas que estaba buscando; la tierra y la manzana se atraían mutuamente y la ley de la atracción de las masas es aplicable a todo el universo.

Newton descubrió la ley de la gravitación universal porque era observador y buscó las respuestas a algo que había observado. Otro hombre, gracias a su capacidad de observación y al hecho de haber obrado según lo que había observado, encontró la riqueza y la felicidad. Newton se hizo preguntas. El otro hombre buscó el consejo de los expertos.

SE HIZO RICO PORQUE ACEPTÓ UN CONSEJO. En 1896, en Toba, Japón, cuando contaba tan sólo once años de edad, Kokichi Mikimoto se hizo cargo del negocio de tallarines que tenía su padre en el pueblo. Su padre había contraído una enfermedad que le impedía trabajar. El muchacho tenía que mantener a seis hermanos, tres hermanas y sus padres. Aparte de elaborar diariamente los tallarines, el joven Mikimoto tenía que venderlos. Y resultó ser un buen vendedor.

Mikimoto había recibido previamente instrucción de un samurai, el cual le había enseñado:

La ejemplificación de la verdadera fe consiste en actos de amabilidad y amor para con los propios semejantes, no en simples plegarias formales pronunciadas rutinariamente.

Y con esta filosofía básica de una AMP y una acción positiva, Mikimoto se convirtió en un *hacedor*. Adquirió la costumbre de convertir las ideas en realidad.

A la edad de veinte años, se enamoró de la hija de un samurai. El joven sabía que su futuro suegro no aprobaría la boda de su hija con un fabricante de tallarines. Por consiguiente, se sintió impulsado a adaptarse a aquella fuerza. Cambió de ocupación y se convirtió en mercader de perlas.

Al igual que muchas personas que alcanzan el éxito en cualquier lugar del mundo, Mikimoto andaba constantemente buscando conocimientos concretos capaces de serle útiles en su nueva actividad. Al igual que los grandes industriales de nuestra época, buscó ayuda en la universidad. El profesor Yoshikichi Mizukuri le habló a Mikimoto de una teoría de las leyes de la naturaleza que jamás había sido demostrada.

El profesor le dijo: «Una perla se desarrolla en una ostra cuando se introduce en la ostra un objeto extraño como, por ejemplo, un grano de arena. Si el objeto extraño no mata a la ostra, la naturaleza cubre el objeto con la misma secreción que forma el nácar en el revestimiento interior de la concha de la ostra».

¡Mikimoto se entusiasmó! Estaba deseando hallar la respuesta a la pregunta que él mismo se había hecho: «¿Podré obtener perlas, introduciendo deliberadamente un diminuto objeto extraño en la ostra y dejando que la naturaleza siga su curso?».

Tras haber aprendido a ver, convirtió una teoría en una acción positiva.

Mikimoto aprendió a ver gracias al profesor universitario. Y posteriormente utilizó la fuerza de su imaginación. Se entregó a una reflexión creativa. Utilizó el razonamiento deductivo. Llegó a la conclusión de que, si las perlas se formaban tan sólo cuando un objeto extraño entraba en una ostra, él podría *crear* perlas ateniéndose a las leyes naturales. Podría introducir objetos extraños en las ostras y obligarlas a producir perlas. Aprendió a observar y actuar y se convirtió en un hombre de éxito.

Un estudio de la vida de Mikimoto revela que éste utilizó los 17 principios del éxito. Porque los conocimientos no bastan para alcanzar el éxito. Ello se con-

sigue mediante la aplicación de los conocimientos.
¡*Acción*!

Muchas de las ideas que se nos ocurren cuando aprendemos a ver con ojos nuevos se les antojan atrevidas a los demás. Estas ideas, o bien nos pueden asustar o, en caso de que las pongamos en práctica, pueden permitirnos ganar fortunas. He aquí otra historia verdadera relacionada con las perlas. Esta vez, el héroe fue un joven norteamericano llamado Joseph Goldstone, quien vendía joyas de puerta en puerta a los granjeros de Iowa.

Un día, en pleno auge de la Depresión, se enteró de que los japoneses estaban produciendo hermosas perlas cultivadas. ¡Aquello era de calidad y se podía vender a un precio muy inferior al de las perlas naturales!

Joe «vio» una gran oportunidad. A pesar de hallarse en medio de la Depresión económica, él y su esposa Esther vendieron cuanto tenían y se trasladaron a Tokio. Llegaron al Japón con menos de 1.000 dólares... pero tenían sus planes y grandes cantidades de AMP.

Consiguieron una entrevista con el señor K. Kitamura, presidente de la Asociación de Comerciantes de Perlas del Japón. Joe apuntaba alto. Le expuso al señor Kitamura su plan para la comercialización de las perlas cultivadas japonesas en los Estados Unidos y le pidió un crédito inicial de 100.000 dólares en perlas. Era una suma fabulosa, sobre todo en aquel período de la Depresión. No obstante, al cabo de varios días, el señor Kitamura se mostró de acuerdo.

Las perlas se vendieron muy bien. Los Goldstone llevaban camino de hacerse ricos. Algunos años más tarde, decidieron crear su propio cultivo de perlas, cosa que hicieron con la ayuda del señor Kitamura. Una vez más, «vieron» una oportunidad donde otros no habían visto nada. La experiencia demostraba que el índice de mortandad de las ostras en las que se in-

160

troducía artificialmente un objeto extraño era superior a un 50 por ciento.

«¿Cómo podemos eliminar esta pérdida tan grande?», se preguntaron.

Tras realizar numerosos estudios, los Goldstone empezaron a aplicar a las ostras los métodos empleados en las habitaciones de los hospitales. El exterior de las conchas se rascaba y se frotaba para reducir el peligro de infección de la ostra. El «cirujano» utilizaba un líquido anestésico que relajaba a la ostra. Después introducía en cada ostra una diminuta bolita que sería el núcleo de la perla que se iba a formar. La incisión se practicaba con un escalpelo esterilizado. Después la ostra se colocaba en una jaula y la jaula se sumergía de nuevo en el agua. Cada cuatro meses, se izaban las jaulas y se sometía a las ostras a un control. Gracias a estas técnicas, las ostras sobrevivieron en un 90 por ciento, produjeron perlas y los Goldstone llegaron a amasar una fabulosa fortuna.

Vemos una y otra vez de qué manera los hombres y las mujeres han alcanzado el éxito, tras aprender a aplicar la percepción mental. La capacidad de ver es algo más que el proceso físico de captar los rayos de luz a través de la retina del ojo. Es la capacidad de interpretar lo que se ve y de aplicar la interpretación a la propia vida y a las vidas de los demás.

El hecho de aprender a ver le permitirá descubrir oportunidades en cuya existencia jamás hubiera soñado. No obstante, para alcanzar el éxito a través de una AMP, se necesita algo más que el aprendizaje de la percepción mental. Tiene usted que aprender también a poner en práctica lo que aprenda. La *acción* es importante porque con la acción se consigue sacar adelante las cosas.

No espere más. Lea *El secreto para conseguir hacer las cosas* en el siguiente capítulo y suba otro peldaño de la escalera del éxito a través de una AMP.

GUIA N.º 7

Ideas a seguir

1. *¡Aprenda a ver! La visión es un proceso aprendido.* Nueve décimas partes del proceso visual tienen lugar en el cerebro.

2. *Cuatro dedos en lugar de cinco:* éste es el símbolo mediante el cual George Campbell, el niño ciego, pudo afrontar la vida, superarse y ser feliz. ¿De qué manera puede usted utilizar este símbolo?

3. La *vista* se aprende a través de la asociación. La primera visión que George Campbell tuvo de su madre adquirió significado para él sólo cuando reconoció su voz.

4. ¿Ha llegado el momento de someter a examen su visión mental? Cuando ésta se encuentra deformada, puede usted andar tropezando por ahí en medio de una bruma de falsos conceptos, golpeándose y lastimándose a sí mismo y a otros innecesariamente. ¿Se agudiza su visión mental de año en año?

5. Eche un vistazo —un buen vistazo— y distinga lo que vea. ¡Podría haber *hectáreas de diamantes* en su propio patio de atrás!

6. No sea miope... mire hacia el futuro. Los Jardines de los Cipreses se convirtieron en realidad porque Richard Pope los vio como un objetivo futuro concreto.

7. *Vea* las aptitudes, capacidades y puntos de vista de otra persona. Es posible que esté ignorando a un genio. La historia de Thomas Edison constituye un buen ejemplo.

8. ¿Ve usted de qué manera puede establecer relación con los principios de *La actitud mental positiva: un camino hacia el éxito*, incorporándolos a su propia vida?

9. Aprenda de la naturaleza. ¿Cómo? Hágase algunas preguntas, tal como hizo Isaac Newton. Si no conoce las respuestas, busque el consejo de los expertos.

10. Convierta lo que vea en realidad a través de la acción. Mikimoto convirtió su teoría en una fortuna en perlas. Goldstone comprendió, relacionó y aplicó los principios y métodos utilizados en los hospitales para salvar vidas humanas con el fin de preservar las vidas de las ostras productoras de perlas cultivadas.

ABRA SU MENTE
Y APRENDA A VER

8

EL SECRETO PARA CONSEGUIR HACER LAS COSAS

En este capítulo descubrirá usted el secreto para conseguir hacer las cosas. Adquirirá también un factor de automotivación tan poderoso que le obligará subconscientemente a emprender una acción deseable pues se trata, en realidad, de un mecanismo de *autoarranque*. Y, sin embargo, puede usted utilizarlo a voluntad. Cuando lo haga, superará la dilación y la inercia.

Si hace las cosas que no quiere hacer o no hace las cosas que quiere hacer, este capítulo es para usted.

Los que alcanzan la grandeza utilizan este secreto para conseguir hacer las cosas. Pensemos, por ejemplo, en el padre James Keller de Maryknoll. El padre Keller llevaba algún tiempo desarrollando una idea. Abrigaba la esperanza de inducir a los pequeños a hacer cosas grandes, animándoles a salir al mundo exterior, abandonando su reducido círculo. El precepto evangélico: «Id por todo el mundo» se le antojaba el símbolo de una idea mediante la cual podría llevarse a cabo la misión que él tenía pensada.

Al cumplir este precepto, utilizó el secreto para conseguir hacer las cosas. Y, al hacerlo así, entró en acción. Ocurrió en 1945. Fue entonces cuando creó los «Cristóbales»... una organización de lo más insólita.

No celebra capítulos y no tiene comités, reuniones ni cuotas. Ni siquiera hay que pertenecer a ella como miembro en el sentido habitual que se da a esta palabra. Está integrada simplemente por personas —nadie puede decir cuántas— entregadas a un ideal. Los «Cristóbales» actúan sobre la base de que es mejor que la gente «haga algo y no pague nada», en lugar de que «pague cuotas y no haga nada.»

¿Cuál es el ideal de estas personas?

Cada «Cristóbal» se compromete a propagar su religión dondequiera que vaya a lo largo de todo el día, en medio del calor del mercado, en las carreteras y los caminos, en casa. Y, de este modo, transmite a los demás las principales verdades de su fe.

La emocionante historia la cuenta el padre James Keller en su libro *Usted puede cambiar el mundo*. Ello se debió a que concibió y creyó en un ideal. Sin embargo, hizo muy poco o apenas nada hasta que no descubrió el secreto de cómo conseguir hacer las cosas.

La idea de este secreto se puede deducir de la afirmación de E. E. Bauermeister, supervisor de educación y asesor clínico de la Institución Masculina de California de la localidad de Chino, el cual les dijo a los autores de la presente obra:

«Yo siempre les digo a los hombres de nuestra clase de readaptación que, con demasiada frecuencia, aquello que leemos y profesamos se convierte en una parte de nuestras bibliotecas y de nuestro vocabulario en lugar de convertirse en una parte de nuestras vidas.»

Recuerde la frase de la Biblia: *Porque el bien que*

quisiera hacer no lo hago, pero el mal que no quisiera hacer, lo hago. ¿Cómo puede usted adiestrarse a actuar tan pronto como ello sea necesario?

Y entonces le explicamos al señor Bauermeister de qué manera las cosas buenas que leemos y profesamos pueden convertirse en una parte de nuestras vidas.

¿Cómo puede usted lograr que el secreto para conseguir hacer las cosas se convierta en parte de su vida? Por medio del *hábito*. Y el hábito se desarrolla a través de la repetición. «Siembra una acción y cosecharás un hábito; siembra un hábito y cosecharás un carácter; siembra un carácter y cosecharás un destino», decía el gran psicólogo y filósofo William James. Con ello quería decir que es usted aquello en que sus hábitos le convierten. Y usted puede elegir sus hábitos. Usted puede adquirir cualquier hábito que desee por medio de la utilización del mecanismo de autoarranque.

Pero, ¿cuál es el secreto para conseguir hacer las cosas y cuál es el mecanismo de autoarranque que le obliga a utilizar este gran secreto?

El secreto para conseguir hacer las cosas consiste en *actuar*. El mecanismo de autoarranque es el factor de automotivación ¡HAZLO AHORA!

Mientras viva, nunca se diga: «¡HAZLO AHORA!» a menos que emprenda a continuación una acción deseable. Siempre que la acción sea deseable y el símbolo de ¡HAZLO AHORA! surja de su subconsciente y aparezca en su conciencia, *actúe inmediatamente*.

Adquiera la costumbre de responder al mecanismo de autoarranque del ¡HAZLO AHORA! en las más pequeñas cosas. Muy pronto adquirirá el hábito de una acción refleja tan poderosa que, en momentos de emergencia o cuando se le presente la oportunidad, usted actuará.

Supongamos que hay una llamada telefónica que tendría que hacer, pero que usted muestra tendencia a aplazar. Cuando el mecanismo de autoarranque del ¡HAZLO AHORA! surja de su subconsciente y aparezca en su conciencia, *actúe*. Haga aquella llamada telefónica inmediatamente.

O supongamos, por ejemplo, que pone usted el despertador para las seis de la mañana. Pero, cuando suena el despertador, usted se encuentra adormilado, se incorpora, para el aparato y sigue durmiendo. Usted tenderá a adquirir la costumbre de hacer lo mismo en el futuro. Pero si su subconsciente envía a su conciencia el mensaje del ¡HAZLO AHORA!, ocurra lo que ocurra, ¡HÁGALO AHORA! ¡Levántese! ¿Por qué? Porque usted quiere adquirir el hábito de responder al mecanismo de autoarranque del ¡HAZLO AHORA!

En el capítulo 13 sabrá cómo uno de los autores del presente libro adquirió una empresa de un millón seiscientos mil dólares de capital líquido neto con el propio dinero del vendedor. Ello fue posible porque, en el momento oportuno, el comprador reaccionó al mecanismo de autoarranque del ¡HAZLO AHORA!

H. G. Wells aprendió el secreto para conseguir hacer las cosas. Y H. G. Wells fue un autor muy prolífico porque lo hizo. Jamás permitió que se le escapara una buena idea. Cuando se le ocurría alguna, la anotaba inmediatamente. Ello sucedía a veces en mitad de la noche. No importaba. Wells encendía la luz, tomaba el papel y el lápiz que siempre tenía en la mesilla de noche y efectuaba una rápida anotación. Y después volvía a dormirse.

Unas ideas que tal vez hubieran caído en el olvido eran recordadas por medio de la lectura de los destellos de inspiración anotados en cuanto se habían producido. Esta costumbre de Wells le resultaba tan fácil y natural como lo es para usted el hecho de sonreír cuando se le ocurre una feliz idea.

Muchas personas tienen la costumbre de aplazar las cosas. Como consecuencia de ello, es posible que pierdan un tren, lleguen tarde al trabajo o, lo que es mucho más importante, pierdan una oportunidad que podría cambiar todo el curso de sus vidas para bien. La historia nos muestra las batallas que se perdieron porque alguien propuso el iniciar una acción deseable.

Los nuevos alumnos de nuestro curso AMP, «La ciencia del éxito», afirman a veces que el hábito de la dilación es uno de los que desearían eliminar. Entonces les revelamos el secreto para conseguir hacer las cosas. Les proporcionamos el mecanismo de autoarranque. Quizás les estimulemos contándoles la verdadera historia de lo que significó el mecanismo de autoarranque para un prisionero de la segunda guerra mundial.

LO QUE SIGNIFICÓ EL MECANISMO DE AUTOARRANQUE PARA UN PRISIONERO DE GUERRA. Kenneth Erwin Harmon era un empleado civil de la Marina en Manila cuando tuvo lugar el desembarco de los japoneses. Fue apresado y retenido durante dos días en un hotel antes de ser enviado a un campo de prisioneros.

El primer día, Kenneth vio que su compañero de habitación tenía un libro bajo la almohada. «¿Me lo dejas?», le preguntó. El libro era *Piense y hágase rico*. Kenneth empezó a leerlo. Y, mientras leía, conoció a la persona viviente más importante con el talismán invisible de la AMP grabada en una cara y la AMN grabada en la otra.

Antes de empezar a leer, se sentía desesperado. Temía la posibilidad de que le torturaran —e incluso de que le mataran— en el campo de prisioneros. Pero ahora, mientras leía, empezó a adoptar una actitud alimentada por la esperanza. Estaba deseando quedarse con el libro. Quería tenerlo durante los temibles días que se avecinaban. Mientras comentaba el contenido de *Piense y hágase rico* con su compañero, se percató de que el libro significaba mucho para su dueño.

«Déjame copiarlo», le dijo.

«Pues claro, no faltaba más», fue la respuesta.

Kenneth Harmon aprendió el secreto para conseguir hacer las cosas. Entró inmediatamente en acción. En un frenesí de actividad, empezó a copiar el libro a máquina. Palabra por palabra, página por página, capítulo por capítulo. A causa de su obsesión ante la posibilidad de que le quitaran el libro en cualquier momento, se vio impulsado a trabajar día y noche.

Hizo bien porque, una hora después de haber escrito la última página, sus apresadores se lo llevaron al conocido campo de prisioneros de Santo Tomás. Había terminado a tiempo porque había empezado a tiempo. Kenneth Harmon tuvo consigo el manuscrito durante los tres años y un mes que duró su cautiverio. Lo leía una y otra vez y ello alimentaba sus pensamientos. Y le impulsaba a tener valor, forjar planes para el futuro y conservar su salud física y mental. Muchos prisioneros de Santo Tomás sufrían daños físicos y mentales a causa de la desnutrición y el miedo... miedo al presente y miedo al futuro. «Yo, en cambio, me sentía mejor cuando salí de Santo Tomás que cuando entré... mejor preparado para la vida... más despierto mentalmente», nos dijo Kenneth Harmon. La *esencia* de su idea se halla contenida en la siguiente afirmación: «El éxito se tiene que practicar constantemente, de otro modo, despliega las alas y huye volando».

Ahora ha llegado el momento de actuar.

Porque el secreto para conseguir hacer las cosas puede cambiar la actitud de una persona de negativa a positiva. Un día que tal vez se hubiera echado a perder puede convertirse en un día agradable.

EL DÍA QUE SE HUBIERA PODIDO ECHAR A PERDER. Un estudiante de la Universidad de Copenhague llamado Jorgen Juhldahl trabajaba en verano como guía turístico. Dado que hacía de buen grado mucho más que sus simples obligaciones, unos visitantes de Chicago le organizaron un recorrido por los Estados Unidos.

El itinerario incluiría un día de visita a los lugares de interés de Washington, camino de Chicago.

Al llegar a Washington, Jorgen se dirigió al hotel Willard en el que ya tenía el alojamiento pagado. Estaba entusiasmado. En el bolsillo de la chaqueta guardaba el pasaje de avión con destino a Chicago; en el bolsillo del pantalón guardaba la cartera con el pasaporte y el dinero. ¡Pero entonces el joven recibió un golpe terrible!

Mientras se disponía a acostarse, descubrió que había perdido la cartera. Bajó corriendo a recepción.

«Haremos cuanto podamos», le dijo el director del establecimiento.

Pero, a la mañana siguiente, la cartera aún no había sido localizada. Jorgen Juhldahl tenía menos de dos dólares en los bolsillos. Solo en un país extranjero, se preguntó qué podría hacer. ¿Telegrafiar a sus amigos de Chicago y decirles lo que le había ocurrido? ¿Acudir a la embajada danesa e informar de la pérdida del pasaporte? ¿Aguardar en la jefatura de policía hasta que se tuviera alguna noticia?

De repente, se dijo: «¡No! ¡No haré nada de todo eso! Veré Washington. Es posible que jamás tenga ocasión de volver a estar aquí. Dispongo de un valioso día en esta gran capital. Al fin y al cabo, aún tengo el billete de avión con destino a Chicago para esta noche y tendré mucho tiempo para resolver el problema del dinero y del pasaporte. En cambio, si no veo Washington *ahora*, es posible que nunca lo vea. Estoy acostumbrado a recorrer muchos kilómetros a pie, me encantará ir andando.

»Ahora es el momento de ser feliz.

»Soy el mismo hombre que era ayer antes de perder la cartera. Entonces era feliz. Ahora tendría que ser feliz... encontrarme en los Estados Unidos... tener el privilegio de disfrutar de unas vacaciones en esta gran ciudad.

»No perderé el tiempo entristeciéndome inútilmente por mi pérdida.»

Y salió a pasear. Vio la Casa Blanca y el Capitolio, visitó los grandes museos, subió a lo alto del monumento a Washington. No pudo dirigirse a Arlington y a algunos otros lugares que deseaba ver. Pero lo que vio, lo vio con más detenimiento. Se compró cacahuetes y caramelos y fue comiéndoselos para no pasar hambre.

Y cuando regresó a Dinamarca, la parte de su viaje que recordó mejor fue aquel día en que recorrió Washington a pie, un día que Jorgen Juhldahl tal vez hubiera perdido si no hubiera empleado el secreto para conseguir hacer las cosas. Porque conocía la verdad contenida en esta afirmación. AHORA es el momento. Sabía que el AHORA hay que apresarlo antes de que se presente: ayer-hubiera-podido...

Por cierto, para terminar la historia, cinco días después de aquella memorable jornada en Washington la policía encontró su cartera y su pasaporte y se los envió.

¿Está usted asustado de sus mejores ideas? Una de las cosas que a menudo nos impide apresar el AHORA es una especie de timidez ante nuestras propias aspiraciones. Sentimos un poco de miedo ante nuestras propias ideas la primera vez que se nos ocurren. Pueden parecernos excesivamente originales y descabelladas. No cabe la menor duda: hace falta cierta audacia para poner en práctica una idea no probada. Y, sin embargo, es precisamente esta clase de audacia la que a menudo lleva a los más espectaculares resultados. La famosa escritora Elsie Lee nos habla de Ruth Butler y de su hermana Eleanor, hijas de un peletero de Nueva York conocido en todo el país.

«Mi padre fue un pintor fallido —dice Ruth—. Tenía talento, pero la necesidad de ganarse la vida no le dejó tiempo para crearse una reputación como ar-

172

tista. Por eso se dedicó a coleccionar cuadros. Más adelante, empezó a comprar cuadros para Eleanor y para mí.»

De este modo, las muchachas aprendieron a conocer y apreciar las bellas artes y adquirieron un impecable buen gusto. Cuando fueron mayores, los amigos solían pedirles consejo acerca de los cuadros que deberían adquirir para sus hogares. A menudo prestaban piezas de su colección durante breves períodos.

Un día, Eleanor despertó a Ruth a las tres de la madrugada.

«¡No empieces a discutir porque tengo una idea *tremenda!* Vamos a formar una alianza magistral.»

«¿Y qué demonios es una alianza magistral?»

«*Una alianza magistral es la coordinación de los esfuerzos y conocimientos, en un espíritu de armonía, entre dos o más personas con el fin de alcanzar un objetivo concreto.* Y eso es exactamente lo que vamos a hacer. ¡Vamos a organizar un negocio de alquiler de cuadros!»

Y Ruth se mostró de acuerdo. *Fue* una idea tremenda. Pusieron manos a la obra aquel mismo día, a pesar de las advertencias que les hicieron los amigos sobre los peligros que podían correr: les podían perder o robar los cuadros y tal vez surgieran procesos legales y problemas de seguros. Pero ellas se pusieron inmediatamente a trabajar, reuniendo un capital de 300 dólares y convenciendo a su padre de que les prestara el sótano de su peletería sin cobrarles alquiler.

«Instalamos 1.800 cuadros de nuestra colección entre los maniquíes de los abrigos —recuerda Ruth—, haciendo caso omiso de la triste mirada de desaprobación de nuestro padre. El primer año fue muy difícil... una auténtica lucha.»

Pero la original idea dio resultado. La empresa, conocida como la Biblioteca Circulante de Cuadros de Nueva York, alcanzó un gran éxito... con unos

500 cuadros alquilados constantemente a empresas comerciales, médicos, abogados y domicilios particulares. Un apreciado cliente fue durante ocho años un recluso de la penitenciaría de Massachusetts. Escribió humildemente, señalando que tal vez la Biblioteca no querría alquilarle un cuadro habida cuenta de su domicilio. Los cuadros le fueron enviados libres de alquiler y con tan sólo los gastos de transporte. A cambio, Ruth y Eleanor recibieron una carta de la dirección de la prisión en la que se les comunicaba que los cuadros estaban siendo utilizados en un curso de iniciación a las artes del que iban a beneficiarse muchos cientos de reclusos. Ruth y Eleanor empezaron su negocio con una idea. Y después respaldaron su idea con una *acción inmediata*. El resultado fue un beneficio para ellas y una fuente de placer y felicidad para muchas otras personas.

¿ESTÁ DISPUESTO A DUPLICAR SUS INGRESOS? W. Clement Stone estaba efectuando un recorrido por Asia y el Pacífico en calidad de uno de los siete ejecutivos representantes de la National Sales Executives International. Un martes, Stone pronunció una conferencia sobre el tema del estímulo ante un grupo de hombres de negocios de la ciudad australiana de Melbourne. El jueves siguiente por la mañana, recibió una llamada telefónica. Era de Edwin H. East, director de una empresa que vendía armarios metálicos. El señor East estaba muy emocionado. «¡Ha ocurrido algo maravilloso! ¡Se mostrará usted tan entusiasmado como yo cuando se lo cuente!»

«Cuéntemelo. ¿Qué ha ocurrido?»

«¡Algo asombroso! El martes pronunció usted una conferencia acerca del estímulo. En su charla, recomendó usted diez libros de inspiración. Yo compré *Piense y hágase rico* y empecé a leerlo aquella noche. Me pasé varias horas leyéndolo. A la mañana siguiente, empecé a leerlo de nuevo y después escribí en una hoja de papel: "Mi principal objetivo concreto es duplicar este año las ventas del año pasado." Y lo más curioso es que lo he conseguido en cuarenta y ocho horas.»

«¿Cómo lo ha conseguido? —le preguntó a East el señor Stone—. ¿Cómo ha conseguido duplicar sus ingresos?»

East contestó: «En su conferencia acerca del estímulo, usted nos contó cómo Al Allen, uno de sus vendedores de Wisconsin, trató de vender sus productos recorriendo toda una manzana. Dijo usted que Al había tenido suerte porque había trabajado todo el día sin conseguir ni una sola venta.

»Aquella noche, dijo usted, Al Allen desarrolló un *descontento inspirador*. Decidió visitar al día siguiente a los mismos clientes y potenciales y vender más pólizas de seguros en un solo día que cualquiera de los demás agentes de su grupo en una semana.

»Nos contó usted cómo Al Allen recorrió de nuevo toda la misma manzana de casas. Visitó a las mismas personas y vendió 66 nuevas pólizas de seguros contra accidentes. Recordé sus palabras: "Algunos pueden pensar que eso no se podía hacer, pero... Al lo hizo". Yo le creí. Estaba dispuesto.

»Recordé el mecanismo de autoarranque que usted nos había indicado: ¡HAZLO AHORA!

»Me dirigí al fichero y analicé diez cuentas "muertas". Preparé lo que previamente me hubiera parecido un programa excesivo con el fin de presentarlo a cada uno de los clientes. Repetí varias veces la frase de autoarranque: ¡HAZLO AHORA! Y después llamé a los diez clientes con una Actitud Mental Positiva y conseguí ocho grandes ventas. ¡Es asombroso... auténticamente asombroso... lo que puede conseguir un vendedor que utilice la fuerza de una AMP!»

Edwin H. East estaba dispuesto cuando oyó hablar del estímulo. Prestó atención al mensaje que era aplicable a su caso. Estaba buscando algo. Y encontró ese algo. Nuestra intención al contarle esta historia es que preste atención porque usted también ha leído la historia de Allen, pero tal vez no haya comprendido de qué manera puede aplicar este principio a su propia experiencia. Edwin H. East lo comprendió. Y usted también puede comprenderlo: puede aplicar los principios de cada historia que se presenta en *La actitud mental positiva: un camino hacia el éxito*.

Ahora, sin embargo, queremos que se aprenda el mecanismo de autoarranque del ¡HAZLO AHORA!

A veces, la decisión de actuar inmediatamente puede convertir en realidad sus más descabellados sueños. Es lo que le sucedió a Manley Sweazey.

ES POSIBLE COMBINAR EL NEGOCIO CON EL PLACER. A Manley le gustaba cazar y pescar. Su idea de la buena vida era la de adentrarse setenta kilómetros en el bosque con su caña y su rifle y regresar a pie un par de días más tarde, agotado, cubierto de barro pero muy feliz.

Lo malo era que aquella afición le robaba demasiado tiempo de su trabajo como agente de seguros. Un día, mientras abandonaba uno de sus lagos de percas preferidos para regresar a su despacho, a Manley se le ocurrió una descabellada idea. Si hubiera en alguna parte gente que viviera en el bosque... gente que necesitara pólizas de seguros. ¡Entonces él podría trabajar y vivir al mismo tiempo al aire libre! Y, en efecto, Manley descubrió que esta gente existía: los hombres que trabajaban en el ferrocarril de Alaska. Vivían en casetas diseminadas a lo largo de los 800 kilómetros de las vías. ¿Y si les vendiera seguros a aquellos ferroviarios y a los cazadores de pieles y a los mineros de oro de la zona?

El mismo día en que se le ocurrió la idea, Sweazey empezó a forjar planes positivos. Consultó a una agencia de viajes y empezó a hacer las maletas. No permitió que las dudas se insinuaran subrepticiamente y le asustaran, induciéndole a creer que su idea tal vez fuera descabellada... y que tal vez fallara. En lugar de analizar excesivamente la idea en busca de posibles defectos, tomó un barco rumbo a Seward, Alaska.

Recorrió el ferrocarril en toda su longitud muchísimas veces. El «Andarín Sweazey», tal como le llamaban, se convirtió en un personaje bien recibido por aquellas gentes no sólo porque les vendía seguros, cosa que nadie se había molestado en hacer hasta entonces, sino también porque representaba el mundo exterior. Se molestó en recorrer un kilómetro de más. Porque aprendió a cortar el cabello y lo hacía gratis. Y también aprendió a guisar. Dado que los hombres solteros solían comer sobre todo conservas y tocino, Manley, con sus habilidades culinarias, era un huésped bien recibido. Entretanto, hacía lo que naturalmente se le ofrecía. Hacía lo que quería hacer: recorrer las colinas, cazar, pescar y, tal como él decía: «vivir la vida de Sweazey».

En el sector de los seguros de vida existe un lugar de honor especial reservado a los hombres que venden en un año por valor de más de un millón de dólares. Se llama la Mesa Redonda del Millón de Dólares. Y lo más extraordinario y casi increíble de la historia de Manley Sweazey es que, habiendo actuado impulsivamente, habiéndose dirigido a los bosques de Alaska habiendo recorrido la zona del ferrocarril a la que nadie se había molestado en ir, consiguió en un año unas ventas por valor de más de un millón de dólares, ocupando así un merecido lugar en la Mesa Redonda.

Y nada de todo ello hubiera ocurrido si él hubiera vacilado en utilizar el secreto para conseguir hacer las cosas cuando se le ocurrió la «descabellada» idea.

Apréndase de memoria el mecanismo de autoarranque del ¡HAZLO AHORA!

El ¡HAZLO AHORA! puede influir en todas las fases

de su vida. Puede ayudarle a hacer las cosas que tiene que hacer pero que no le apetece hacer. Puede impedirle aplazar un deber desagradable que se le presente. Pero también puede ayudarle a hacer las cosas que usted *quiere* hacer, tal como le ocurrió a Manley Sweazey. Le ayudará a aprovechar aquellos valiosos momentos que, cuando se pierden, ya nunca se recuperan. La palabra de afecto a un amigo, por ejemplo. La llamada telefónica a un socio, diciéndole simplemente que lo admira. Todo en respuesta al mecanismo de autoarranque del ¡HAZLO AHORA!

ESCRÍBASE UNA CARTA A SÍ MISMO. He aquí una idea para ayudarle a ponerse en marcha. Siéntese y escríbase una carta a sí mismo, exponiendo las cosas que siempre ha tenido intención de hacer, como si éstas ya se hubieran cumplido: proyectos personales, de carácter social o comunitarios. Escriba la carta como si un biógrafo estuviera describiendo la maravillosa persona que es usted cuando actúa bajo la influencia de una AMP. Pero no se detenga ahí. Utilice el secreto para conseguir hacer las cosas. Responda al mecanismo de autoarranque del ¡HAZLO AHORA!

Recuerde que, con independencia de lo que haya sido o de lo que sea, usted puede ser lo que quiere ser si *actúa* con una AMP.

El mecanismo de autoarranque del ¡HAZLO AHORA! es un importante factor de automotivación. Es un importante paso hacia la comprensión y la aplicación de los principios del siguiente capítulo, titulado «Cómo estimularse a sí mismo».

GUÍA N.º 8

Ideas a seguir

1. Es mejor hacer algo y no pagar nada que pagar cuotas y no hacer nada.

2. Con demasiada frecuencia, lo que leemos y profesamos se convierte en una parte de nuestra biblioteca y de nuestro vocabulario, en lugar de convertirse en una parte de nuestra vida. Deténgase a pensar en ello. Usted conoce los principios que pueden ayudarle a alcanzar en la vida un objetivo que merezca la pena... pero, ¿convierte usted estos principios en una parte de su vida?

3. «Siembra una acción y cosecharás un hábito; siembra un hábito y cosecharás un carácter; siembra un carácter y cosecharás un destino.» ¿Qué hábitos de pensamiento o acción, en *cualquier* actividad humana, desearía usted adquirir? ¿Qué hábitos desearía eliminar? Tendría usted que saber cómo adquirir hábitos deseables y eliminar los indeseables si ha aprendido a reconocer y aplicar los principios que se le revelan en este libro.

4. El secreto para conseguir hacer las cosas: ¡HAZLO AHORA!

5. Mientras viva, cuando la sugerencia del ¡HAZLO AHORA! surja de su subconsciente y aparezca en su conciencia, induciéndole a hacer lo que debe, emprenda inmediatamente la acción necesaria. Es un hábito que le permitirá alcanzar destacados éxitos.

6. La carga del aprendizaje corresponde a la persona que quiere aprender. Si quiere usted

aprender a alcanzar algo en la vida que no viole las leyes de Dios o los derechos de sus congéneres, ahora es el momento de empezar a estudiar y aprender las ideas que pueden enseñarle a alcanzar sus objetivos. Estudie y aplique los principios contenidos en *La actitud mental positiva: un camino hacia el éxito*... no se limite simplemente a leer lo que está escrito.

7. Ahora es el momento de *actuar*.

¡HÁGALO AHORA!

9

CÓMO ESTIMULARSE A SÍ MISMO

¿Qué es el estímulo?

El estímulo es aquello que *induce a la acción* o *determina la opción*. Es aquello que proporciona un *motivo*. Un motivo es un «impulso interior» *dentro del individuo* que le incita a actuar, por ejemplo, un instinto, una pasión, una emoción, un hábito, un estado de ánimo, un impulso, un deseo o una idea.

Es la esperanza u *otra fuerza* que pone en marcha una acción en un intento de producir resultados concretos.

ESTÍMULO DE UNO MISMO Y DE LOS DEMÁS. Cuando conozca usted los principios que *pueden* estimularle, conocerá también los principios que *pueden* estimular a los demás.

En este capítulo se trata el tema de la estimulación de uno mismo. La estimulación de los demás se trata en el capítulo diez. La finalidad de *La actitud mental positiva: un camino hacia el éxito* es enseñarle a estimularse a sí mismo y a los demás por medio de una

Actitud Mental Positiva. Fundamentalmente, este libro está centrado en la cuestión del estímulo.

Nuestro propósito al ilustrarle ejemplos concretos de éxitos y fracasos de otras personas es estimularle a emprender una acción deseable.

Por consiguiente, para poder estimularse a sí mismo, trate de comprender los principios que estimulan a los demás... y, para estimular a los demás, trate de comprender los principios que le estimulan a usted.

Adquiera el hábito de estimularse a sí mismo con una AMP... a voluntad. Y entonces podrá usted dirigir sus pensamientos, controlar sus emociones y encauzar su destino.

ESTÍMULESE A SÍ MISMO Y A LOS DEMÁS CON EL INGRE-DIENTE MÁGICO.   ¿Cuál es el ingrediente mágico?

Un hombre, en particular lo encontró. He aquí su historia.

Hace algunos años, este hombre, un próspero fabricante de cosméticos, se retiró a la edad de sesenta y cinco años. A partir de entonces, los amigos le organizaban cada año una fiesta de cumpleaños y, en cada una de aquellas ocasiones, le pedían que les revelara su fórmula. Año tras año, él se negaba amablemente; no obstante, al cumplir los setenta y cinco años, los amigos volvieron a rogarle, medio en broma y medio en serio, que les revelara su secreto.

«Habéis sido tan maravillosamente buenos conmigo a lo largo de estos años que os lo voy a revelar —les dijo—. Mirad, aparte las fórmulas utilizadas por otros fabricantes de cosméticos, yo añadí el ingrediente mágico.»

«¿Cuál es el ingrediente mágico?», le preguntaron.

«Jamás le prometí a una mujer que mis cosméticos la harían hermosa, pero siempre le di esperanza.»

¡El ingrediente mágico es la esperanza!

La esperanza es un deseo con la expectativa de obtener lo que se desea y la creencia de que ello puede obtenerse. Una persona reacciona conscientemente a lo que para ella es deseable, creíble y alcanzable.

Y también reacciona subconscientemente al impulso interior que le induce a actuar cuando la sugestión ambiental o la autosugestión desencadenan los poderes de su subconsciente. Su respuesta a la sugestión puede provocar una obediencia directa y neutral o bien, por el contrario, una acción en relación con un símbolo específico. En otras palabras, puede haber distintos tipos y grados de factores de estímulo.

Todos los resultados obedecen a una causa determinada. Todos sus actos son el resultado de una causa determinada... de sus motivos.

La esperanza, por ejemplo, estimuló al fabricante de cosméticos a crear un próspero negocio. La esperanza también le estimulará a usted.

LOS DIEZ MOTIVOS BÁSICOS QUE INSPIRAN TODAS LAS ACCIONES HUMANAS. Todos sus pensamientos, todos los actos en los que usted participa voluntariamente, obedecen a un motivo determinado o bien a una determinada combinación de motivos. Existen diez motivos básicos que inspiran todos los pensamientos y todas las acciones voluntarias. Nadie hace nada jamás sin tener un motivo.

Para aprender a estimularse a sí mismo para un propósito determinado o para estimular a los demás, tendría que comprender usted claramente estos diez motivos básicos. Helos aquí:

1. El instinto de CONSERVACIÓN.
2. La emoción del AMOR.
3. La emoción del TEMOR.
4. La emoción de la SEXUALIDAD.
5. El deseo de VIDA DESPUÉS DE LA MUERTE.
6. El deseo de LIBERTAD DE CUERPO Y ALMA.
7. La emoción de la IRA.

8. La emoción del ODIO.
9. El deseo de RECONOCIMIENTO y de EXPRESIÓN DE LA PROPIA PERSONALIDAD.
10. El deseo de RIQUEZA MATERIAL.

Durante la lectura de este capítulo, tal vez se haya usted percatado de que contiene «alimento para la mente». Un buen bocadillo contiene nueve décimas partes de pan y una décima parte de carne. A diferencia del bocadillo, este capítulo contiene nueve décimas partes de carne. Así lo planearon los autores. Esperamos que usted lo mastique y lo digiera con cuidado.

¿SON BUENAS LAS EMOCIONES NEGATIVAS? Mientras lea *La actitud mental positiva: un camino hacia el éxito* puede ver claramente que las emociones, los sentimientos y los pensamientos negativos son perjudiciales para el individuo. Sin embargo, ¿son éstos positivos algunas veces?

Sí, las emociones, los sentimientos, los pensamientos y las actitudes negativas son buenas... en el momento adecuado y en las circunstancias adecuadas.

Porque lo que es bueno para la especie del hombre es bueno para el individuo. Está claro que, en el proceso de la evolución, los pensamientos, los sentimientos, las emociones y las actitudes negativas protegían al individuo. De hecho, estas características negativas impidieron la extinción de la especie humana. Y estas características negativas de una persona, al igual que las fuerzas negativas de una barra imantada, repelían con eficacia las fuerzas de los poderes negativos de otras. Eso es lo que ocurrió. Y como se trata de una ley universal, seguirá ocurriendo.

Ahora bien, la cultura, el refinamiento y la civilización, al igual que el propio hombre, han ido evolucionando también a partir de un estadio primitivo. Y, cuanto más culta, refinada y civilizada es una sociedad o ambiente, tanto menos necesario resulta que el individuo eche mano de sus características negativas. En cambio, en un ambiente negativo y hostil, una persona con sentido común utilizará dichas fuerzas negativas con una AMP para combatir el mal con el que se enfrenta.

Sin embargo, dado que usted vive en un país con leyes destinadas a proporcionar el máximo bien al mayor número de gente; dado que los derechos del individuo se hallan protegidos; y dado que pertenece usted a una sociedad y ambiente de cultura, refinamiento y elevada civilización, estos pensamientos, sentimientos, emociones y pasiones negativas que están latentes en su interior y que proceden de su pasado no son ahora necesarios para resolver los problemas que el hombre primitivo no podía resolver de otro modo. Porque él era la ley de sí mismo. Y la ley del individuo se ha supeditado a la ley de la sociedad en su propio beneficio.

Vamos a aclarar estos conceptos. Tomemos la ira, el odio y el temor como ejemplos.

IRA Y ODIO. La justa indignación contra el mal es una forma de ira y odio. El deseo de proteger la propia nación atacada por un enemigo o el deseo de proteger al débil contra el ataque criminal de un loco para salvar una vida humana es una cosa buena. Tener que matar para ello, en caso necesario, constituye un ejemplo de la peor forma de los sentimientos y emociones negativas empleada para conseguir un propósito meritorio. En nuestra sociedad, el patriotismo de un soldado o el cumplimiento del deber de un agente de policía se consideran virtudes.

TEMOR. En toda nueva experiencia y en todo nuevo ambiente, la naturaleza le protege de un posible peligro, poniéndole sobre aviso a través de cierto asomo de temor. Puede usted tener la certeza de que la persona más valerosa experimentará, en un nuevo ambiente, una sensación que será un sentimiento consciente o subconsciente de timidez o temor. En caso de que advierta que los temores le son perjudiciales, la persona con AMP neutralizará la emoción negativa indeseable, sustituyéndola por otra positiva.

¿QUÉ PUEDE HACER AL RESPECTO? El hombre es el único ser del reino animal que, gracias a su conciencia, puede controlar voluntariamente sus emociones desde dentro, en lugar de verse obligado a ello a través de influencias externas.

Y sólo él puede modificar deliberadamente los hábitos de su reacción emocional. Cuanto más civilizado, culto y refinado sea usted, tanto *más fácilmente* podrá controlar sus emociones y sentimientos en caso de que así lo quiera.

Las emociones se controlan por medio de una mezcla de razón y acción. Cuando los temores son injustificados o perjudiciales, pueden y deben ser neutralizados.

¿Cómo?

Aunque sus emociones no siempre puedan ser sometidas inmediatamente a la razón, sí pueden ser sometidas inmediatamente a la acción. Porque usted puede utilizar la razón para establecer la inutilidad de la emoción negativa, estimulándose de este modo a sí mismo para emprender una acción. Puede usted sustituir el temor por un sentimiento positivo. ¿Cómo se puede lograr tal cosa?

Un medio muy eficaz es la autosugestión o, mejor dicho, el dominio de sí mismo, con un símbolo verbal que incluya lo que usted quiere ser. Por tanto, si usted siente miedo y quiere ser valiente, ordénese a sí mismo rápidamente varias veces: *Sé valiente.* Si quiere ser valiente, actúe con valentía.

¿Cómo?

Utilice el mecanismo de autoarranque del *¡Hazlo ahora!* Y entre en acción.

En este y en el próximo capítulo verá usted de qué manera puede controlar sus emociones y acciones utilizando la autosugestión. Entretanto:

Mantenga la mente centrada en las cosas que debe y quiere hacer y apártela de las cosas que no debe y no quiere hacer.

UNA FÓRMULA DE ÉXITO QUE SIEMPRE LOGRA SU OBJETIVO AL SER APLICADA. ¿Se encuentra usted entre los cientos de miles de personas de todo el mundo que han leído la *Autobiografía* de Benjamín Franklin o entre las decenas de miles que han leído la obra *¿Cómo me levanté del fracaso al éxito en la venta?*, de Frank Bettger. En caso de que no sea así, le recomendamos que lea ambos libros puesto que contienen la fórmula que siempre triunfa cuando se aplica con una AMP.

En su autobiografía, Franklin revela que se dispuso a ayudar a Benjamín Franklin como la persona viviente más importante quiere ayudarle a usted. Y escribió:

> Siendo mi propósito el de adquirir el hábito de todas estas virtudes, juzgué que no sería oportuno distraer mi atención intentándolo todo de una sola vez, sino que convendría centrarla en una a la vez; y, cuando hubiera dominado ésta, pasar a otra y así sucesivamente hasta conseguir las trece y, dado que la previa adquisición de algunas tal vez facilitara la adquisición de otras, las ordené en este sentido...

Los nombres de las virtudes enumeradas por Franklin, junto con los preceptos correspondientes a cada una de ellas (factores de automotivación con vistas a la autosugestión), son:

1. TEMPLANZA: Come sin embotarte, bebe sin exaltarte.
2. SILENCIO: No hables más que de aquello que puede beneficiar a

los demás o a ti mismo; evita las conversaciones triviales.

3. ORDEN: Que todas tus cosas tengan su lugar; que cada parte de tu ocupación tenga su tiempo.

4. RESOLUCIÓN: Resuelve hacer lo que debes; haz sin falta lo que hayas resuelto hacer.

5. FRUGALIDAD: No gastes más que en aquello que pueda beneficiar a los demás o a ti mismo, es decir, no desperdicies nada.

6. DILIGENCIA: No pierdas el tiempo; ocúpate siempre en algo útil; elimina todas las acciones innecesarias.

7. SINCERIDAD: No utilices ningún engaño perjudicial; piensa con inocencia y justicia y, si hablas, habla en consecuencia.

8. JUSTICIA: No causes daño a nadie mediante perjuicios o bien omitiendo los beneficios a los que estás obligado.

9. MODERACIÓN: Evita los extremos; soporta las ofensas todo lo que tú creas que se merecen.

10. LIMPIEZA: No toleres ninguna suciedad en el cuerpo, la ropa o la casa.

11. TRANQUILIDAD: No te inquietes por las menudencias o los accidentes comunes o inevitables.

12. CASTIDAD: No utilices los placeres sexuales más que por motivos

| | de salud o descendencia, nunca por aburrimiento, debilidad o en detrimento de tu propia paz o buena fama o de las de otra persona. |
| 13. HUMILDAD: | Imita a Jesús y a Sócrates. |

Franklin sigue diciendo:

Creyendo después que, de conformidad con el consejo de Pitágoras, sería necesario un examen cotidiano, elaboré el siguiente método para la realización de dicho examen.

Hice un librito en el que dedicaba una página a cada una de las virtudes. Rayé cada página con tinta roja para formar siete columnas, una por cada día de la semana, marcando cada columna con la inicial de cada día. Crucé las columnas con trece líneas rojas, marcando el comienzo de cada línea con la inicial de cada una de las virtudes, para poder hacer en cada línea y en cada columna una pequeña señal negra correspondiente a la falta que, en el transcurso del examen cotidiano, descubriera haber cometido aquel día en relación con alguna virtud.

Ver el gráfico de la página siguiente.

Ahora bien, el hecho de saber utilizar la fórmula reviste tanta importancia como el de conocerla. He aquí cómo utilizar su conocimiento:

UNA FÓRMULA EN ACCIÓN

1. *Concéntrese en un principio durante toda una semana,* todos los días de la semana. Responda con la acción adecuada cada vez que surja una ocasión.

TEMPLANZA

Come sin embotarte; bebe sin exaltarte

	D.	L.	M.	M.	J.	V.	S.
T.							
S.	*	*				*	
O.	**	*	*		*	*	*
R.			*				*
F.			*				
D.			*				
S.							
J.							
M.							
L.							
T.							
C.							
H.							

2. Y entonces dedique la segunda semana al segundo principio o virtud. Deje que su subconsciente asimile el primero. Si surgiera una ocasión en la que apareciera en su conciencia la necesidad de utilizar un principio anterior, utilice el mecanismo de autoarranque del ¡HAZLO AHORA! y después ACTÚE. Siga concentrándose

en un solo principio cada semana y deje que
los demás sean puestos en práctica por los hábitos establecidos en su subconsciente cuando
surja la ocasión.

3. Cuando haya completado la serie, empiece de
nuevo por el principio. De este modo, al finalizar un año, habrá usted completado todo el ciclo cuatro veces.

4. Cuando haya adquirido una característica deseada, sustituya un nuevo principio con alguna
nueva virtud, actitud o actividad que desee desarrollar.

Acaba usted de leer la descripción del método que
utilizó Benjamín Franklin para ayudarse a sí mismo.
Puesto que *La actitud mental positiva: un camino hacia el éxito* es un libro de autoayuda, sería conveniente
que estudiara usted el método de Franklin y viera
de qué manera puede aplicar los principios. En el
capítulo titulado «Cómo estimular a los demás», verá
usted cómo Frank Bettger se elevó del fracaso al éxito
utilizando el plan de Benjamín Franklin.

Si decide usted empezar con su propio plan y no
sabe exactamente con qué principios empezar, podría
hacerlo con las 13 virtudes utilizadas por Benjamín
Franklin; o tal vez prefiera los 17 principios del éxito
descritos en el capítulo dos.

Un poco de pan para su bocadillo. Vamos a hablarle del primer hombre del Cepillo Fuller.

Alfred C. Fuller, el primero de los «hombres del
Cepillo Fuller», procedía de una modesta familia de
campesinos de Nova Scotia. Alfred no aguantaba en
ningún trabajo. De hecho, en el transcurso de los dos
primeros años en que intentó ganarse la vida, perdió
tres empleos.

Pero entonces se produjo un cambio radical en la
vida de Al. Porque trató de vender cepillos. En aquel

momento, se sintió estimulado. Empezó a comprender que sus primeros tres empleos no eran la clase de trabajo adecuado para él.

No le gustaban.

No desempeñaba su tarea con naturalidad. La venta, en cambio, le gustaba. Y comprendió inmediatamente que alcanzaría el éxito como vendedor. Le gustaba su trabajo. Y Al centró sus esfuerzos en la consecución de las mejores ventas. Era extraordinario.

Tras haber alcanzado el éxito como vendedor, se propuso el objetivo de seguir ascendiendo por la escala del éxito, estableciéndose por su cuenta. Su objetivo se adaptaba perfectamente bien a su personalidad, siempre y cuando no abandonara las ventas.

Alfred C. Fuller dejó de vender cepillos por cuenta ajena. Y se lo pasó mejor que nunca. Fabricaba sus propios cepillos por la noche, y al día siguiente los vendía. Y cuando las ventas empezaron a aumentar, alquiló un espacio en un cobertizo por once dólares mensuales y contrató los servicios de un ayudante que fabricaba los cepillos mientras él se concentraba en la venta. ¿El resultado final del muchacho que perdió sus tres primeros empleos?

¡La Compañía de Cepillos Fuller, con miles de vendedores puerta a puerta y millones de dólares de ingresos anuales!

Como ve, es más fácil alcanzar el éxito cuando se hace algo con naturalidad.

Sin embargo, existen otros factores más importantes de estímulo, aparte el hecho de perder el trabajo, ganar dinero o alcanzar el éxito en los negocios. El instinto de conservación es el más fuerte de todos ellos.

SIETE SUPERARON LA PRUEBA. El capitán Edward V. Rickenbacker era uno de los hombres más prósperos y estimados de los Estados Unidos.

El capitán Eddie, tal como cariñosamente le lla-

192

maban, es un símbolo de fe, integridad, entusiasmo por el trabajo y sentido común.

Quienes le conocieron, asistieron a sus conferencias o leyeron su libro *Siete superaron la prueba* se han sentido inspirados por el símbolo que representa.

El aparato que transportaba al capitán Eddie y a su tripulación cayó al Pacífico. En el transcurso de la primera semana, no pudo hallarse rastros del accidente. Durante la segunda semana tampoco. Sin embargo, el mundo se emocionó al enterarse de que el capitán Eddie había sido salvado al cumplirse los veintiún días del accidente.

Imagínese al capitán Eddie y a su tripulación en tres balsas en el Pacífico sin nada a la vista más que el cielo y el mar. Imagínese a aquellos hombres, sufriendo por el hecho de haber caído al agua al producirse el accidente, sufriendo a causa del calor y el ardiente sol, hambrientos y sedientos. Imagínese después las tres balsas sujetas entre sí y a cada miembro de la tripulación inclinando la cabeza para rezar o bien escuchando con atención la lectura del salmo 23 o de los versículos 31-34 del capítulo 6 de San Mateo: «No os inquietéis, pues, diciendo: "¿Qué comeremos?" o "¿Qué beberemos?" o «¿Cómo vestiremos?» Por todas esas cosas se afanan los gentiles. Vuestro padre celestial sabe que las necesitáis. Buscad primero el Reino y su justicia, y todo eso se os dará por añadidura. Así que no os inquietéis por el día de mañana, que el mañana traerá su inquietud. A cada día le basta su afán».

Ahora que ya se imagina usted la escena, veamos directamente lo que escribió el capitán Eddie en su libro:

Tal como ya he dicho, en ningún momento perdí la fe en nuestro rescate definitivo, pero los demás no parecían compartir plenamente mi estado de ánimo. Mis compañeros empezaban a divagar sobre lo que había más allá de la muerte y a pensar en ello en relación con su propia vida.

Afirmo con firmeza que en ningún momento dudé de que nos iban a salvar.

Traté de comunicar mi filosofía a aquellos hombres, en la esperanza de estimular su deseo de seguir adelante. Mi filosofía se basaba en la simple observación de que, cuanto más había tenido que sufrir en penosas circunstancias, tanto más seguro estaba de que iba a alcanzar la liberación. Ello forma parte de la sabiduría de los más viejos.

Si usted nos preguntara de qué manera puede estimularse a sí mismo, nosotros le enumeraríamos los motivos básicos. Se los vamos a repetir.

Primero, el instinto de conservación; después, la emoción del amor, el temor y la sexualidad. El deseo de vida después de la muerte y libertad de cuerpo y alma. A continuación, la emoción de la ira y del odio. Después, el deseo de reconocimiento y de expresión de la propia personalidad. Y, ocupando el último lugar de la lista de los diez motivos básicos, el deseo de riqueza material.

En el siguiente capítulo, verá usted de qué manera cada uno de ellos o bien una combinación de varios puede estimular a los demás.

GUÍA N.º 9

Ideas a seguir

1. El estímulo es aquello que induce a la acción o determina una opción. Es la esperanza u otra fuerza que pone en marcha una acción

en un intento de alcanzar resultados concretos.

2. Estimúlese a sí mismo con AMP. Recuerde: lo que la mente del hombre puede concebir o creer, la mente del hombre puede alcanzarlo con una AMP. Reconozca la posibilidad de lo improbable.

3. La esperanza es el ingrediente básico para el estímulo de sí mismo o de los demás.

4. Las emociones, los sentimientos, los pensamientos y las actitudes negativas son buenas en el momento oportuno y en las circunstancias adecuadas.

5. Los 10 motivos básicos son: instinto de conservación, amor, temor, sexualidad, deseo de vida después de la muerte, libertad de cuerpo y alma, ira, odio, deseo de reconocimiento y expresión de la propia personalidad y deseo de riqueza material.

6. Estimúlese a sí mismo como se estimulaba Benjamín Franklin. Trace su propio gráfico. ¡HÁGALO AHORA! Si le resulta difícil enumerar 13 virtudes que quisiera adquirir u objetivos que quiera alcanzar, puede empezar con uno y después ir añadiendo otros a la lista a medida que vaya comprendiendo qué virtudes u objetivos desea alcanzar. Al igual que Benjamín Franklin, busque un factor de automotivación para cada uno de ellos. *Importante:* analice diariamente sus progresos.

7. El capitán Eddie Rickenbacker adquirió una sólida fe que acudía en su ayuda en momentos de necesidad. ¿Cómo puede usted fortalecer su fe de tal manera que le sirva de ayuda en los momentos de mayor necesidad?

8. ¿Está preparado para poder aplicar su fe en los momentos de mayor necesidad?

LA ESPERANZA ES EL INGREDIENTE BÁSICO
PARA ESTIMULARSE A SÍ MISMO
Y ESTIMULAR A LOS DEMÁS

10

CÓMO ESTIMULAR A LOS DEMÁS

Es importante saber cómo estimular a los demás con eficacia y en una dirección deseable. A lo largo de su vida, usted desempeña un doble papel en el que estimula a los demás y los demás le estimulan a usted: padre e hijo, profesor y alumno, vendedor y comprador, amo y criado: usted desempeña todos estos papeles.

CÓMO UN HIJO ESTIMULA A SU PADRE. Un niño de dos años y medio estaba paseando con su padre tras una copiosa comida de Navidad. Cuando ya habían recorrido aproximadamente una manzana y media, el niño se detuvo, miró sonriendo a su padre y dijo: «Papá...». Vaciló y su padre dijo: «¿Sí?». El niño hizo una pausa de uno o dos segundos y después añadió: «Si dices *por favor*, dejaré que me lleves en brazos». ¿Quién hubiera podido resistirse a esta clase de estímulo? Incluso un niño recién nacido estimula a sus padres a la acción.

Y, como es natural, un progenitor estimula a su hijo. Lo hemos visto en el ejemplo de Thomas Edison y su madre. El hecho de tener confianza en un muchacho le da a éste confianza en sí mismo. Cuando un niño se siente protegido por la segura *creencia* de que las cosas le irán bien, puede hacer las cosas mejor de lo que supone. Sus defensas se relajan y baja la guardia: puede dejar de gastar energía emocional, protegiéndose contra las posibles heridas del fracaso y dedicando su energía a buscar las probables recompensas del éxito. Se siente relajado. La confianza ejerce un efecto evidente en su capacidad y saca lo mejor de sí mismo. «Mi madre fue la que me hizo», decía Edison. Y Napoleón Hill tuvo una experiencia a este respecto. La describe en los siguientes términos:

Cuando era joven, se me consideraba un bribón. Cuando se escapaba una vaca de los pastos, se rompía una presa o un árbol aparecía cortado misteriosamente, todo el mundo sospechaba del joven Napoleón Hill. Y, además, todas aquellas sospechas tenían su justificación. Mi madre había muerto, y mi padre y mis hermanos pensaban que era malo, razón por la cual yo era realmente bastante malo. Puesto que la gente me tenía en este concepto, no iba yo a decepcionarla.

Un día, mi padre anunció que iba a volver a casarse. Todos nosotros nos preocupamos por la clase de nueva «madre» que íbamos a tener, pero yo, en particular, estaba decidido a que ninguna nueva madre que entrara en nuestra casa pudiera hallar un lugar en mi corazón. Al final llegó el día en que aquella mujer desconocida entró en nuestro hogar. Mi padre permaneció al margen y dejó que ella manejara la situación a su manera. Recorrió la estancia y nos fue saludando alegremente a todos... hasta que llegó a mí. Yo estaba rígido como un palo, con las manos cruzadas sobre el pecho, mirándola furioso sin la menor expresión de bienvenida en mis ojos.

«Y este es Napoleón —dijo mi padre—. El peor muchacho de las colinas.» Jamás olvidaré lo que hizo entonces mi madrastra. Apoyó ambas manos sobre mis hombros y me miró directamente a los ojos con un centelleo en los suyos que siempre recordaré con cariño: «¿El peor muchacho? —dijo—. De ninguna manera. Es el muchacho más listo de estas colinas y lo único que tenemos que hacer nosotros es sacarle de dentro estas cualidades.»

Mi madrastra fue siempre quien me ayudó a abrirme camino por mi cuenta con los arriesgados proyectos que más adelante se convirtieron en la columna vertebral de mi carrera. Jamás olvidaré la gran lección que me dio a propósito del estímulo a los demás, dándoles confianza en sí mismos.

Porque mi madrastra fue quien me hizo. Su profundo amor y su confianza inquebrantable me estimularon a tratar de convertirme en la clase de muchacho que ella creía que era.

Por consiguiente, puede usted estimular a los demás, teniendo confianza en ellos. La fe, correctamente entendida, es activa, no pasiva. La fe pasiva es una fuerza tan inoperante como la vista en un ojo que no *observa*.

Cuando estimula usted a los demás teniendo confianza en ellos, su fe tiene que ser activa. Tiene usted que comprometerse en su creencia. Tiene que decir: «Sé que vas a alcanzar el éxito en esta labor, por consiguiente, *me he comprometido y he comprometido a otros* en tu éxito. Estamos aquí, esperándote...».

Cuando se tiene esta clase de confianza en otro hombre, éste alcanza el éxito.

La confianza puede expresarse también por carta. En realidad, una carta es un excelente instrumento para expresar los propios pensamientos y estimular a otra persona.

UNA CARTA PUEDE CAMBIAR UNA VIDA PARA MEJOR. La persona que escribe una carta influye en el subconsciente de quien la recibe por medio de la sugestión. Y el poder de esta sugestión depende, como es lógico, de varios factores.

Si usted es, por ejemplo, un progenitor y su hijo o su hija se encuentran en la escuela, puede alcanzar algo que tal vez no lograra de otro modo. Puede aprovechar la ocasión para: (a) moldear el carácter de su hijo; (b) discutir cuestiones que tal vez vacilaría en discutir o no tendría tiempo de plantear en una conversación; y (c) expresar sus pensamientos íntimos.

Es posible que un muchacho o una muchacha no acepte de buen grado los consejos verbales, ya que el ambiente y las emociones que intervienen en el momento de la conversación pueden impedirlo. Sin embargo, el mismo muchacho o la misma muchacha apreciarían este mismo consejo en una carta sincera y cuidadosamente escrita.

Para un hijo o una hija que se encuentran lejos de casa, una carta con todo su contenido, incluidos los consejos, es algo que se recibe con mucho agrado. Y si la carta está escrita adecuadamente, es posible que se lea, se estudie y sea objeto de frecuente meditación.

Y el ejecutivo o director de ventas que escribe el tipo adecuado de carta a sus vendedores puede estimularles a batir todos sus récords anteriores. De igual manera, el vendedor que le escribe una carta a su director de ventas se beneficiará de este instrumento de estímulo.

Sin embargo, para escribir una carta hay que pensar. Por consiguiente, quien la escribe tiene que plasmar sus ideas sobre el papel. Y puede hacer preguntas destinadas a encauzar la mente del destinatario hacia los canales adecuados. Puede incluso hacer una pregunta para recibir una carta en respuesta. O bien, cuando la persona de quien se desean recibir noticias no escribe, el interesado, como un experto en publicidad, puede utilizar un anzuelo. Es lo que hizo J. Pierpoint Morgan.

UN MEDIO PARA ESTIMULAR A UN ESTUDIANTE UNIVERSITARIO A QUE ESCRIBA. J. Pierpoint Morgan demostró que existe por lo menos un medio para conseguir que un estudiante universitario conteste a una carta. Su hermana se había quejado de que sus dos hijos universitarios no escribían a casa. El señor Morgan dijo que podría conseguir que los muchachos contestaran inmediatamente en caso de que él escribiera la carta. Y entonces su hermana le desafió a que lo demostrara. Él escribió una carta a cada uno de los sobrinos y recibió respuesta inmediata de ambos.

Sorprendida, su hermana le preguntó: «¿Cómo lo has conseguido?» Morgan le entregó las cartas y ella observó que ambas contenían interesante información sobre la vida universitaria así como pensamientos acerca del hogar. Sin embargo, la posdata de ambas era parecida. Una de ellas decía: «¡Los diez dólares que decías incluir en la carta no los he recibido!».

ESTIMULE POR MEDIO DEL EJEMPLO. Un director de ventas de éxito sabe que uno de los medios más eficaces para estimular a un vendedor estriba en darle un ejemplo cuando se trabaja con él. W. Clement Stone ha inspirado a muchas personas con la historia de cómo consiguió adiestrar a un vendedor que vivía en Sioux City, Iowa.

He aquí su relato:

Una noche escuché a uno de nuestros vendedores de Sioux City, Iowa, el cual se pasó más de dos horas refunfuñando. No hacía más que repetir que había trabajado durante dos días en Sioux Center sin conseguir ni una sola venta. «Es imposible vender en Sioux Center —decía— porque las gentes de allí son holandesas, son muy cerradas y no le compran nada a un desconocido. Además, aquella zona lleva cinco años teniendo malas cosechas.»

Le sugerí que fuéramos a vender al día siguiente a Sioux Center, la localidad en la que él había trabajado dos días sin vender nada. A la mañana siguiente nos dirigimos en automóvil a Sioux Center, donde tenía yo intención de demostrar que el vendedor con AMP que creía en los métodos de nuestra empresa y los utilizaba podría vender, cualesquiera que fueran los obstáculos.

Y mientras el vendedor conducía el automóvil, yo cerré los ojos, me relajé, medité y me preparé mentalmente. Concentré mis pensamientos en las razones por las cuales yo debería vender a aquella gente y conseguiría vender, en lugar de concentrarme en las razones por las cuales no debería o no podría hacerlo.

He aquí lo que pensé: Él dice que son holandeses y cerrados; y que, por consiguiente, no comprarán. ¡Estupendo! ¿Qué tiene eso de estupendo? Es bien sabido que, si se vende algo a algún miembro de un clan, sobre todo a un dirigente, puede venderse a todo el clan. Lo único necesario es que haga la primera venta a la persona más adecuada. Y lo haré aunque me lleve mucho tiempo.

Además, él dice que la zona lleva cinco años teniendo malas cosechas. ¿Qué podría ser más maravilloso? Los holandeses son gente magnífica y ahorradora. Además, tienen mucho sentido de la responsabilidad y quieren proteger a sus familias y sus propiedades. Y, en realidad, es probable que no hayan adquirido ninguna póliza de seguros de accidente a ningún otro agente de seguros ya que otros agentes ni siquiera lo habrán intentado. Porque, al igual que el vendedor que me acompaña, deben expresar una Actitud Mental Negativa. Nuestras pólizas ofrecen una excelente protección a un precio muy bajo. ¡La verdad es que no tropezaré con ninguna competencia!

Y después me entregué a lo que yo llamo la «preparación mental». Repetí para mis adentros con reverencia, sinceridad y esperanza: «¡Por favor, Dios mío, ayúdame a vender! ¡Por favor, Dios mío, ayúdame a vender! ¡Por favor, Dios mío, ayúdame a vender!». Una y otra vez repetía: «¡Por favor, Dios mío, ayúdame a vender!». Después eché un sueñecito.

Cuando llegamos a Sioux Center, nos dirigimos al banco. El personal estaba integrado por un subdirector, un cajero y un contable. Veinte minutos más tarde, el subdirector había contratado la máxima protección que nuestra compañía estaba dispuesta a vender. El cajero contrató también lo mismo. Al contable, sin embargo, no lo olvidaré jamás porque no compró nada.

Y, empezando por el primer establecimiento comercial que encontramos al lado del banco, fuimos recorriendo sistemáticamente todas las tiendas y todos los despachos; entrevistamos a todas las personas de todos los establecimientos.

Ocurrió algo asombroso: todas las personas a las que visitamos aquel día adquirieron la póliza máxima. Y no hubo ni una sola excepción. Mientras regresábamos en nuestro automóvil a Sioux City, di gracias al Divino Poder por la ayuda que me había otorgado.

¿Por que alcancé yo el éxito en el mismo lugar en el que otro hombre había fracasado? En realidad, alcancé el éxito por las mismas razones por las cuales el otro había fracasado, exceptuando el... *algo más*.

Él decía que no se les podía vender nada porque eran holandeses y cerrados. Eso es una AMN. Yo pensé que iban a comprar porque eran holandeses y cerrados. Eso es una AMP.

Él dijo también que era imposible venderles nada porque llevaban cinco años con malas cosechas. Eso es una AMN.

Yo sabía que iban a comprar porque llevaban cinco años con malas cosechas. Eso es una AMP.

Y, finalmente el *algo más* fue la diferencia entre la AMP y la AMN. Porque yo había pedido la ayuda y la Guía Divina. Es más, creía que ya la estaba recibiendo.

Aquel vendedor regresó a Sioux Center y permaneció allí mucho tiempo. Y, cada uno de los días que estuvo allí, batió un récord de ventas.

Ello ilustra el valor del estímulo a otra persona mediante el ejemplo, dado que aquel vendedor alcanzó el éxito allí donde había fracasado por haber aprendido a trabajar con una Actitud Mental Positiva.

CUANDO QUIERA USTED ESTIMULAR, DÍGALO CON UN LIBRO DE INSPIRACIÓN Y DE ACCIÓN MEDIANTE LA AUTOAYUDA. Los más importantes factores para alcanzar el éxito en la venta son, en orden de importancia: (a) la inspiración a la acción; (b) el conocimiento de una técnica eficaz de ventas para aquel determinado producto o servicio, lo cual se denomina *conocimientos prácticos;* y (c) el conocimiento del producto o servicio en sí o *conocimiento de la actividad.* Estos mismos tres principios pueden permitir alcanzar el éxito en cualquier negocio o profesión.

En el relato que acaba usted de leer, puede suponer que el vendedor tenía los correspondientes *conocimientos prácticos* de ventas y que conocía el servicio que estaba vendiendo. Pero le faltaba el ingrediente más importante: la inspiración a la acción.

Hace muchos años, Morris Pickus, un conocido ejecutivo de ventas y asesor comercial, le ofreció a W. Clement Stone un ejemplar de la obra *Piense y hágase rico.* Desde entonces, éste ha utilizado libros de inspiración como los que se citan en *La actitud mental positiva: un camino hacia el éxito* para ayudar a los vendedores a desarrollar la necesaria inspiración a la acción.

El señor Stone sabe que la inspiración y el entusiasmo son el alma de una organización de ventas. Y puesto que la llama de la inspiración y el entusiasmo se extingue a menos que se vaya reponiendo el combustible que la alimenta, el señor Stone tiene por norma procurar que sus representantes reciban con frecuencia libros de inspiración y de autoayuda con vistas a la acción. Ello además de las publicaciones semanales y mensuales destinadas a actuar como «vitaminas» mentales.

SI SABE USTED LO QUE ESTIMULA A UNA PERSONA, PUEDE REALMENTE ESTIMULARLA. De joven, Walter Clarke (Walter Clarke Associated de Providence, Rhode Island) tenía intención de ser médico. Pero, al crecer, pensó que prefería ser ingeniero. Y estudió ingeniería.

En la Universidad de Columbia, sin embargo, el estudio del funcionamiento de la mente humana le pareció tan interesante y fascinante que cambió la ingeniería por la psicología. Y, al final, recibió un diploma de estudios universitarios.

Walter Clarke trabajaba como jefe de personal en los almacenes Macy's y en otras conocidas empresas. Por aquel entonces, los tests psicológicos conocidos se dedicaban a proporcionar la información que a través de ellos se buscaba: el C.I. (cociente intelectual) del aspirante, sus aptitudes y su personalidad. ¡Pero faltaba algo importante!

Walter se propuso descubrir el factor que faltaba. Y pensó: Un ingeniero puede seleccionar la pieza adecuada y colocarla en su sitio para que un aparato funcione con eficacia. Y eso es exactamente lo que yo quiero hacer con las personas. Quiero seleccionar a la persona adecuada para la tarea adecuada.

Porque Walter, al igual que muchos jefes de personal, había observado que las personas fallaban aunque los tests psicológicos hubieran revelado que poseían suficiente inteligencia, cualidades y personalidad para alcanzar el éxito en su trabajo. «¿Por qué nos encontramos con tanto absentismo, cambios y fallos? —se preguntó—. ¿Cuál es el factor que falta?»

La respuesta a su pregunta era tan fácil y sencilla que es auténticamente asombroso que otros psicólogos no la hubieran descubierto. Porque una persona es algo más que un cuerpo mecánico. Es una mente con un cuerpo. Alcanza el éxito o fracasa porque se la ha estimulado o no se la ha estimulado.

Por tanto, Walter se propuso desarrollar una técnica de análisis que:

(a) Indicara las tendencias de conducta del individuo en un ambiente agradable u hostil;
(b) Mostrara la clase de ambiente que le atraía o le repugnaba en situaciones favorables o desfavorables;
(c) Indicara, esencialmente, «qué era más natural» al individuo.

Se propuso, además, desarrollar una técnica que pudiera utilizarse para analizar con éxito las exigencias de una determinada actividad.

Y como trabajaba con tesón y seguía investigando, Walter Clarke encontró y reconoció con toda exactitud lo que andaba buscando. Porque desarrolló lo que él denominó *Análisis del Vector de Actividad*, más conocido como AVA. Concretamente, el análisis se basa en la semántica: en la reacción del individuo a los símbolos verbales. A partir de las respuestas del aspirante, Clarke confeccionaba un gráfico. Ideó también una fórmula para diseñar un gráfico similar correspondiente a las distintas actividades.

Cuando el diagrama del aspirante coincidía con el de la actividad, se alcanzaba una combinación perfecta.

¿Por qué?

Porque entonces el aspirante desarrollaría una actividad que le sería natural. Y una persona que hace lo que le gusta hacer... se divierte.

El propósito exclusivo del AVA concebido por Walter Clarke es el de ayudar a las direcciones de las empresas en: (a) la selección del personal; (b) el desarrollo de la dirección; (c) la eliminación del alto coste del absentismo; (ch) el cambio de personal.

Walter Clarke alcanzó un importante objetivo concreto. W. Clement Stone llevaba muchos años buscando una herramienta científica de trabajo capaz de ayudarle a estimular a los representantes que tenía bajo su supervisión de tal manera que alcanzaran el éxito resolviendo sus problemas personales, familiares, sociales y profesionales. Buscaba una fórmula sencilla, precisa y de fácil utilización que eliminara las conjeturas y permitiera ahorrar tiempo cuando se aplicara a un individuo determinado en un ambiente determinado.

De ahí que, habiendo oído hablar del AVA, el señor Stone lo investigara, comprendiendo inmediatamente que era la herramienta de trabajo que tanto tiempo llevaba buscando. Pudo ver que el AVA tenía posibilidades de ser utilizado para otros fines que iban mucho más allá de aquellos para los que había sido concebido. Y, al estudiarlo con Walter Clarke, sus conclusiones se vieron confirmadas.

Porque, cuando se conoce: (a) cuáles son los rasgos de la personalidad del individuo; (b) cuál es su ambiente; (c) qué le estimula, entonces se puede estimular a este individuo.

Cómo estimular a otra persona. Durante la lectura de *La actitud mental positiva: un camino hacia el éxito*, ha podido usted comprender la importancia de la semántica, los símbolos verbales, la sugestión y la autosugestión, en especial en el capítulo cuatro. El señor Clement Stone combinó ahora estos conocimientos con lo que ya había aprendido por medio del AVA.

Y así hizo lo que para él fue un gran descubrimiento en la técnica de estimular a otras personas.

El descubrimiento consistió en el hecho de que, con una AMP, uno puede llegar a ser lo que desee siempre que esté dispuesto a pagar el precio. Y ello es cierto con independencia de las pasadas experiencias, el cociente intelectual o el ambiente. Recuerde: usted tiene la facultad de elegir.

No es necesario que estudie el AVA para aprender cómo estimularse a sí mismo y estimular a los demás. Sin embargo, no cabe duda de que ello le ayudaría. Porque, cuando se conoce lo que estimula a un individuo, se puede utilizar la técnica más adecuada.

Y la sencilla técnica que puede usted utilizar para estimularse a sí mismo y estimular a los demás se basa en el uso de la sugestión y de la autosugestión. Vamos a concretarlo:

1. Si, por ejemplo, un vendedor es tímido y su trabajo le exige agresividad:

(a) El jefe de ventas utiliza la razón para explicar que la timidez y el temor son naturales. Demuestra que otros han superado la timidez. Recomienda después que el vendedor se repita con frecuencia una palabra o factor de automotivación que simbolice lo que él quiere ser.

(b) Y, en este caso, el vendedor repetirá cada mañana y varias veces a lo largo de todo el día las siguientes palabras con gran rapidez y frecuencia: «¡Sé agresivo! ¡Sé agresivo!». Y lo hará, sobre todo, si experimenta una sensación de timidez en un determinado ambiente en el que sea necesario actuar. En tales circunstancias, actuará sirviéndose del mecanismo de autoarranque del «¡Hazlo ahora!»

2. Cuando un jefe de ventas descubra que uno de sus hombres es mentiroso o no es honrado, mantendrá una conversación con el representante. Y si el representante muestra voluntad de superar aquel defecto :

(a) El jefe de ventas le expone de qué manera otros han resuelto dicha dificultad. Le ofrece al vendedor un libro, un artículo o un poema de inspiración o bien le recomienda la lectura de unos determinados pasajes de la Biblia. Hemos comprobado que libros como *Yo puedo* de Ben Sweetland y *Te desafío* de William Danforth resultan especialmente eficaces.

(b) Y, en un caso parecido a (b), el vendedor repetirá con gran rapidez por la mañana y a intervalos frecuentes durante todo el día: «¡Sé sincero! ¡Sé sincero!». Y lo hará especialmente en los momentos en que experimente la tentación de no ser honrado o de mentir en determinado ambiente en el que le sea preciso tomar una decisión. Actuará entonces sirviéndose del factor de automotivación «Ten el valor de enfrentarte con la verdad», así como del mecanismo de autoarranque del «¡*Hazlo ahora!*»

Este plan ya tendría que ser ahora de fácil comprensión para usted, siendo así que se ha ilustrado con frecuencia a lo largo del presente libro.

Y, dado que comprende su eficacia, usted mismo lo utilizará.

Además, a diferencia de los cientos de miles de personas que han leído la *Autobiografía* de Benjamín Franklin, utilizará ahora inmediatamente el método de Franklin para alcanzar el éxito. Usted, a diferencia de ellos, conoce *El secreto para conseguir hacer las cosas:* ¡HAZLO AHORA!

¡Utilice el método de Franklin para alcanzar resultados! Sí, muchos cientos de miles de personas han leído la *Autobiografía* de Benjamín Franklin. Y, sin embargo, no han aprendido de qué manera se pueden utilizar los principios del éxito que en ella se encierran. No obstante, hubo un hombre que sí lo aprendió: Frank Bettger.

Él prestó atención a los mensajes que eran aplicables a su caso. Porque tenía un problema: era un fracasado en los negocios. Y buscaba una fórmula factible y práctica que le permitiera ayudarse a sí mismo. Y como sabía lo que andaba buscando, descubrió el secreto de Franklin.

Franklin decía que debía todo su éxito y felicidad a una sola idea: una fórmula para la realización personal. Bettger reconoció esta fórmula y la utilizó. ¿Qué ocurrió? Que se elevó desde el *fracaso hasta el éxito*. Nos lo cuenta en su gran libro de estímulo *Cómo pasé del fracaso al éxito en las ventas*.

¿Y por qué no iba a usted a poder utilizar la fórmula de Franklin para su realización personal? Puede hacerlo, si quiere. Si los autores de este libro consiguen estimularle de tal manera que utilice esta idea, usted podrá también pasar del fracaso al éxito tal como hizo Bettger. O, en caso de que no sea usted un fracasado, podrá, mediante el método de Franklin, obtener lo que busca: ya sea la sabiduría, la virtud, la felicidad, la salud o la riqueza.

Bettger anotó sus objetivos en trece tarjetas separadas. El primero de ellos se titula «Entusiasmo». El factor de automotivación es: *Si quieres tener entusiasmo*, actúa *con entusiasmo*. Tal como tan fehacientemente ha demostrado el gran maestro y psicólogo William James, las emociones no están inmediatamente sometidas a la razón, pero siempre están inmediatamente sometidas a la acción.

Y la acción puede ser física o mental. Un pensamiento puede ser tan estimulante y eficaz como un hecho para que una emoción cambie de negativa a positiva. En este caso, el acto, ya sea físico o mental, precede a la emoción.

VEA DE QUÉ MANERA ACTÚA EL PLAN. Como el propósito de *La actitud mental positiva: un camino hacia el éxito* es el de ayudarle a que se ayude a sí mismo, y como los autores desean que *entre usted en acción*, vamos a explicarle ahora de qué manera estimulamos a la acción a las personas que forman parte de un auditorio mediante el Sistema Franklin-Bettger.

He aquí cómo hemos estimulado a muchos miles de estudiantes a aplicar el plan Franklin-Bettger mediante la utilización de la tarjeta del «Entusiasmo» y el factor de automotivación: *Para tener entusiasmo, actúa con entusiasmo*. Llamamos a un alumno y le damos una sencilla y eficaz lección que él aprende inmediatamente. He aquí cómo lo hacemos... Pruébelo. Reproducimos a continuación el diálogo que tendría lugar entre el instructor y el alumno:

(Nota: Las palabras del instructor figuran en redonda. Las respuestas del alumno van en cursiva).

¿Quiere usted sentir entusiasmo?
Sí.
Pues entonces, apréndase el factor de automotivación: «Para tener entusiasmo, actúa con entusiasmo». Repita ahora esta frase.
Para tener entusiasmo, actúa con entusiasmo.
¡Muy bien! ¿Cuál es la palabra clave en esta afirmación?
Actúa.
Exactamente. Vamos a parafrasear el mensaje para que usted aprenda el principio y pueda establecer un nexo con él y adaptarlo a su propia vida. Si quiere usted estar enfermo, ¿qué hace?
Actúo como si estuviera enfermo.

Tiene razón. Y, si quiere estar melancólico, ¿qué hace?

Actúo con melancolía.

¡Ha acertado una vez más! Y, si quiere tener entusiasmo, ¿qué hace?

Para tener entusiasmo... actúo con entusiasmo.

Entonces señalamos que se puede aplicar este factor de automotivación a cualquier virtud u objetivo personal deseable. Así, por ejemplo, podríamos elegir la *justicia* y una tarjeta en la que se dijera: *Para ser justo,* ACTÚA *con justicia.*

Y entonces el instructor añadiría:

Recuerde que, cuando usted acepta la idea de otra persona, esta idea se convierte en *suya* para *su* propio uso. ¡Usted la posee! Ahora quiero que *hable* con un tono de voz entusiasta. Quiero que *actúe* con entusiasmo. Para hablar con entusiasmo, haga lo siguiente:

1. *¡Hable en voz alta!* Ello resulta especialmente necesario si está usted emocionalmente turbado, si está temblando por dentro cuando se enfrenta con el público.

2. *¡Hable con rapidez!* Su mente funciona a mayor velocidad cuando lo hace. Puede usted leer dos libros con mayor comprensión en el mismo tiempo en que ahora lee uno, si se concentra y lee con rapidez.

3. *¡Subraye!* Subraye las palabras decisivas, las palabras que sean importantes para usted o para las personas que le escuchan... una palabra como *tú*, por ejemplo.

4. *¡Haga una pausa!* Cuando hable con rapidez, haga una pausa en los lugares en que debería haber un punto, una coma u otro signo de puntuación en la escritura. Así utiliza usted el efec-

to dramático del silencio. La mente de la persona que escucha capta los pensamientos que usted ha expresado. La pausa tras una palabra que usted desea poner de relieve acentúa su importancia.

5. *¡Mantenga un tono de voz agradable!* De esta manera, al hablar en voz alta y con rapidez, elimina la aspereza. Exprésese mediante una sonrisa en su rostro y en sus ojos.

6. *¡Module!* Ello es importante cuando se habla durante largo rato. Recuerde que puede modular tanto el timbre como el volumen. Puede hablar en voz alta y cambiar intermitentemente a un tono de voz coloquial y a un timbre más bajo.

7. Cuando ya no tiemble en público podrá usted hablar en un tono de voz entusiasta y coloquial.

¡Hágalo ahora! En el capítulo anterior ha leído usted los trece principios utilizados por Benjamín Franklin. Y aquí le hemos dicho que el *entusiasmo* es el primero de los trece principios empleados por Frank Bettger. Y usted sabe que la Actitud Mental Positiva es el primero de los 17 principios del éxito.

Por consiguiente, si todavía no lo ha hecho, ponga a la primera de sus 17 tarjetas el título «Desarrolla una Actitud Mental Positiva.» Siga con una tarjeta por cada uno de los 17 Principios del Éxito y... utilice el método de Franklin para alcanzar resultados.

Su acción obedeciendo al mecanismo de autoarranque del ¡HAZLO AHORA! demostraría definitivamente que está usted en condiciones de estimularse a sí mismo. *¡Usted puede!* Y, si sabe estimularse voluntariamente a sí mismo, le resultará fácil estimular a los demás.

Y ahora que sabe cómo estimularse a sí mismo y estimular a los demás, ya está en condiciones de recibir la Llave de la Ciudadela de la Riqueza. El siguiente capítulo responde a la pregunta: «¿Existe algún atajo hacia la riqueza?».

GUÍA N.º 10

Ideas a seguir

1. A lo largo de su vida desempeña usted papeles dobles en los que usted estimula a los demás y ellos le estimulan a usted. Aprenda y aplique el arte del estímulo con una AMP.

2. Estimule a los demás a tener confianza en sí mismos, mostrándoles que confía en ellos y que confía en sí mismo.

3. Una carta puede cambiar la vida para bien. Adquiera la costumbre de estimular a sus seres queridos, escribiéndoles cartas que contengan buenas y saludables sugerencias.

4. Estimule a los demás por medio del ejemplo.

5. Cuando quiera estimular a alguien, dígalo con un libro de inspiración con vistas a una acción de autoayuda.

6. Si sabe lo que estimula a una persona, podrá usted estimularla, aprendiendo el arte del estímulo con una AMP.

7. Estimule a los demás mediante la sugestión. Estimúlese a sí mismo mediante la autosugestión.

8. Aunque sus emociones no siempre estén sometidas a la razón, sí están sometidas a la

acción. Si recuerda algún ejemplo en el que es posible que usted experimente la emoción del temor, ¿qué acción cree usted que debe emprender para neutralizarla?

9. ¡Para tener entusiasmo, *actúe* con entusiasmo!

10. Para hablar con entusiasmo y superar la timidez y el temor: (a) hable en voz alta; (b) hable con rapidez; (c) subraye las palabras importantes; (ch) haga una pausa donde haya un punto, una coma o cualquier otro signo de puntuación en el lenguaje escrito; (d) mantenga un tono de voz agradable, sin asperezas; y (e) utilice la modulación.

11. Empiece la primera de sus 17 tarjetas del éxito con una AMP. ¡HÁGALO AHORA!

¡ MERECE LA PENA REZAR
POR CUALQUIER COSA EN LA VIDA
POR LA QUE VALGA LA PENA TRABAJAR!

TERCERA PARTE

La Llave de la Ciudadela de la Riqueza

11

¿EXISTE ALGÚN ATAJO HACIA LA RIQUEZA?

¿Existe algún atajo hacia la riqueza?
Un atajo se define como «un medio de alcanzar algo más directa y rápidamente que utilizando un procedimiento ordinario». Es un camino más directo que el que se sigue normalmente.

El hombre que toma el atajo *conoce* su destino. Conoce el camino que es más directo. Y, sin embargo, jamás llegará a su destino a menos que se ponga en marcha y siga avanzando hacia él a pesar de las interrupciones que ocurran o de los obstáculos con que tropiece.

En el capítulo dos hemos enumerado los 17 principios del éxito de la siguiente manera:

1. Una Actitud Mental Positiva.
2. Precisión de objetivos.
3. Recorrer un kilómetro más.
4. Exactitud de pensamiento.
5. Autodisciplina.

6. Genio creador.
7. Fe aplicada.
8. Una personalidad agradable.
9. Iniciativa personal.
10. Entusiasmo.
11. Atención controlada.
12. Labor de equipo.
13. Aprender de la derrota.
14. Visión creadora.
15. Dedicación de tiempo y dinero.
16. Conservación de una buena salud física y mental.
17. Utilización de la fuerza del hábito cósmico.

¿Por qué repetimos los 17 principios del éxito?

Queremos *mostrarle* el atajo que conduce a la riqueza. Queremos que *usted* siga el camino más directo.

Ahora bien, para seguir el camino más directo, *usted* tiene necesariamente que *pensar con una AMP*... y una Actitud Mental Positiva es el resultado de la aplicación de estos principios del éxito.

La palabra *pensar* es un símbolo. Su significado para *usted* depende de quién sea *usted*.

¿Quién es *usted*?

Usted es el producto de su herencia, ambiente, cuerpo físico, conciencia, subconsciente, experiencia, su especial situación en el tiempo y el espacio y *algo más*, incluyendo los poderes conocidos y desconocidos.

Cuando usted *piensa con una AMP*, puede influir, utilizar, controlar o armonizar con todos ellos.

Pero sólo *usted* puede pensar por *usted*.

Por consiguiente, el atajo hacia la riqueza por lo que a *usted* respecta puede simbolizarse mediante siete palabras:

¡Piense con una AMP y hágase rico!

Porque, si piensa usted realmente con una AMP,

entrará automáticamente en acción. Utilizará los principios de la AMP descritos en este libro y éstos le ayudarán a alcanzar cualquier objetivo que no viole las leyes de Dios o los derechos de sus semejantes.

GUÍA N.º 11

Una idea a seguir

Un atajo hacia la riqueza: ¡Piense con una AMP y hágase rico!

¡SI TIENE USTED UNA AMP,
PUEDE HACERLO SI CREE QUE PUEDE!

12

ATRAIGA —NO AHUYENTE— LA RIQUEZA

Quienquiera que sea —con independencia de su edad, su educación o su ocupación—, puede usted atraer la riqueza. Y también puede ahuyentarla. Nosotros le decimos: «Atraiga —no ahuyente— la riqueza».

Este capítulo le indica cómo puede usted ganar dinero. ¿Le gustaría ser rico? Sea sincero consigo mismo. Pues claro que le gustaría. ¿O acaso... teme usted ser rico?

Es posible que esté enfermo y que, por esta causa, no trate de ganar la riqueza. Si se encontrara en este caso, recuerde la experiencia de Milo C. Jones, sobre el cual le hemos hablado en el capítulo dos.

O bien, si se encuentra ingresado como paciente en un hospital, puede usted atraer la riqueza, entregándose al estudio, a la reflexión y a la planificación, tal como hizo George Stefek.

EN EL LECHO DE UN HOSPITAL... ¡PIENSE! Mientras estudiábamos las carreras de los hombres de éxito, tuvimos ocasión de descubrir una y otra vez que éstos fechan el inicio de su éxito el día en que empezaron un libro de autosuperación. Nunca subestime el valor de un libro. Los libros son instrumentos que le proporcionarán la inspiración capaz de lanzarle a un nuevo programa audaz y de iluminarle también en los días oscuros que cualquier programa de esta clase lleva aparejados.

George Stefek se encontraba convaleciente en el Hospital de la Administración de Veteranos de Hines, Illinois. Allí descubrió por casualidad el valor del tiempo que se dedica a la reflexión. Desde el punto de vista económico... se encontraba sin un centavo. Durante su convalecencia, George disponía de mucho tiempo. No podía hacer gran cosa como no fuera leer y pensar. Leyó *Piense y hágase rico*. Y estuvo dispuesto a *actuar*.

Se le ocurrió una idea. George sabía que muchas lavanderías doblaban las camisas recién planchadas sobre unas tablas de cartón para que quedaran lisas y sin arrugas. Escribiendo algunas cartas, se enteró de que aquellos cartones de camisas les costaban a las lavanderías cuatro dólares el millar. Su idea consistió en vender los cartones a un dólar el millar; no obstante, cada uno de ellos llevaría un anuncio. Como es natural, los anunciantes pagarían el espacio y George obtendría un beneficio.

George tuvo una idea y trató de ponerla en práctica.

¡Al salir del hospital, entró en acción!

Puesto que era un novato en el sector publicitario, tropezó con problemas. Pero, al final, consiguió desarrollar unas afortunadas técnicas de venta mediante lo que otros llaman «método de tanteo» y nosotros denominamos «método del éxito».

Georges siguió con la costumbre que había adquirido en el hospital y que consistía en pensar, reflexionar y planificar cada día.

A pesar de que su negocio estaba prosperando rápidamente, George decidió incrementar sus ventas, mejorando la eficacia de su servicio. Los cartones de las camisas, cuando se retiraban, no eran conservados por los clientes de las lavanderías.

Ahora se hizo una pregunta: «¿Cómo podría lograr que las familias se quedaran con los cartones de las camisas en los que figuraban los anuncios?» Se le ocurrió la solución.

¿Qué hizo? En uno de los lados del cartón siguió imprimiendo un anuncio en blanco y negro o bien en color. En la otra cara añadió una novedad: un interesante juego para los niños, una deliciosa receta para el ama de casa o un provocador crucigrama para toda la familia. George nos refiere el caso de un marido que se lamentaba de que su cuenta de la lavandería había subido de forma repentina e inexplicable. ¡Entonces descubrió que su mujer mandaba a la lavandería las camisas que él hubiera podido llevar aún otro día simplemente para poder reunir mayor número de recetas de George!

Pero George no se detuvo aquí. Era ambicioso. Quería ampliar todavía más su negocio. Una vez más, se hizo la pregunta: «¿Cómo?», Y halló la respuesta.

George Stefek entregó todos los dólares que por cada mil cartones recibía de las lavanderías, al Instituto Americano del Lavado. El Instituto a su vez recomendó que cada miembro utilizara para sí mismo y para su gremio exclusivamente los cartones de camisa de George Stefek.

Y, de este modo, George hizo otro importante descubrimiento: *cuanto más se da de lo que es bueno y deseable... ¡tanto más se recibe!*

Una sesión de reflexión cuidadosamente planificada le reportó a George Stefek mucho dinero, tras haber descubierto que, para poder atraer con éxito la riqueza, es esencial dedicar algún tiempo a la reflexión.

Las mejores ideas se nos ocurren cuando nos hallamos en silencio. No cometa el error de creer que, por el hecho de moverse frenéticamente de un lado para otro, es usted más eficaz y eficiente. No suponga que pierde el tiempo cuando lo dedica a pensar. La reflexión es la base sobre la que el hombre construye todo lo demás.

No es necesario que vaya usted a un hospital para adquirir la costumbre de leer buenos libros de estímulo, para pensar o para forjar planes. Tampoco es necesario que sus sesiones de reflexión, de estudio y de planificación sean demasiado largas. Dedicando sólo un uno por ciento de su tiempo al estudio, a la reflexión y a la planificación, ello influirá en forma sorprendente en la rapidez con la cual usted podrá alcanzar sus objetivos.

Su día consta de 1.440 minutos. Dedique un uno por ciento de ese tiempo al estudio, la reflexión y la planificación. Y se asombrará de lo que estos catorce minutos le reportarán. Porque le sorprenderá descubrir que, tras adquirir esta costumbre, se le ocurrirán ideas constructivas casi en cualquier momento o lugar en que pueda encontrarse: mientras lava los platos, mientras lee en el autobús o mientras se baña.

Procure utilizar las dos herramientas de trabajo más grandes y, sin embargo, más sencillas que jamás se hayan inventado —las herramientas que utilizaba un genio como Thomas Edison—, es decir, un lápiz y un papel. Él siempre tenía a mano un lápiz y un papel; y así, tal como hacía él, usted podrá anotar las ideas que se le ocurran de día o de noche.

Otro requisito para atraer la riqueza consiste en aprender a fijarse un objetivo. Es importante que usted lo comprenda. Aunque se percaten de su importancia, pocas son las personas que comprenden realmente cómo fijar un objetivo.

APRENDA A FIJAR SUS OBJETIVOS. Hay cuatro factores importantes a tener en cuenta.

(a) *Anote su objetivo.* Entonces sus pensamientos empezarán a «cristalizar». El mismo acto de pensar mientras escribe tenderá a crear una impresión indeleble en su memoria.

(b) *Fíjese un límite.* Especifique un tiempo para alcanzar su objetivo. Eso es importante para su estímulo: póngase en marcha en la dirección de su objetivo y siga avanzando hacia él.

(c) *Impóngase unas normas elevadas.* Parece existir una relación directa entre la facilidad con la cual se alcanza un objetivo y la fuerza de su motivación. Ya ha descubierto usted cómo estimularse a sí mismo en el capítulo nueve y cómo estimular a los demás en el capítulo diez. Cuanto más alto apunte en su objetivo principal, hablando en términos generales, tanto más concentrado será el esfuerzo que usted realice para alcanzarlo. La razón: la lógica le obligará a apuntar por lo menos a un objetivo intermedio, así como a otro inmediato. Por consiguiente, apunte alto. Y después dé los pasos inmediatos e intermedios capaces de permitirle su consecución.

La siguiente pregunta debería inducirle a reflexionar: ¿Dónde estará usted y qué estará haciendo dentro de diez años si sigue haciendo lo que hace ahora?

(d) *Apunte alto.* Resulta curioso que el hecho de apuntar alto en la vida, y de buscar la prosperidad y la abundancia, no requiera un esfuerzo mayor que el de aceptar la miseria y la pobreza.

Vendí mi vida por un penique
y la vida no me quiso pagar más.
Sin embargo, imploré por la noche al contar
    mis míseros caudales.
Porque la vida es un patrón que te da lo que
    pides,
pero, una vez fijado el salario,
tienes que cumplir la tarea.
Trabajé a cambio de una pobre paga y apren-
    dí con desaliento
que cualquier salario que le hubiera pedido
    a la vida,
ésta me lo hubiera dado de buen grado.

Tiene usted que ser lo suficientemente audaz como para pedirle a la vida más de lo que quizá considere que se merece en estos momentos, pues está comprobado que las personas tienden a crecerse para poder estar a la altura de las exigencias que se les plantean. Aunque sería extremadamente deseable que usted proyectara su programa desde el principio hasta el final, ello no siempre es factible. Uno no siempre conoce todas las respuestas a las preguntas que se plantean entre el principio de una gran empresa o un viaje y su final. Sin embargo, si sabe usted dónde está y dónde quiere estar y se pone en marcha desde donde está para dirigirse al lugar donde quiere estar, seguirá avanzando paso a paso, siempre que esté adecuadamente estimulado, hasta alcanzar su meta.

DÉ EL PRIMER PASO. Lo importante tras haberse fijado un objetivo es entrar en acción. La señora de

Charles Philipia, una abuela de sesenta y tres años, adoptó la decisión de trasladarse a pie desde la ciudad de Nueva York hasta Miami en Florida. Llegó a Miami y allí fue entrevistada por los periodistas. Éstos querían saber si la idea de aquel largo viaje a pie no la había asustado. ¿Cómo había tenido el valor de efectuar semejante viaje valiéndose de sus piernas como único medio de transporte?

«No hace falta mucho valor para dar un paso —contestó la señora Philipia—. Y, en realidad, eso fue lo único que hice. Di un paso. Y después di otro. Y otro, y otro, y aquí estoy.»

Sí, tiene usted que dar este primer paso. Por mucho tiempo que dedique al estudio y a la reflexión, ello no le servirá de nada si no actúa.

Un amigo presentó a uno de los autores de este libro a un hombre de Phoenix, Arizona. La presentación fue un poco rara.

«Te presento al hombre que recibió un millón de dólares en efectivo por una mina de oro y que ahora posee el millón de dólares y es, al mismo tiempo, propietario de la mina.»

«¿Cómo consiguió usted semejante cosa?», preguntó el autor con considerable admiración.

«Bueno, yo tenía una idea, pero carecía de dinero. Tenía un pico y una pala. Tomé el pico y la pala y me fui a convertir mi idea en realidad —contestó—. Y entonces se me ocurrió una cosa: si buscara una mina de oro y cavara alrededor del filón, en caso de que yo encontrara una mina, una de las grandes compañías mineras podría explotarla mientras que yo no dispondría del capital necesario. Las maquinarias para las minas cuestan mucho dinero hoy en día, ¿sabe usted? Por consiguiente, busqué y encontré un filón de oro. Todos los indicios permitían suponer que había dado con una mina muy rica. La vendí por dos millones de dólares. Las condiciones eran un millón de dólares en efectivo y una primera hipoteca de otro millón de dólares. Mientras se estaban efectuando los trabajos de extracción, el filón se agotó. Les dije a los propietarios de la compañía minera que, si deseaban abandonar la mina, yo me quedaría de nuevo con ella y anularía la hipoteca. Aceptaron. Como ve usted, conseguí un millón de dólares en efectivo por la mina y sigo teniendo el millón de dólares y la mina.»

LA AMN AHUYENTA LA RIQUEZA. Una Actitud Mental Positiva atrae la riqueza, mientras que una Actitud Mental Negativa produce justamente el efecto contrario.

Con una Actitud Mental Positiva, *seguirá usted intentándolo* hasta conseguir la riqueza que buscaba. Es posible que empiece usted con una Actitud Mental Positiva y dé un primer paso hacia adelante. Pero puede usted caer bajo la influencia de la cara negativa de su talismán y detenerse cuando se encuentre apenas a un paso de su objetivo. Es posible que no emplee uno de los 17 principios del éxito. He aquí un buen ejemplo:

Vamos a llamar Oscar a nuestro hombre. A finales de 1929, éste se encontraba en la estación de ferrocarril de la ciudad de Oklahoma, donde tuvo que esperar varias horas un tren de enlace para el este. Se había pasado varios meses en los desiertos del oeste con temperaturas de hasta 42 grados. Buscaba petróleo para una compañía del este. Y había alcanzado el éxito.

Oscar tenía un título del Instituto de Tecnología de Massachusetts. Se dice que había combinado la antigua vara adivinatoria con el galvanómetro, el magnetómetro, el oscilógrafo, las válvulas de radio y otros instrumentos, formando con ellos una varita mágica para el descubrimiento de yacimientos petrolíferos.

Oscar se había enterado de que la compañía a la que él representaba era insolvente. Había hecho suspensión de pagos porque el director había utilizado los grandes recursos financieros de la empresa en operaciones especulativas en el mercado bursátil. El mercado se vino abajo a finales de 1929. Oscar regresaba a casa. Se había quedado sin trabajo y las perspectivas eran más bien sombrías.

La fuerza de la AMN empezó a ejercer en él una poderosa influencia.

Puesto que tenía que esperar varias horas, decidió distraerse montando el instrumento en la estación de ferrocarril. La lectura del instrumento indicaba una presencia tan elevada de yacimientos petrolíferos que Oscar, dominado por la cólera, propinó impulsivamente un puntapié al instrumento y lo destruyó.

Ocurría que Oscar estaba decepcionado.

«¡No puede haber tanto petróleo! ¡No puede haber tanto petróleo!», repetía enfurecido.

Pero Oscar estaba decepcionado. Se hallaba bajo la influencia de una Actitud Mental Negativa. La oportunidad que había andado buscando se encontraba bajo sus pies. No tenía más que dar un paso para aprovecharla. Pero, debido a la influencia de la AMN, se negó a reconocerla.

Perdió la fe en su propio invento. De haber estado bajo la influencia de la AMP, hubiera atraído la riqueza en lugar de ahuyentarla.

La fe aplicada es uno de los importantes 17 principios del éxito. La prueba de su fe consiste en aplicarla en los momentos de mayor necesidad.

La AMN indujo a Oscar a creer que muchas de las cosas en las que tenía fe eran falsas. Tal como usted recuerda, la Depresión sembró el pánico en la mente de muchas personas, y Oscar fue una de ellas. Había trabajado duro y se había sacrificado, pero se quedó sin trabajo sin culpa por su parte. Oscar tenía en gran estima al director de su compañía y, sin embargo, aquel hombre en quien él confiaba había malversado los fondos de la empresa. Ahora, el aparato que había demostrado su valor en el pasado ya no parecía servir. Sí... Oscar estaba decepcionado.

Cuando aquel día subió al tren en la estación de Oklahoma, Oscar se dejó allí su Varita Mágica. Y dejó también uno de los más ricos yacimientos petrolíferos de la nación.

Poco tiempo después se descubrió que Oklahoma *nadaba prácticamente sobre petróleo*. Oscar se ha convertido en una demostración viviente de la aplicación de dos principios:

Una Actitud Mental Positiva atrae la riqueza y una Actitud Mental Negativa la ahuyenta.

LA RIQUEZA PUEDE ADQUIRIRSE CON UN SALARIO MODESTO. Sin embargo, usted podría decir: «Todo eso de las actitudes mentales positivas y negativas está muy bien para alguien que quiera ganar un millón de dólares. Pero a mí no me interesa realmente ganar un millón.

»Como es natural, quiero seguridad. Quiero lo suficiente como para vivir bien y poder atender las necesidades que tendré algún día cuando me retire.

»¿Qué decir de mí, que soy un oficinista? ¿Qué decir de mí, que percibo simplemente un salario justo?»

He aquí la respuesta:

Usted también puede adquirir riqueza. Una riqueza suficiente como para gozar de seguridad. O incluso una riqueza suficiente como para hacerse rico, a pesar de lo que usted diga. Deje que la influencia de la AMP de su talismán le afecte favorablemente.

Le demostraremos que se puede hacer.

Y si, por alguna razón, no está plenamente convencido, lea un libro: *El hombre más rico de Babilonia*. Y después dé un primer paso hacia adelante. Siga avanzando y alcanzará la seguridad económica o la riqueza que busca. Eso es exactamente lo que hizo el señor Osborn.

El señor Osborn era un asalariado y, sin embargo, se hizo rico. No hace muchos años que se retiró diciendo: «Ahora emplearé el tiempo en dejar que mi dinero me produzca dinero mientras yo hago lo que quiero».

Una vez más, el principio utilizado por el señor Osborn es tan evidente que a menudo pasa inadvertido.

El principio que aprendió y que usted también puede utilizar se expondrá a continuación en muy pocas palabras. Al leer *El hombre más rico de Babilonia*, el señor Osborn averiguó que podía obtener riqueza:

(a) ahorrando diez centavos de cada dólar que se gana;

(b) invirtiendo cada seis meses los ahorros y los intereses o dividendos de estos ahorros e inversiones; y

(c) cuando se invierta, solicitando el consejo de un experto sobre las inversiones más seguras para no poner en peligro a perder el capital.

Repitámoslo una vez más: eso es exactamente lo que hizo el señor Osborn. Piense en ello. Puede usted alcanzar la seguridad o la riqueza ahorrando simplemente diez centavos de cada dólar que gane e invirtiéndolos sabiamente.

¿Cuándo tiene que empezar? *¡Hágalo ahora!*

Comparemos la experiencia del señor Osborn con la de un hombre que gozaba de buena salud física y leyó un libro de inspiración. Contaba cincuenta años cuando le presentaron a Napoleón Hill.

El hombre dijo sonriendo: «Leí su libro *Piense y hágase rico* hace muchos años... pero no soy rico».

Napoleón Hill se rió y después contestó muy en serio:

«Pero puede usted serlo. Tiene el futuro por delante. Tiene que disponerse a estar listo. Y, coincidiendo con su preparación para las oportunidades que van a presentársele, tiene usted que desarrollar primero una Actitud Mental Positiva.» Y lo más curioso es que siguió el consejo del autor. Cinco años más tarde, aquel hombre no era rico, pero había desarrollado una Actitud Mental Positiva y llevaba camino de hacerse rico. Tenía deudas por valor de muchos miles de dólares. Durante aquel período de cinco años, consiguió saldar por completo las deudas y empezó a hacer inversiones con el dinero que había ahorrado.

Desarrolló una AMP mientras *estudiaba* el libro *Piense y hágase rico.* No sólo lo leyó sino que aprendió también a reconocer y aplicar los principios.

Cuando se hallaba bajo los efectos de la cara de la AMN de su talismán, era como aquellos obreros que culpan a sus herramientas de la mala calidad de su trabajo.

¿Ha echado usted alguna vez la culpa a sus herramientas?

¿Dónde está el fallo si usted es propietario de una cámara fotográfica perfecta y utiliza la película adecuada, si sabe cómo tomar fotografías perfectas en toda clase de circunstancias, si todos los demás toman fotografías perfectas con su cámara, pero las suyas son defectuosas?

¿Tiene la culpa la cámara?

¿Acaso ha leído usted las normas pero no se ha molestado en comprenderlas? ¿O tal vez, si las ha comprendido, no las aplica?

¿Podría ocurrir que leyera usted *La actitud mental positiva: un camino hacia el éxito* —un libro capaz de cambiar para bien todo el curso de su vida—, sin tomarse la molestia de comprender y aprenderse de memoria los factores de automotivación, de aprender y aplicar los principios que garantizan el éxito? La respuesta se la dará su actuación.

Sin embargo, no es demasiado tarde para aprender. Si todavía no lo ha hecho, puede aprender ahora: no alcanzará un éxito apreciable a menos que conozca y comprenda las normas; no alcanzará un éxito continuado a menos que las aplique. Por consiguiente, dedique tiempo a comprender y aplicar lo que está leyendo en este libro. La AMP le ayudará.

«EL HOGAR DE MIS SUEÑOS». Recuerde: los pensamientos que se le ocurren y las afirmaciones que usted hace en relación consigo mismo determinarán su actitud mental. Si se ha propuesto usted un objetivo digno, averigüe la causa por la cual *usted puede* alcanzarlo, en lugar de buscar los cientos de causas por las cuales no puede.

Una de las normas para obtener lo que se quiere a través de una AMP consiste en *actuar* tan pronto como se haya puesto la mira en un objetivo. Otra consiste en «Recorrer un kilómetro más». W. Clement Stone nos habla de la siguiente experiencia en la que quedan ilustradas ambas normas.

Una noche de abril, mientras visitaba a Frank y Claudia Noonan en Ciudad de México, Claudia comentó: «Me gustaría tener una casa en la extraordinaria zona de los Jardines del Pedregal».

«¿Y por qué no la tienes?,» pregunté yo.

Frank se echó a reír y contestó: «No tenemos dinero».

«¿Y eso qué importa, si sabéis lo que queréis?», pregunté yo y, sin esperar la respuesta, les hice una pregunta que podría hacerle a usted: «Por cierto, ¿habéis leído alguna vez algún libro de inspiración y estímulo como, por ejemplo, *Piense y hágase rico, El poder del pensamiento tenaz, Yo puedo, Te desafío, TNT, Imaginación aplicada, Encienda la luz verde de su vida, Acres de diamantes* o *La magia de la fe*?»

«No», me contestaron.

Entonces yo les describí varias experiencias de personas que: sabían lo que querían, habían leído un libro de inspiración, habían prestado atención a su mensaje y por último, habían entrado en acción.

E incluso les conté cómo había comprado yo hacía años una nueva casa de 30.000 dólares con mis propias condiciones, efectuando un pago de 1.500 dólares y pagando el resto a su debido tiempo. Prometí enviarles uno de los libros que les había recomendado. Y así lo hice.

Frank y Claudia Noonan estaban dispuestos.

En el mes de diciembre siguiente, mientras me encontraba en mi biblioteca estudiando, recibí una llamada telefónica de Claudia, la cual me dijo: «Acabamos de llegar de Ciudad de México y lo primero que Frank y yo deseamos hacer es darte las gracias».

«¿Darme las gracias por qué?»

«Queremos darte las gracias por nuestra nueva casa en los Jardines del Pedregal.»

Unos días más tarde, en el transcurso de una cena, Claudia me explicó: «Un sábado por la tarde a última hora, Frank y yo estábamos descansando en casa. Unos amigos de los Estados Unidos nos llamaron y nos preguntaron si podríamos acompañarles en automóvil a los Jardines del Pedregal.

»Sucedió que ambos estábamos un poco cansados. Y, además, ya les habíamos acompañado allí aquella misma semana. Frank estaba a punto de dar una excusa cuando una expresión utilizada en el libro afloró a su mente: *Recorrer un kilómetro de más.*

»Mientras recorríamos en automóvil aquel paraíso, vi el hogar de mis sueños: incluso con la piscina que yo tanto deseaba.» (Claudia es la campeona de natación Claudia Eckert.)

Frank compró la casa.

«Tal vez te interese saber —dijo Frank— que, aunque el valor de la propiedad era extraordinariamente alto, yo sólo he efectuado un depósito realmente ínfimo. Fíjate: a nuestra familia le cuesta menos vivir en los Jardines del Pedregal que en nuestra antigua casa.»

«¿Y eso por qué?», pregunté asombrado.

«Bueno, compramos las dos casas que había en la propiedad en lugar de una. El alquiler de una de las casas es suficiente para pagar toda la compra.»

En el fondo, eso no era demasiado sorprendente. Ocurre con frecuencia que una familia compre dos apartamentos y alquile uno y viva en el otro. Lo sorprendente es comprobar lo fácil que le resulta a una persona sin experiencia comprender y aplicar los principios del éxito descritos en alguna autobiografía o algún libro de autosuperación.

«Atraiga la riqueza con una AMP», decimos nosotros. Y usted dice: «El dinero engendra dinero y yo no lo tengo». Eso es una Actitud Mental Negativa. Si no tiene usted dinero, utilice el DOP. (Dinero de Otras Personas). El siguiente capítulo gira en torno a este tema.

GUÍA N.º 12

Ideas a seguir

1. Si conoce usted su objetivo preciso y da el primer paso, ¡ya está en camino!

2. La prueba de su fe reside en aplicarla no sólo cuando usted no se encuentra en dificultades sino también en los momentos de mayor necesidad.

3. Si usted no alcanza el éxito tras haber leído y estudiado *La actitud mental positiva: un camino hacia el éxito*, ¿quién tendrá la culpa?

4. ¡Usted puede tener la casa de sus sueños! Al igual que Frank y Claudia Noonan, usted pue-

de comprar dos casas y alquilar una de ellas para pagar las dos.

5. ¿Es necesario que sufra usted un accidente o caiga enfermo y tenga que permanecer internado en un hospital para adquirir el hábito de entregarse con regularidad al estudio, la reflexión y la planificación de su vida personal, familiar o profesional?

6. ¿Ha empezado usted a entrar en acción para lograr los objetivos deseables por medio de: (a) la anotación de cada uno de sus objetivos, (b) el establecimiento de límites para alcanzarlos, (c) la fijación de objetivos *elevados*, y (ch) el análisis cotidiano de sus afirmaciones escritas?

7. ¿Dónde estará usted y qué estará haciendo dentro de diez años si sigue haciendo lo que hace ahora?

8. *El hombre más rico de Babilonia*: este libro le ofrece una fórmula de probada eficacia para alcanzar el éxito:
   (a) Ahorre simplemente diez centavos por cada dólar que gane.
   (b) Invierta cada seis meses sus ahorros, así como los intereses o los dividendos de estos ahorros e inversiones.
   (c) Antes de invertir, busque el consejo de un experto sobre las inversiones más seguras.
   (ch) Si le hace falta el dinero que está ahorrando para gastos o necesidades de manutención, trabaje una hora extraordinaria (o más), de manera que no tenga ninguna excusa para no ahorrar el 10 por ciento de sus ingresos.

ENTRÉGUESE AL ESTUDIO...
A LA REFLEXIÓN... Y A LA PLANIFICACIÓN...
¡CON UNA AMP!

13

SI NO TIENE DINERO... ¡UTILICE EL DOP!

«¿El negocio? Muy sencillo. ¡Es el dinero de los demás!», afirma Alejandro Dumas, hijo, en su obra *Cuestión de dinero.*

Sí, es así de sencillo: utilice el DOP... es decir, el *Dinero de Otras Personas.* Éste es el medio para adquirir una gran riqueza. Así lo hicieron Benjamín Franklin, William Nickerson, Conrad Hilton, Henry J. Kaiser, el coronel Sanders y Ray Kroc. Y, si es usted rico, es muy probable que también usted lo haya hecho.

Bien, si no es usted rico, aprenda a leer lo que no está escrito. Mejor dicho, tanto si es rico como si es pobre, lea lo que no está escrito en cada perogrullada, axioma o factor de automotivación. La premisa fundamental no escrita en la afirmación de «Utilice el DOP» es la de que actuará usted según las más elevadas normas éticas de integridad, honor, honradez, lealtad y aquiescencia, así como con la Regla de Oro, y *las aplicará* en sus relaciones profesionales.

El hombre deshonesto no tiene derecho a la confianza.

Y el factor de automotivación del *Utilice el DOP* presupone el reintegro total según lo estipulado, con un beneficio para aquellos cuyo dinero se utiliza.

La confianza y el uso del DOP son una misma cosa. La falta de un sistema crediticio satisfactorio en un país es la causa del atraso de las naciones. En cambio, el sistema crediticio de los Estados Unidos es la causa de la gran riqueza y progreso de esta nación. Se trata de un hecho típicamente norteamericano.

Por consiguiente, la empresa o la nación que no goza de crédito —o que no lo utiliza para la expansión y el progreso en caso de que goce de él— carece de un factor importante en la combinación del éxito. Siga por tanto el consejo de un prudente y próspero hombre de negocios como Benjamín Franklin.

UN BUEN CONSEJO. La obra *Consejo a un joven comerciante*, escrita en 1748 por Franklin, se refiere a la utilización del DOP en los siguientes términos:

«Recuerda que seis libras al año no son más que y generadora. *El dinero puede engendrar dinero* y su descendencia puede engendrar más.» etc.

Franklin dijo también:

«Recuerda que el dinero es de naturaleza prolífica una moneda de cuatro peniques al día. A cambio de esta pequeña suma (que puede desperdiciarse a diario, ya sea en tiempo, ya sea en gastos inadvertidos), un hombre de crédito puede, por su propia seguridad, gozar de la constante posesión y utilización de cien libras.»

Esta afirmación de Franklin es el símbolo de una idea. Su consejo sigue siendo tan válido hoy en día como cuando lo escribió. Se puede empezar con unos pocos centavos y gozar de la constante posesión de 500 dólares mediante su utilización. O bien se puede ampliar la idea y gozar de la constante posesión de millones de dólares. Eso es lo que hace *Conrad Hilton*. Es un *hombre de crédito*.

La cadena de hoteles Hilton obtuvo créditos por valor de varios millones de dólares, que destinó a la construcción de moteles de lujo para viajeros en los grandes aeropuertos. La garantía de la cadena fue sobre todo la fama de honradez de Hilton.

La honradez es algo para lo que jamás se ha descubierto un sucedáneo satisfactorio. Es algo que está más enraizado en un ser humano que la mayoría de los restantes rasgos de su personalidad. La honradez o la ausencia de la misma se graba indeleblemente en cada palabra que pronuncia y en todos sus pensamientos y acciones, y a menudo se refleja incluso en el rostro, de tal manera que hasta el más indiferente observador puede captar de inmediato la virtud de la sinceridad. La persona deshonesta, en cambio, puede revelar su defecto en el tono mismo de su voz, en la expresión de su rostro, en la naturaleza y sesgo de sus conversaciones o en la clase de servicios que presta.

Por consiguiente, aunque este capítulo parezca centrarse en el tema de la utilización del dinero de otras personas, no por ello deja de subrayar con fuerza el carácter de esta utilización. La honradez y la buena fama, el crédito y el éxito en los negocios están totalmente interrelacionados. El hombre que posee la primera de dichas cualidades lleva camino de adquirir las otras tres.

REALICE INVERSIONES CON EL DOP. William Nickerson era otro hombre de crédito y reputación que averiguó también que «el dinero puede engendrar dinero y su descendencia puede engendrar más», etc. Su libro nos cuenta cómo lo hizo.

El libro de Nickerson se refiere concretamente a la manera de ganar dinero con el DOP en el sector inmobiliario a ratos libres. Sin embargo, casi todo lo que afirma se puede aplicar a los esfuerzos que usted hace para adquirir riqueza, haciendo inversiones con el DOP.

El libro se titula *Cómo convertí 1.000 dólares en tres millones de dólares en mi tiempo libre.*

«Muéstreme a un millonario —dice— y yo le mostraré casi invariablemente a un hombre que suele pedir prestadas grandes cantidades de dinero.» Para confirmar su aseveración, cita el caso de hombres acaudalados tales como Henry Kaiser, Henry Ford y Walt Disney.

Y nosotros mencionaremos a Charlie Sammons que, gracias a un crédito bancario, creó un negocio de cuarenta millones de dólares en diez años. Pero, antes de hacerlo, hablemos de las personas que ayudan a hombres como Conrad Hilton, William Nickerson y Charlie Sammons prestándoles el dinero que necesitan.

SU BANQUERO ES SU AMIGO. Los bancos están para prestar dinero. Cuanto más dinero prestan a hombres honrados, tanto más dinero ganan a su vez. Los bancos comerciales prestan primordialmente dinero para fines mercantiles y no suelen fomentar los préstamos para fines suntuarios.

Su banquero es un experto. Y, lo que es más importante todavía, es su amigo. Quiere ayudarle. Porque es una de las personas que más ansía verle triunfar. Si el banquero conoce su oficio, preste atención a lo que le diga.

Porque una persona con sentido común jamás subestima el valor de un dólar prestado o el consejo de un experto. La utilización del DOP y de un acertado plan —además de una AMP y los principios del éxito de la iniciativa, el valor y el sentido común— permitió que un muchacho norteamericano corriente llamado Charlie Sammons se hiciera rico.

Como muchos texanos, Charlie Sammons, de Dallas, es millonario. Más aún, como algunos otros texanos, es multimillonario. Y, sin embargo, a los diecinueve años, su situación económica no era mucho mejor que la de la mayoría de adolescentes, si exceptuamos el hecho de que había trabajado y había ahorrado algún dinero.

Un alto empleado del banco en el que Charlie depositaba regularmente sus ahorros todos los sábados se interesó por él porque pensó: he aquí un muchacho de carácter y capacidad... que conoce el valor del dinero.

Por consiguiente, cuando Charlie decidió establecerse por su cuenta, comprando y vendiendo algodón, el banquero le ofreció un crédito. Y ésta fue la primera experiencia que tuvo Charlie Sammons con la utilización del DOP. Y, como tendrá usted ocasión de ver, no fue la última. Aprendió entonces, y lo ha visto confirmado más adelante, esto: *Su banquero es su amigo.*

Cuando ya llevaba aproximadamente un año y medio comerciando con el algodón, el joven se convirtió en tratante de caballos y mulos. Fue entonces cuando aprendió muchas cosas acerca de la naturaleza humana.

Su comprensión de las personas, junto con sus conocimientos económicos permitieron a Charlie desarrollar muy pronto la sensata filosofía que suele observarse a menudo en las personas que han alcanzado el éxito o que llevan camino de alcanzarlo. Charlie adquirió esta filosofía a una edad muy temprana. Y jamás la ha perdido. Hoy en día sigue conservándola.

Esta clase de filosofía recibe el nombre de *sentido común.*

Cuando ya llevaba unos años como tratante de caballos y mulos, dos hombres se dirigieron a Charlie y le pidieron que fuera a trabajar con ellos. Aquellos hombres tenían fama de ser unos destacados agentes de seguros. Habían acudido a Charlie porque la derrota les había dado una lección. He aquí lo que ocurrió...

Parece ser que, tras haberse pasado muchos años vendiendo con éxito seguros de vida, aquellos hombres experimentaron el deseo de crear una compañía propia. Cierto que eran unos buenos vendedores. Pero, en cambio, no sabían administrar bien el negocio. En realidad, eran tan buenos vendedores que vendieron su compañía por falta de transacciones.

Es frecuente que los vendedores supongan que el éxito económico de una empresa depende *sólo* de las ventas. Sin embargo, se trata de una premisa falsa. Una mala administración puede provocar una pérdida de dinero tan rápida o más que las ganancias derivadas de una buena gestión de las ventas. Lo malo era que ninguno de aquellos hombres era un buen administrador.

Habían aprendido la lección... por la vía dura. El día en que acudieron a ver a Charlie, uno de aquellos vendedores le contó la historia de su derrota y dijo:

«Desde que nuestra compañía fracasó, hemos conseguido enjugar las pérdidas con las comisiones que hemos ganado vendiendo seguros. Hemos tenido también que pagar nuestra manutención. Nos ha llevado mucho tiempo... pero lo hemos conseguido.

»Sabemos que somos buenos vendedores. Y sabemos también que es necesario que no nos apartemos de nuestra especialidad: la venta». Vaciló, miró al joven a los ojos y añadió: «Charlie, usted tiene los pies en el suelo. Tiene mucho sentido común y nosotros le necesitamos. Juntos podremos alcanzar el éxito».

Y lo alcanzaron.

UN PLAN Y EL DOP PERMITIERON ADQUIRIR 40 MILLONES DE DÓLARES. Algunos años más tarde, Charlie Sammons compró todas las acciones de la compañía que él y aquellos dos hombres habían fundado. ¿Cómo consiguió el dinero? Utilizó el DOP junto con sus ahorros. ¿De dónde sacó la elevada suma de dinero que necesitaba? Lo pidió prestado a un banco, naturalmente. Recuerde: había aprendido muy pronto que su banquero era su amigo.

Y el año en que su compañía alcanzó un volumen anual de pólizas de casi 400.000 dólares, el ejecutivo de seguros encontró finalmente la fórmula del éxito para la rápida expansión que llevaba tanto tiempo buscando.

Estaba preparado.

Esta fórmula, junto con el DOP, le permitió conseguir en un solo año un volumen de pólizas de cuarenta millones de dólares. Sammons había observado que una compañía de seguros de Chicago había conseguido desarrollar un afortunado plan de ventas por medio de las «pistas».

Muchos vendedores habían utilizado durante muchos años lo que se conoce como el «sistema de pistas» para obtener ventas. Con un número suficiente de buenas «pistas», los vendedores suelen obtener unos ingresos considerablemente elevados. Las preguntas por parte de personas que muestran interés se denominan «pistas». Por regla general, éstas se consiguen mediante algún tipo de programa de promoción y publicidad.

Tal vez sepa usted por experiencia que, dado el carácter de la naturaleza humana, muchos vendedores se muestran tímidos o temerosos a la hora de intentar vender algo a personas a las que no conocen o con las cuales no han tenido previamente ningún contacto personal. Como consecuencia de este temor, pierden mucho tiempo que podría utilizarse para la venta a posibles clientes.

En cambio, incluso un vendedor corriente se sentirá inducido a visitar a todos los clientes sobre los cuales disponga de «pistas». Porque sabe que, con buenas pistas, se pueden realizar muchas ventas, aunque él particularmente tenga muy poco «rodaje» o experiencia en la venta. Además, tiene una dirección y una persona determinada a la que visitar y cree que el cliente se muestra en cierto modo interesado incluso antes de que él le visite.

Por consiguiente, no tiene tanto miedo como tendría si se viera obligado a tratar de venderle algo a una persona sin disponer de ningún dato sobre ella. Algunas compañías basan todo su programa de ventas en semejantes «pistas», las cuales se obtienen a través de anuncios.

Sin embargo, los anuncios cuestan dinero.

Charlie Sammons supo a dónde acudir para conseguir el dinero tras habérsele ocurrido una buena idea negociable en un banco: Republic National Bank de Dallas. Porque es bien sabido que dicho banco contribuyó a la formación de Texas, dedicándose a prestar dinero a hombres íntegros como Charlie Sammons, hombres que tienen un plan y saben cómo ponerlo en práctica.

Es cierto que algunos banqueros no se toman la molestia de averiguar detalles sobre el negocio de su cliente, pero Oran Kite y otros ejecutivos del Republic National sí lo hacen. Charlie les explicó su plan. Y, como consecuencia de ello, pudo disponer de crédito ilimitado para organizar su negocio de seguros mediante el sistema de pistas.

Como puede ver, Charlie Sammons pudo crear la compañía de seguros Reserve Life gracias al sistema crediticio norteamericano. Y, a través de este sistema, pudo pasar de un volumen de pólizas de 400.000 dólares a un volumen de más de cuarenta millones en el breve tiempo de diez años. Y, gracias a la utilización del DOP en sus inversiones, pudo invertir y adquirir intereses mayoritarios en hoteles, edificios comerciales, fábricas y otras empresas.

Pero usted no tiene que ir a Texas para utilizar el DOP. W. Clement Stone adquirió una compañía de seguros con un millón seiscientos mil dólares de activo,

246

utilizando el dinero del propio vendedor. Se trasladó a Baltimore.

Cómo W. Clement Stone compró una compañía de 1.600.000 dólares con el dinero del vendedor. He aquí su descripción de la compra:

Estábamos a finales de año y yo estaba dedicando parte de mi tiempo a estudiar, reflexionar y planificar. Tomé la decisión de que mi principal objetivo en el próximo año iba a ser la adquisición de una compañía de seguros que pudiera desarrollar su actividad en varios estados. Me fijé un límite para conseguirlo: el 31 de diciembre del año siguiente.

Ahora sabía lo que quería y había fijado una fecha para lograrlo. Pero no sabía cómo iba a lograrlo. En realidad, eso no era demasiado importante porque pensaba que ya encontraría un medio. Por consiguiente, pensé, tengo que encontrar una compañía capaz de satisfacer mis exigencias: (1) que esté autorizada a vender seguros sanitarios y de accidente, y (2) que esté autorizada a desarrollar sus actividades en casi todos los estados. No necesitaba un negocio establecido. Sólo un vehículo.

Como es lógico, estaba el problema del dinero. Pero ya afrontaría este problema cuando surgiera. Se me ocurrió pensar entonces que yo era un vendedor por vocación, por lo que, en caso necesario, podría elaborar un sistema de tres vías: un contrato para adquirir la compañía; reasegurar todo el negocio con alguna importante compañía; y, de este modo, ser propietario de todo menos del seguro en vigor. Aquellas otras compañías de seguros se mostraban dispuestas a pagar un buen precio por un negocio en marcha. A mí no me hacía falta un negocio en marcha. Tenía experiencia y capacidad para fundar una compañía de seguros sanitarios y de accidente, siempre y cuando dispusiera de un vehículo. Ya lo había demostrado a través de la creación de una organización de ventas de seguros de ámbito nacional.

Y entonces di el segundo paso: pedí la guía y la ayuda divina.

Mientras analizaba los problemas inmediatos con los cuales tal vez tendría que enfrentarme, se me ocurrió pensar en la conveniencia de dar a conocer al mundo mis propósitos para que así, el mundo me ayudara. (Esta conclusión no estaba en contradicción con los principios expuestos por Napoleón Hill en *Piense y hágase rico*, en donde se afirma que uno tiene que mantener en secreto sus objetivos, no revelándolos más que a los miembros pertenecientes a su alianza de genios creadores. Cuando encontrara la compañía que deseara comprar, seguiría como es lógico su consejo y mantendría las negociaciones en secreto hasta que se cerrara el trato.)

Por consiguiente, di a conocer al mundo lo que quería. Cada vez que me tropezaba con alguien del sector capaz de facilitarme información, le revelaba lo que andaba buscando.

Joe Gibson, de la Excess Insurance, fue una de estas personas. Sólo había hablado con él en una ocasión.

Empecé el nuevo año con entusiasmo porque tenía un gran objetivo y estaba dispuesto a alcanzarlo. Transcurrió un mes. Dos. Seis meses. Al final, ya habían transcurrido diez meses. Y, a pesar de que había analizado muchas posibilidades, ninguna de ellas se ajustaba a mis dos exigencias básicas.

Un sábado del mes de octubre en que había apartado a un lado los papeles de mi escritorio para dedicar un rato a estudiar, reflexionar y planificar, examiné la lista de los objetivos que me había fijado aquel año. Todos los había alcanzado... menos el más importante.

Dos meses antes, me había dicho a mí mismo: Hay un medio. Aunque no sé cuál es, sé que lo encontraré. Porque jamás se me había ocurrido pensar en la posibilidad de no alcanzar mi objetivo o de no alcanzarlo dentro del plazo que me había propuesto. Siempre hay un medio, me dije. Una vez más, al igual que en ocasiones similares, pedí la guía y la ayuda divina.

Dos días más tarde sucedió algo inesperado. Me encontraba de nuevo sentado junto a mi escritorio. Esta vez estaba dictando. Sonó el teléfono con un molesto timbrazo junto a mi codo. Lo descolgué y una voz me dijo: «Hola, Clem. Soy Joe Gibson». Nuestra conversación fue muy breve y jamás la olvidaré. Joe habló con rapidez: «Pensé que le interesaría saber que la Compañía de Crédito Comercial de Baltimore tal vez liquide la Compañía de Accidentes de Pennsylvania a causa de sus elevadas pérdidas. Ya sabrá usted que la Crédito Comercial es propietaria de la Accidentes de Pennsylvania. Habrá una reunión de la junta de directores en Baltimore el próximo jueves. Todos los negocios de la Compañía de Accidentes de Pennsylvania ya están siendo reasegurados por otras dos compañías de seguros pertenecientes a Crédito Comercial. El nombre del subdirector ejecutivo de Crédito Comercial es E. H. Warheim».

Le di cordialmente las gracias a Joe Gibson, le hice una o dos preguntas más y después colgué el teléfono. Tras reflexionar unos minutos, pensé que, si pudiera elaborar un plan mediante el cual la Compañía de Crédito Comercial pudiera alcanzar sus objetivos más rápidamente y con más seguridad que con el plan propuesto, no resultaría difícil convencer a los directores de que aceptaran semejante plan.

No conocía al señor Warheim y, por consiguiente, dudaba en llamarle, pese a constarme la importancia de actuar con rapidez. Entonces, dos factores de automotivación me obligaron a actuar.

Cuando no hay nada que perder intentándolo, y todo que ganar en caso de alcanzar el éxito, inténtalo sin vacilar. ¡Hazlo ahora!

Sin vacilar un segundo más, tomé el teléfono y le puse una conferencia a E. H. Warheim en Baltimore. «Señor Warheim —empecé diciéndole con una sonrisa en la voz—. ¡Tengo una buena noticia para usted!»

Y entonces me presenté y le expliqué que me había enterado de la posible acción que se iba a emprender respecto de la Compañía de Accidentes de Pennsylvania, añadiendo que creía estar en condiciones de ayudarles a alcanzar sus objetivos con más rapidez. Concerté inmediatamente una cita para entrevistarme con el señor Warheim y sus socios a las 2 de la tarde del día siguiente en Baltimore.

A las 2 de la tarde del día siguiente, mi abogado W. Russell Arrington y yo nos reunimos con el señor Warheim y sus socios.

La Compañía de Accidentes de Pennsylvania satisfacía mis exigencias. Disponía de autorización para desarrollar actividades en treinta y cinco estados. No tenía ningún seguro en vigor porque el negocio ya había sido reasegurado por otras compañías. Mediante la venta, la Compañía de Crédito Comercial alcanzaba rápidamente sus objetivos con toda seguridad. Y recibía, además, 25.000 dólares por mi parte a cambio de la autorización.

La compañía contaba con un activo de 1.600.000 dólares: en efectivo y en obligaciones negociables. ¿Cómo conseguí el millón seiscientos mil dólares? Utilicé el DOP. Ocurrió de la manera siguiente:

«¿Qué me dice del activo de un millón seiscientos mil dólares?», preguntó el señor Warheim.

Me esperaba la pregunta y contesté inmediatamente: «La compañía de Crédito Comercial se dedica a prestar dinero. Les pediré prestado a ustedes el millón seiscientos mil dólares».

Todos nos echamos a reír y después añadí: *«Lo tienen todo que ganar y nada que perder.* Porque todo lo que poseo será garantía del préstamo, incluida la compañía de un millón seiscientos mil dólares que voy a comprar. Además, ustedes se dedican a prestar dinero. ¿Y qué mejor seguridad podrían tener que la garantía de la compañía que me van a vender? Por otra parte, recibirán intereses sobre el préstamo. Lo más importante para ustedes es que, de esta manera, resolverán su problema rápidamente y con seguridad.»

Hice una pausa y entonces el señor Warheim me hizo otra pregunta muy importante: «¿Cómo va usted a pagar el préstamo?».

Yo estaba preparado también para esta pregunta. Mi respuesta fue: «Pagaré todo el préstamo en sesenta días... Mire, no necesito más que medio millón de dólares para el funcionamiento de una compañía de seguros sanitarios y de accidente en los treinta y cinco estados en los que la Compañía de Accidentes de Pennsylvania está autorizada a actuar.

»Puesto que la compañía me pertenecerá por entero, bastará con que reduzca el capital y el superávit de la Compañía de Accidentes de Pennsylvania de un millón seiscientos mil dólares a quinientos mil dólares, que entonces podré aplicar al préstamo que haya concertado con ustedes.

»Usted y yo sabemos que un hombre de negocios se enfrenta con la cuestión de los impuestos sobre la renta cuando se realiza cualquier transacción en la que se incluyan ingresos o gastos. Sin embargo, no será necesario pagar ningún impuesto sobre la renta en esta transacción, por la sencilla razón de que la Compañía de Accidentes de Pennsylvania no ha obtenido ningún beneficio, por lo que ninguna parte del dinero que yo reciba cuando reduzca el capital procederá de los beneficios.»

Y entonces me hicieron otra pregunta: «¿Y cuáles son sus planes para pagar el saldo del medio millón de dólares?».

Una vez más tenía la respuesta preparada y dije: «Eso tendría que ser fácil. La Compañía de

Accidentes de Pennsylvania tiene un activo integrado tan sólo por dinero en efectivo, bonos del Estado y títulos. Puedo pedirles prestado el medio millón de dólares a los bancos con los que he realizado negocios, ofreciendo como garantía del préstamo mis intereses en la Compañía de Accidentes de Pennsylvania y mis restantes activos como garantía adicional».

Cuando el señor Arrington y yo abandonamos el despacho de la Compañía de Crédito Comercial a las 5 de la tarde, el trato ya estaba cerrado.

Esta experiencia se reproduce aquí con detalle para ilustrar los pasos que hay que dar para alcanzar los objetivos que uno se haya propuesto mediante el uso del DOP. Si repasa el capítulo once, titulado «¿Existe algún atajo hacia la riqueza?», comprobará usted de qué manera se aplican aquí los principios que allí se mencionan.

Aunque esta historia muestre de qué manera el DOP puede ayudar a una persona, hay que señalar que el crédito puede ser a veces perjudicial.

ATENCIÓN: EL CRÉDITO PUEDE PERJUDICARLE. Hasta ahora hemos estado hablando de los beneficios de la utilización del crédito. Hemos estado hablando de la práctica de pedir dinero prestado para ganar dinero. Eso es capitalismo. Eso es bueno.

Sin embargo, lo que es bueno puede ser perjudicial para una persona con una Actitud Mental Negativa. El crédito no constituye ninguna excepción, pues puede hacer que una persona honrada se convierta en deshonesta. El abuso del crédito es una de las principales fuentes de preocupación, frustración, desdicha y falta de honradez.

Estamos hablando del crédito concedido voluntariamente por un acreedor. Éste concede el crédito a una persona a la que considera digna y en cuya integridad puede confiar. El que traiciona esta confianza no es honrado: es la persona que pide dinero prestado o adquiere mercancías *sin el propósito* de efectuar los pagos acordados o de devolver el préstamo en su totalidad.

De igual modo, una persona honrada puede volverse deshonesta cuando deja de pagar los préstamos que ha concertado o la mercancía que ha comprado, aunque pueda haber circunstancias que le impidan efectuar un pago en la fecha debida.

Porque el hombre que actúa bajo la influencia de la cara de la AMP de su talismán *tendrá el valor de enfrentarse con la verdad*. Tendrá el valor de notificar a sus acreedores con la mayor antelación posible su imposibilidad de efectuar el pago cuando se lo impidan las circunstancias. Y después llegará a un acuerdo mutuamente satisfactorio con su acreedor. Y, por encima de todo, *se sacrificará hasta que haya saldado por entero su deuda*.

El hombre honrado con sentido común no abusa de los privilegios del crédito.

El hombre honrado que *carece de sentido común* pide dinero prestado o bien efectúa compras a crédito sin demasiado discernimiento. Y, al ver que no puede pagar a sus acreedores, la fuerza de la AMN de su talismán ejerce en él tal influencia que puede convertirle en deshonesto. Puede creer que la situación es desesperada y no hacer nada al respecto. Comprende que no le meterán en la cárcel por deber dinero prestado. Aunque piensa que no va a ser castigado, sus preocupaciones, temores y frustraciones constituyen un verdadero castigo.

Y sigue siendo deshonesto hasta que recibe la influencia de la cara de la AMP de su talismán, influencia lo suficientemente fuerte como para inducirle a saldar sus deudas por completo.

El abuso de los privilegios del crédito ha sido causa de enfermedades físicas, mentales y morales. Recuerde *La necesidad, la AMN y el crimen* en el capítulo tres, titulado «Elimine las telarañas de su mente».

Atención: el DOP y los ciclos. En su calidad de joven vendedor a principios de 1928, W. Clement Stone visitó a un ejecutivo del Continental Illinois National Bank y Trust Company, de Chicago. El banquero estaba hablando con un cliente o amigo. Mientras aguardaba, el joven vendedor le oyó decir: «El mercado no puede seguir subiendo indefinidamente. Voy a vender mis acciones».

Algunos de los más sagaces inversores del país perdieron fortunas cuando el mercado bursátil se vino abajo al año siguiente... todo porque desconocían los ciclos o porque, aunque los conocieran, no supieron actuar, a diferencia de lo que hizo el banquero.

Cientos de miles de personas dedicadas a toda clase de actividades comerciales, incluida la agricultura, perdieron su fortuna, a pesar de tratarse de personas honradas y prudentes. Dicha riqueza la habían adquirido a través del DOP. A medida que aumentaba el valor de sus acciones, empezaron a pedir prestado más dinero para comprar más acciones, tierras de labranza u otras propiedades.

Al bajar el valor de sus acciones, no pudieron pagar cuando los bancos se vieron obligados a exigirles la devolución de los préstamos.

Los ciclos se repiten con regularidad. Y así, en la primera mitad de la década de los setenta, miles de personas honradas y prudentes volvieron a perder sus fortunas porque no liquidaron sus préstamos a tiempo, vendiendo una parte de sus acciones... o no dejaron de endeudarse ulteriormente para efectuar más compras. Cuando utilice el DOP, procure calcular de qué manera va a pagar a la persona o la institución que le haya prestado el dinero.

Importante: si ha perdido una parte o toda su fortuna, recuerde que los ciclos se repiten. No dude en empezar de nuevo a su debido tiempo. Muchas personas que son ricas hoy en día perdieron sus fortunas anteriormente. Pero, gracias a que no perdieron su Actitud Mental Positiva, tuvieron el valor de aprender de la experiencia y más adelante lograron una fortuna todavía mayor.

Si desea aprender algo más acerca de los ciclos, consulte la obra *Los ciclos: las misteriosas fuerzas que desencadenan los acontecimientos*, de Edward R. Dewey y Og Mandino. Es posible que le resulte extremadamente provechosa. Suscribiéndose a la revista *Cycles*, podrá mantenerse al corriente de las teorías y experimentos acerca de los ciclos (escriba al n.º 124 de la S. Highland Avenue, Pittsburgh, Pennsylvania).

En los negocios, pocos son los números necesarios para la combinación del éxito, pero, si faltan uno o más números, fracasará usted hasta que los encuentre.

La utilización del dinero de otras personas ha sido el medio gracias al cual muchos hombres honrados que eran pobres se hicieron ricos. El dinero o el crédito es un número importante en la combinación del éxito en los negocios.

EL NÚMERO QUE FALTA. Un joven jefe de ventas cuyos ingresos anuales superaban los 35.000 dólares escribió:

«Tengo una sensación: la sensación que uno tendría si se encontrara delante de una caja de caudales que contuviera toda la riqueza, la felicidad y el éxito en el mundo y conociera todos los números de la combinación... *menos uno*. ¡Sólo un número! En caso de que lo conociera, podría abrir la puerta.»

A menudo, la diferencia entre la pobreza y la riqueza reside en el empleo de todos los principios de una fórmula menos uno. ¡La diferencia estriba en el número que falta!

Ello nos lo puede ilustrar la experiencia de otro hombre que había alcanzado el éxito en la venta de cosméticos por cuenta de un laboratorio antes de fundar su propio negocio.

En su propio negocio, Leonard Lavin, como todos los hombres que empiezan desde abajo, tuvo que enfrentarse con problemas. Tal como comprobará usted más tarde, eso fue bueno. Fue bueno porque le obligó a estudiar, reflexionar, planificar y esforzarse para hallar la solución a cada problema.

Con su esposa Bernice formó una magnífica alianza de genio creador. Y ambos trabajaron juntos en perfecta armonía. Elaboraron un producto cosmético y actuaban de distribuidores de otras empresas. Sin embargo, les faltaba capital activo y por ello se vieron obligados a hacer el trabajo ellos mismos.

A medida que crecía el volumen del negocio, Bernice se convirtió en una experta *jefe de oficina y de compras* y en una excelente *administradora*. Leonard se convirtió en un afortunado *jefe de ventas* y en un eficiente *jefe de producción*. Y, al ampliarse el negocio, tuvieron la prudencia de contratar los servicios de un *abogado* con sentido común... de aquellos que consiguen *hacer* las cosas. Y decidieron contar también con los servicios de un experto en *contabilidad* e *impuestos*.

El medio de *ganar una fortuna* consiste en *elaborar o vender* un producto o servicio (preferentemente un producto de bajo precio) muchas veces. Ellos hicieron ambas cosas.

Todos los dólares que ahorraban los invertían en el negocio. La necesidad les obligó a estudiar, reflexionar y planificar; a hacer que un dólar desempeñara el papel de muchos; a obtener el máximo resultado de todas las horas de trabajo; a eliminar las mermas.

Sus ventas fueron aumentando a medida que transcurrían los meses, mientras Leonard trataba agresivamente de batir todos los récords anteriores. Llegó a ser conocido en el sector como un hombre que sabía lo que se llevaba entre manos. Para muchos, era el hombre que había aprendido a *recorrer un kilómetro de más*.

El hecho de *recorrer un kilómetro* de más en dos ocasiones cambió por completo el curso de su carrera de forma positiva.

En una de dichas ocasiones, su banquero le presentó a tres de los clientes del banco que habían hecho una inversión en otro laboratorio de cosmética. Necesitaban el consejo de un experto *con sentido común*. Y Leonard se tomó la molestia de ayudarles.

Leonard recorrió un kilómetro de más, haciéndole un favor a un comprador que se encontraba en un «drugstore» de Los Ángeles. Y un día el comprador le demostró su agradecimiento, informando confidencialmente a Leonard de que la empresa que fabricaba el producto de peluquería VO-5 tal vez fuera puesta a la venta.

Leonard se entusiasmó. Allí estaba una empresa de quince años de antigüedad con un producto de calidad cuyas ventas se habían estancado. Sabía, a través de su experiencia en el sector de la cosmética, y a través del *estudio de los ciclos y tendencias*, que lo único que le hacía falta a aquella empresa era nueva vida, nueva sangre y nueva actividad.

Y actuó echando mano del mecanismo de autoarranque del *¡Hazlo ahora!* Aquella misma noche se puso en contacto con el propietario. Por regla general, en una transacción de esta clase en la que el comprador y el vendedor no se conocen, las negociaciones duran semanas y a veces meses... antes de llegar a un acuerdo. Una personalidad simpática y el sentido común por parte del comprador o del vendedor eliminan a menudo los retrasos innecesarios. Gracias a la *simpática personalidad* y al *sentido común* de Leonard, el propietario accedió a vender su empresa por 400.000 dólares aquella misma noche.

Cierto que a Leonard le habían ido bien las cosas, pero no era menos cierto que todos los dólares que ganaba los reinvertía en el negocio. ¿De dónde podría sacar los 400.000 dólares?

Aquella noche, en la habitación de su hotel, comprendió que tenía todos los números de la combinación para alcanzar la verdadera riqueza *menos uno*. Sólo uno... *el dinero*.

A la mañana siguiente, al despertar, tuvo un destello de inspiración. Una vez más, reaccionó al mecanismo de autoarranque del *¡Hazlo ahora!* Porque puso una conferencia telefónica a uno de los tres hombres que su banquero le había presentado. Él les había ayudado y tal vez ellos pudieran darle ahora un consejo adecuado puesto que sabían más que él en asuntos de financiación. Y como habían efectuado inversiones en otro laboratorio de cosmética, tal vez invirtieran en el suyo. Así lo hicieron.

Gracias a su experiencia inversora, aquellos hombres emplearon una acertada fórmula de inversión por la cual Leonard se comprometió a: (a) fusionar todas sus actividades; (b) dedicar todos sus esfuerzos a una sola empresa; (c) devolver el préstamo en plazos trimestrales durante un período de cinco años; (ch) pagar el tipo de interés corriente sobre el préstamo; y (d) entregar el 25 % de las acciones de la empresa en calidad de prima por el riesgo de la inversión.

Leonard se mostró de acuerdo. Comprendió el valor de la utilización del DOP. Los tres hombres utilizaron también el DOP: pidieron prestados los 400.000 dólares a sus bancos.

El número que faltaba... ¡ahora Leonard y Bernice ya lo tenían! Pusieron toda su alma en el negocio y lo consideraron un juego emocionante.

El VO-5 no tardó mucho tiempo en ser utilizado en todos los lugares de los Estados Unidos y en muchos países extranjeros.

Diciembre suele ser el mes más flojo del año para los fabricantes de cosméticos. Pero en diciembre, un año y medio después de que Leonard y Bernice se hubieran hecho cargo de la comercialización del VO-5 y de otro producto que habían adquirido —*Rinse Away*—, su empresa registraba un volumen comercial de más de 870.000 dólares. Ello equivalía al volumen conjunto que habían alcanzado el VO-5 y el *Rinse Away* en los últimos años bajo la gestión anterior.

Bernice y Leonard encontraron el número que faltaba. Y, junto con él, hallaron la combinación para adquirir la riqueza. Tres años después de la adquisición del VO-5, el valor de sus acciones en la empresa superaba el millón de dólares.

Los números de la combinación del éxito para Leonard Lavin fueron:

N.º 1: Un producto o servicio que se repite.

N.º 2: Una empresa que gana dinero con un producto o una marca exclusiva que se ha estancado.

N.º 3: Un experto jefe de producción que dirige la fábrica con la máxima eficiencia.

N.º 4: Un afortunado y experto jefe de ventas que incrementa constantemente las ventas (con un beneficio para la empresa), ajustándose a una fórmula acertada y buscando al mismo tiempo mejores métodos de venta.

N.º 5: Un buen administrador con AMP.

N.º 6: Un experto contable que entiende de contabilidad en costos y legislación fiscal.

N.º 7: Un buen abogado con sentido común y una AMP que consigue hacer las cosas.

N.º 8: Suficiente capital activo o crédito para llevar el negocio y ampliarlo en el momento oportuno.

Usted también puede utilizar el DOP para lo que decíamos al principio del capítulo: «¿El negocio? Muy sencillo. Es el dinero de los demás».

Si decide aprenderse los principios de este capítulo, así como los contenidos en el capítulo doce, titulado «Atraiga —no ahuyente— la riqueza», usted, al igual que Leonard Lavin, podrá encontrar los números que le faltan para abrir la puerta de la riqueza y tener la llave de la fortuna.

Sin embargo, para gozar de salud y ser feliz, tiene usted que hallar satisfacción en su trabajo. Cuando lea el siguiente capítulo, aprenderá cómo hacerlo.

GUIA N.º 13

Ideas a seguir

1. «¿El negocio? Muy sencillo. ¡Es el dinero de los demás!»

2. DOP: el Dinero de Otras Personas es el medio para adquirir riqueza.

3. La premisa básica no escrita en el lema «Utilice el DOP» es: actuar según las más altas normas éticas de *la integridad, el honor, la honestidad, la lealtad, la aquiescencia y la Regla de Oro.*

4. El hombre que no es honrado no tiene derecho al crédito.

5. Su banquero es su amigo.

6. Donde no haya nada que perder intentándolo, y haya mucho que ganar si se alcanza el éxito, ¡inténtelo sin vacilar!

7. Cuando quiera cerrar un trato con alguien, siga un plan capaz de facilitarle a esta persona lo que quiere y de proporcionarle también a usted lo que quiere. Un buen trato tiene que resultar mutuamente satisfactorio.

8. El crédito utilizado sin discernimiento puede ser perjudicial. El abuso del crédito produce mucha frustración, desdicha y falta de honradez.

9. Para abrir la combinación del éxito, tiene que conocer todos los números necesarios. La falta de un solo número puede impedirle alcanzar su objetivo.

10. Puede usted hallar los números que faltan y abrir la puerta de la riqueza.

11. Conozca la marcha de los ciclos para saber cuándo ampliar su negocio y cuándo concertar y liquidar préstamos.

¡TENGA EL VALOR DE
ENFRENTARSE CON LA VERDAD!

14

CÓMO HALLAR SATISFACCIÓN EN SU TRABAJO

Independientemente de cuál sea su ocupación —jefe o empleado; ejecutivo u obrero; médico o enfermera; abogado o secretaria; profesor o alumno; ama de casa o sirvienta—, está usted obligado a hallar satisfacción en su trabajo mientras lo tenga.

Y puede conseguirlo, ¿sabe? La satisfacción es una actitud mental. Su actitud mental es lo único sobre lo cual sólo usted puede ejercer un control completo. Puede usted adoptar la decisión de hallar satisfacción en su trabajo y descubrir el medio de conseguirlo.

Es más probable que halle usted satisfacción en su trabajo si hace «lo que le resulta natural», es decir, aquello para lo cual tiene usted una aptitud o inclinación natural. Si acepta un trabajo que no le resulta «natural», es muy posible que sienta conflictos y frustraciones mentales y emocionales. Usted puede, sin embargo, neutralizar y posteriormente superar tales conflictos y frustraciones... si utiliza la AMP y experimenta el estímulo de adquirir experiencia y capacidad en su trabajo.

Jerry Asam tiene una AMP y le gusta mucho su trabajo: halla satisfacción en él.

¿Quién es Jerry Asam? ¿Qué hace?

A Jerry le encanta su trabajo porque lo conoce bien y está muy capacitado. Hace lo que le resulta natural. Pero, aun así, Jerry tiene días en que las cosas podrían ser un poco más agradables. En el trabajo de ventas, estos días pueden ser muy perturbadores... si uno no estudia, reflexiona y planifica para corregir las dificultades y conservar una Actitud Mental Positiva. Para ello, Jerry lee los libros de inspiración y de autoayuda con vistas a la acción.

Jerry ha leído libros de inspiración y ha aprendido tres lecciones muy importantes:

1. Puede usted controlar su actitud mental mediante el uso de los factores de automotivación.
2. Si se fija usted un objetivo, es más probable que identifique las cosas que le ayudarán a alcanzarlo que si no se lo fija. Cuanto más alto apunte en su objetivo, tanto más grande será su logro si tiene usted una AMP.
3. Para alcanzar el éxito en todo, es necesario conocer las normas y aprender a aplicarlas. Es nenecesario dedicarse con regularidad a la reflexión constructiva, el estudio, el aprendizaje y la planificación.

Jerry creía en estas lecciones. Y entró en acción. Las puso en práctica. Estudió los manuales de ventas de su empresa y practicó lo que había aprendido en sus actividades de ventas. Se fijó unos objetivos —unos objetivos muy elevados— y los alcanzó. Y cada mañana se decía a sí mismo: «¡Me siento sano! ¡Me siento feliz! ¡Me encuentro estupendamente!». Y se

sentía sano y feliz y se encontraba estupendamente.
¡Y los resultados de sus ventas fueron también estupendos!

Cuando tuvo la certeza de que era eficiente en su labor de ventas, reunió a un grupo de vendedores y les enseñó las lecciones que había aprendido. Adiestró a los hombres en los mejores y más recientes métodos de ventas tal y como éstos se exponían en los manuales de aprendizaje de su empresa. Les acompañó personalmente y les mostró lo fácil que resultaba vender cuando uno utiliza los métodos adecuados, elabora un plan y afronta cada día con una Actitud Mental Positiva. Les enseñó a fijarse elevados objetivos de ventas y a alcanzarlos con una AMP.

Cada mañana, el grupo de Jerry se reúne y recita con entusiasmo al unísono: «¡Me siento sano! ¡Me siento feliz! ¡Me encuentro estupendamente!». Después se ríen juntos, se dan recíprocamente palmadas en la espalda para desearse buena suerte y cada cual se va por su camino para vender su cupo del día. Cada hombre se fija un objetivo y apunta tan alto que los vendedores y los jefes de ventas más veteranos y más expertos del continente se muestran asombrados.

Al término de la semana, cada vendedor presenta un informe de ventas que provoca una sonrisa satisfecha en el director y en el jefe de ventas de la organización de Jerry.

¿Están Jerry y los hombres que éste tiene a sus órdenes satisfechos de su trabajo? ¡Puede usted tener la certeza de que sí! He aquí algunas de las razones por las que se sienten felices:

1. Han estudiado bien su trabajo; conocen y comprenden las normas y las técnicas y saben aplicarlas tan bien que todo lo que hacen les resulta natural.
2. Se fijan regularmente unos objetivos y creen

que van a alcanzarlos. Saben que lo que la mente del hombre puede concebir y creer, la mente del hombre puede alcanzarlo con una AMP.

3. Mantienen constantemente una Actitud Mental Positiva, utilizando factores de automotivación.

4. Disfrutan de la satisfacción que produce el trabajo bien hecho.

«¡ME SIENTO SANO! ¡ME SIENTO FELIZ! ¡ME ENCUENTRO ESTUPENDAMENTE!» Otro joven vendedor de la misma organización en el continente aprendió a controlar su actitud mental mediante el uso del factor de automotivación de Jerry Asam. Era un estudiante universitario de dieciocho años que trabajaba durante las vacaciones de verano vendiendo seguros por tiendas y despachos. Algunas de las cosas que aprendió durante el período de aprendizaje de dos semanas de duración fueron:

1. Los hábitos que adquiere un vendedor en el transcurso de las primeras dos semanas de actividad tras haber finalizado el cursillo de ventas le acompañarán a lo largo de toda su carrera.

2. Cuando tengas un objetivo de venta... sigue intentándolo hasta que lo alcances.

3. Apunta más alto.

4. En momentos de necesidad, utiliza factores de automotivación tales como: *¡Me siento sano! ¡Me siento feliz! ¡Me encuentro estupendamente!* para estimularte a emprender una acción positiva en la dirección deseada.

Tras pasarse varias semanas vendiendo, se fijó un objetivo concreto. Tenía el propósito de ganar un premio. Para ello, era necesario realizar un mínimo de cien ventas en una semana.

El viernes por la noche de aquella semana, había conseguido realizar ochenta ventas... le faltaban veinte para alcanzar su objetivo. El joven vendedor se hizo el firme propósito de que nada le impediría alcanzar su objetivo. Creía en aquello que le habían enseñado: *Lo que la mente del hombre puede concebir y creer, la mente del hombre puede alcanzarlo con una AMP.* A pesar de que los demás vendedores de su grupo dieron por terminado su trabajo el viernes por la noche, él regresó a su trabajo el sábado a primera hora.

A las tres de la tarde aún no había conseguido efectuar ninguna venta. Le habían enseñado que las ventas dependen de la actitud del vendedor... no de la del presunto cliente.

Recordó el factor de automotivación de Jerry Asam y lo repitió cinco veces con entusiasmo. *¡Me siento sano! ¡Me siento feliz! ¡Me encuentro estupendamente!*

Hacia las cinco de la tarde, había realizado tres ventas. Le faltaban tan sólo diecisiete para alcanzar su objetivo. Recordó que *El éxito lo alcanzan aquellos que lo intentan, y lo conservan aquellos que siguen intentándolo con AMP.* Repitió varias veces con entusiasmo: *¡Me siento sano! ¡Me siento feliz! ¡Me encuentro estupendamente!* Hacia las once de aquella noche... ¡se encontraba cansado, pero se sentía feliz! ¡Había conseguido realizar la vigésima venta de aquel día! ¡Había alcanzado su objetivo! Había ganado el premio y había aprendido que el fracaso se puede convertir en éxito si... uno lo sigue intentando.

LA ACTITUD MENTAL MARCA LA DIFERENCIA. Por consiguiente, fue la actitud mental la que estimuló a Jerry Asam y a los vendedores que trabajaban a sus órdenes a encontrar satisfacción en su trabajo. Y fue una controlada Actitud Mental Positiva la que ayudó al joven estudiante a conseguir el premio y la satisfacción que buscaba.

Mire a su alrededor. Observe a las personas que disfrutan con su trabajo y a las que no. ¿Cuál es la diferencia entre ellas? Las personas felices y satisfechas controlan su actitud mental. Examinan con visión positiva su situación. Buscan lo bueno y, cuando hay algo que no es tan bueno, se analizan a sí mismas para ver si pueden mejorarlo. Tratan de aprender más cosas acerca de su trabajo para poder ser más eficientes y conseguir que su actuación resulte más satisfactoria tanto para ellas como para sus patronos.

En cambio, los que no son felices se aferran a su AMN. En realidad, es casi como si desearan ser desdichados. Buscan toda clase de motivos para quejarse: la jornada laboral es demasiado larga; la pausa para el almuerzo es demasiado corta; el jefe es demasiado gruñón; la empresa no concede suficientes vacaciones o no otorga la adecuada clase de bonificaciones. Es posible incluso que se quejen de cosas triviales como: Susie lleva cada día el mismo vestido; el contable no escribe de manera legible, etc., etc. Cualquier cosa... con tal de que puedan ser desdichados. Y saben muy bien cómo conseguirlo. Son personas decididamente desdichadas... en el trabajo y en general también en otras facetas de su vida. La AMN les domina por completo.

Y ello es cierto independientemente de la clase de trabajo de que se trate. Si quiere usted ser feliz y sentirse satisfecho, lo puede lograr: controlará su actitud mental y cambiará la cara de la AMN de su talismán por la cara de la AMP; buscará los medios de crear felicidad.

Si puede inyectar entusiasmo y felicidad en su situación laboral, hará usted una aportación que muy pocos podrán igualar. Conseguirá que su trabajo resulte divertido y su satisfacción laboral se medirá en sonrisas... y también en productividad.

Un objetivo concreto despertó su entusiasmo. En una de nuestras clases, estábamos hablando del principio de aportar entusiasmo al propio trabajo cuando una joven sentada al fondo de la clase levantó la mano. Se puso en pie y dijo:

«He venido aquí con mi marido. Lo que ustedes dicen puede estar muy bien para un hombre en su profesión, pero no es válido para un ama de casa. Ustedes, los hombres, se enfrentan diariamente con nuevos e interesantes retos. En el trabajo de la casa no ocurre lo mismo. Lo malo del trabajo de la casa es... que resulta demasiado cotidiano.»

Aquello se nos antojó un verdadero desafío: hay muchas personas con trabajos que son «demasiado cotidianos». Si pudiéramos encontrar algún medio de ayudar a aquella joven, tal vez pudiéramos ayudar a otras personas que pensaban que su trabajo era excesivamente rutinario. Le preguntamos qué era lo que hacía que el trabajo de su casa pareciera tan «cotidiano» y resultó que apenas había terminado de hacer las camas cuando éstas ya volvían a estar desordenadas, apenas había terminado de fregar los platos cuando ya volvían a estar sucios, y apenas había limpiado los suelos cuando ya estaban manchados de nuevo. «*Hace* una estas cosas para que luego puedan *deshacerse*», dijo.

«Parece decepcionante —dijo el instructor, mostrándose de acuerdo—. ¿Hay mujeres que disfrutan con el trabajo de la casa?»

«Bueno, sí, supongo que sí», contestó ella.

«¿Qué les interesa y entusiasma del trabajo de la casa?»

Tras reflexionar unos instantes, la joven replicó: «Tal vez sea su actitud. Al parecer, no consideran que su trabajo es limitado; parece como si vieran algo más allá de la rutina».

Éste era el *quid* del problema. Uno de los secretos

de la satisfacción laboral consiste en «ver algo más allá de la rutina». Consiste en saber que el propio trabajo *conduce a alguna parte*. Ello es cierto tanto si es usted un ama de casa como si es un archivero, un empleado de una gasolinera o el director de una gran empresa. Hallará usted satisfacción en las tareas rutinarias sólo cuando las considere como «peldaños». Cada tarea es una piedra que permite avanzar en la dirección que usted ha elegido.

UTILICE LA TEORÍA DE LOS «ESCALONES». La respuesta para esta joven ama de casa consistía en hallar algún objetivo que ella deseara realmente alcanzar y en descubrir algún medio de que el trabajo diario de la casa le permitiera avanzar hacia la consecución de aquel objetivo. Manifestó entonces que siempre había deseado dar la vuelta al mundo con su familia.

«Muy bien —dijo el instructor—. Vamos a elegir esto. Impóngase un límite de tiempo. ¿Cuándo quiere ir?»

«Cuando el niño tenga doce años —contestó ella—. Eso será dentro de seis años.»

«Bueno, vamos a ver. Eso exigirá bastante esfuerzo. En primer lugar, necesitarán ustedes dinero. Su marido tendrá que poder abandonar el trabajo durante un año. Tendrán ustedes que planear un itinerario. Querrán ustedes estudiar los países que vayan a visitar. ¿Cree usted que podrá hallar algún medio de que las tareas de hacer las camas, fregar los platos, limpiar los suelos y planificar las comidas se conviertan en "escalones" o en "peldaños" que le permitan avanzar hacia su objetivo?»

Algunos meses más tarde, la joven de esta historia acudió a visitarnos.

En cuanto entró en la estancia resultó evidente que nos encontrábamos en presencia de una mujer que había triunfado orgullosamente. «¡Es asombroso el buen resultado que ha dado la idea de los "escalones"! —nos dijo—. No he encontrado ni una sola tarea que no se adapte a ella. La hora de la limpieza la dedico a pensar y a planificar. La hora de la compra es un rato maravilloso para ampliar nuestros horizontes: compro deliberadamente comida de otros países, la comida que saborearemos durante nuestro viaje. Y utilizo la hora de la comida para dar clase. Si comemos fideos chinos de huevo, leo todo lo que puedo acerca de China y de sus gentes y, a la hora de la cena, le cuento a la familia todo lo que he aprendido... Ya no existe ninguna tarea que me resulte aburrida o carente de interés. ¡Y sé que ya nunca va a haber ninguna que pueda resultármelo, gracias a la *teoría de* los "escalones"!».

Por consiguiente, por aburrido o cansado que sea su trabajo, si al final del mismo puede usted ver el objetivo que desea, este trabajo podrá producirle satisfacción. Se trata de una situación con la que se enfrentan muchas personas de todas las clases sociales. Un joven puede tener intención de ser médico, pero tiene que trabajar para pagarse los estudios. El trabajo que encuentre dependerá de muchos factores tales como horarios, situación, clase de paga, etc. La aptitud tendrá muy poco que ver con todo ello. Es posible que un joven muy inteligente y ambicioso termine detrás de un mostrador de refrescos, lavando coches o bien cavando zanjas. No cabe duda de que el trabajo no constituye ningún reto para él y no le provoca el menor estímulo. Es simplemente un medio para alcanzar un fin. Y, sin embargo, puesto que sabe a dónde quiere ir, cualquier esfuerzo que le exija su trabajo merecerá la pena, teniendo en cuenta el resultado final que le aguarda.

A veces, no obstante, el precio que hay que pagar en un determinado trabajo es demasiado elevado en relación con el objetivo que gracias a él podrá alcanzarse. Si se encuentra usted en este caso, cambie de trabajo. Porque, si es desdichado en su trabajo, los trastornos de esta insatisfacción se extenderán a todas las facetas de su vida.

Si, por el contrario, el trabajo merece la pena pero usted se siente desdichado, desarrolle un *descontento inspirador*. El descontento puede ser positivo o negativo, bueno o malo, según las circunstancias. Recuerde: *Una Actitud Mental Positiva es la actitud adecuada en una determinada situación*.

¡DESARROLLE UN DESCONTENTO INSPIRADOR! Charles Becker, antiguo director de la Compañía de Seguros de Vida Franklin, dice: «Quisiera animarles a estar descontentos. No descontentos en el sentido del mal humor, sino descontentos según el sentido de aquella "divina impaciencia" que, a lo largo de toda la historia del mundo, ha sido la inspiradora de los auténticos progresos y reformas. Espero que nunca estén ustedes satisfechos. Espero que experimenten constantemente el afán de mejorar y perfeccionar no sólo su propia persona sino también el mundo que les rodea».

El descontento inspirador puede estimular a las personas a pasar del pecado a la santidad, del fracaso al éxito, de la pobreza a la riqueza, de la derrota a la victoria y de la desdicha a la felicidad.

¿Qué hace usted cuando comete un error, cuando las cosas van mal, cuando surgen malentendidos con los demás, cuando se enfrenta con la derrota, cuando todo parece negro, cuando parece que no tiene hacia dónde volverse, cuando no parece posible una solución satisfactoria a su problema?

¿No hace nada y deja que el desastre le domine? ¿Se encoge? ¿Se asusta? ¿Huye?

¿O bien desarrolla un descontento inspirador? ¿Convierte las desventajas en ventajas? ¿Decide lo que quiere? ¿Aplica la fe, la caridad de pensamiento y la acción positiva, sabiendo que los resultados deseables se pueden alcanzar y se alcanzarán?

Napoleón Hill afirma que *toda adversidad lleva la semilla de un beneficio equivalente*. ¿Acaso no es cierto que lo que en el pasado parecía ser una gran dificultad o una desdichada experiencia le ha conducido a un éxito y una felicidad que de otro modo no hubiera alcanzado?

El descontento inspirador puede estimularle a alcanzar el éxito. Albert Einstein estaba descontento porque las leyes de Newton no respondían a todas sus preguntas. Por consiguiente, siguió indagando en la naturaleza y en las matemáticas superiores hasta dar con la teoría de la relatividad... Y, a partir de aquella teoría, el mundo ha desarrollado el principio de la desintegración del átomo, ha aprendido el secreto de la transformación de la energía en materia y viceversa, y se ha atrevido a conquistar el espacio, saliendo airoso del empeño y habiendo realizado toda clase de cosas sorprendentes que seguramente no hubiéramos logrado si Einsten no hubiese desarrollado un descontento inspirador.

Como es natural, no todos somos como Einstein y es posible que los resultados de nuestro descontento inspirador no cambien el mundo. Pero pueden cambiar *nuestro* mundo y nosotros podemos avanzar en la dirección que deseamos. Permítanos que le contemos lo que le ocurrió a Clarence Lantzer cuando empezó a mostrarse descontento con su trabajo.

¿Merecía la pena? Clarence Lantzer llevaba años siendo conductor de tranvía en Canton, Ohio. Y un día se despertó por la mañana y llegó a la conclusión de que su trabajo no le gustaba. Era siempre lo mismo. Estaba harto. Cuanto más lo pensaba, tanto más descontento se mostraba. Y parecía no poder dejar de pensar en ello. Su descontento se convirtió casi en una obsesión. Clarence estaba muy descontento.

Sin embargo, cuando se lleva trabajando en una empresa tanto tiempo como él llevaba en la compañía de tranvías, uno no deja el trabajo simplemente porque llega a la conclusión de que no está contento. Por lo menos, no lo hace a poco que le interese su subsistencia.

Además, Clarence había seguido el curso de AMP, «La ciencia del éxito», y había aprendido que uno puede, si quiere, ser feliz con cualquier trabajo. Lo que había que hacer era adoptar una actitud adecuada.

Clarence decidió analizar con sensatez la situación y ver qué podía hacer al respecto. «¿Cómo puedo ser más feliz en mi trabajo?», se preguntó.

Y dio con una magnífica respuesta. Llegó a la conclusión de que sería más feliz haciendo felices a los demás.

Había muchas personas a las que podía hacer felices porque tenía ocasión de conocer diariamente a muchas personas en su tranvía. Puesto que siempre había tenido mucha facilidad para hacer amigos, pensó: «Utilizaré este rasgo de mi personalidad para hacer que cada día resulte un poco más alegre para todas las personas que suban a mi tranvía.

El plan de Clarence era maravilloso, pensaban los usuarios. Agradecían inmensamente sus pequeños gestos de amabilidad y sus cordiales saludos. Y, como resultado de su alegría y consideración, se sentían más felices, al igual que el propio Clarence.

No obstante, su supervisor adoptó la actitud contraria. Llamó a Clarence y le dijo que cesara en su inusitada afabilidad.

Pero Clarence no hizo caso de la advertencia. Se lo pasaba bien haciendo felices a los demás. Y en cuanto a sí mismo y a los usuarios, estaba alcanzando un éxito enorme en su trabajo.

¡Clarence fue despedido!

Por consiguiente, Clarence tenía un problema... y eso fue estupendo. Fue estupendo por lo menos según el curso AMP, «La Ciencia del éxito». Clarence llegó a la conclusión de que tal vez le conviniera visitar a Napoleón Hill (que vivía en Canton por aquel entonces) para averiguar en qué sentido y por qué su problema era tan estupendo. Telefoneó al señor Hill y concertó una cita con él para la tarde siguiente.

«He leído *Piense y hágase rico*, señor Hill, y he estudiado el curso AMP, "La ciencia del éxito", pero, en cierto modo, debo haberme equivocado de camino —le contó a Napoleón Hill lo que le había sucedido—. ¿Y ahora qué hago?», terminó diciendo.

«Examinemos su problema —dijo Napoleón Hill, sonriendo—. Resulta que estaba usted descontento con su trabajo. Hizo exactamente lo que debía. Trató de utilizar su mejor cualidad, su talante amistoso y afable, para mejorar su actuación y poder recibir y dar más satisfacción en su trabajo. El problema estriba en que su supervisor no tenía la suficiente imaginación como para comprender el valor de lo que usted estaba haciendo. ¡Pero eso es maravilloso! ¿Por qué? Porque se encuentra usted ahora en condiciones de utilizar su magnífica personalidad para objetivos más importantes.»

Y Napoleón Hill le mostró a Clarence Lantzer que podía utilizar sus excelentes cualidades y su talante abierto con muchas más ventajas siendo un vendedor que un conductor de tranvía. Clarence solicitó y obtuvo una plaza de agente en la Compañía de Seguros de Vida Nueva York.

El primer posible cliente al que Clarence visitó fue el director de la compañía de tranvías. ¡Clarence volcó toda su personalidad en aquel caballero y abandonó el despacho con una solicitud de una póliza por valor de 100.000 dólares!

La última vez que Hill le vio, Lantzer se había convertido en uno de los mejores agentes de la Compañía de Seguros de Vida de Nueva York.

¿ES USTED UNA CLAVIJA CUADRADA EN UN TALADRO RE-

DONDO? Las características, habilidades y capacidades que le hacen feliz y afortunado en un ambiente pueden crear una reacción contraria en otro. Usted tiene tendencia a hacer bien lo que quiere hacer.

Le llaman a usted una «clavija cuadrada en un taladro redondo» cuando trabaja o interviene en actividades que no le resultan naturales y que le repelen en su fuero interno. En esta desdichada situación, es mejor que cambie su situación y se sitúe en un ambiente que le agrade.

Es posible que no pueda usted cambiar su situación. En tal caso, podrá introducir modificaciones en su ambiente de tal manera que éste coincida con sus características, habilidades y capacidades y pueda usted ser feliz. Cuando así lo hace, usted «encaja con el taladro». Esta solución le ayudará a cambiar su actitud de negativa a positiva.

Si desarrolla y conserva usted un ardiente deseo de hacerlo, podrá incluso neutralizar y cambiar sus tendencias y hábitos mediante la puesta a punto de otros nuevos. Podrá usted «redondear la clavija» si se siente suficientemente estimulado. Pero, antes de alcanzar el éxito en el cambio de sus tendencias y hábitos, dispóngase a enfrentarse con conflictos mentales y morales. Podrá ganar si está dispuesto a pagar el precio. Es posible que le resulte difícil pagar cada uno de los plazos necesarios... sobre todo los primeros. Pero, cuando los haya pagado, los rasgos recién adquiridos acabarán predominando. Las antiguas tendencias y hábitos quedarán en estado latente. Será usted feliz porque hará lo que le resulta natural.

Para garantizar el éxito, conviene que trate usted celosamente de conservar su salud física, mental y moral durante este período de lucha interior.

En el siguiente capítulo, titulado «Su magnífica obsesión», aprenderá usted a neutralizar sus conflictos mentales.

GUÍA N.º 14

Ideas a seguir

1. La satisfacción es una actitud mental.

2. Su propia actitud mental es la única cosa que posee sobre la cual sólo usted ejerce un control completo.

3. Apréndase de memoria: *¡Me siento sano! ¡Me siento feliz! ¡Me encuentro estupendamente!*

4. Cuando se fije un objetivo... ¡apunte más alto!

5. Conozca las normas y aprenda a aplicarlas.

6. Fíjese un objetivo y siga intentándolo hasta que lo alcance.

7. Vea más allá de la rutina. Utilice la teoría de los «escalones».

8. *Desarrolle un descontento inspirador.*

9. ¿Qué hace usted si es *una clavija cuadrada en un taladro redondo?*

LA DERROTA PUEDE SER
UN ESCALÓN O UN OBSTÁCULO

SEGÚN SEA SU ACTITUD
POSITIVA O NEGATIVA

15

SU MAGNÍFICA OBSESIÓN

Con la idea que estamos a punto de exponerle, puede usted alcanzar unas riquezas orgánicas muy superiores a las que jamás haya podido esperar.

Esta idea le proporcionará mucha felicidad porque enriquecerá su personalidad. Y recibirá usted afecto y amor en tanta cantidad y de tal calidad como jamás hubiera creído posible.

Este principio fue expresado con gran fuerza en muchas ocasiones por el autor Lloyd C. Douglas. Cuando se retiró de su ministerio, Douglas decidió dedicarse a una forma mucho más amplia de enseñanza inspiradora: la creación de novelas. Su ministerio había llegado a cientos de personas; sus libros llegaron a miles y sus películas a millones. Y a todo el mundo predicaba el mismo mensaje básico. Sin embargo, jamás lo expresó tan claramente como en la novela *La Magnífica Obsesión*. El principio resulta tan obvio que es posible que quienes más lo necesitan no acierten a verlo en absoluto. Se trata simplemente de eso:

Desarrolle una obsesión —una Magnífica Obsesión— para ayudar a los demás.

Entréguese sin esperar una recompensa, un pago o una alabanza. Y, por encima de todo, mantenga en secreto su buena acción.

Y, si lo hace, pondrá en marcha los poderes de una ley universal. Porque, por mucho que intente evitar que le premien su buena obra, las bendiciones y las recompensas lloverán sobre usted.

INDEPENDIENTEMENTE DE QUIÉN SEA, PUEDE USTED TENER UNA MAGNÍFICA OBSESIÓN. Todas las personas pueden ayudar a las demás compartiendo una parte de sí mismas. No hay que ser rico o poderoso para desarrollar una Magnífica Obsesión. Independientemente de quién sea usted o de lo que haya sido, puede generar en su interior un ardiente deseo de ser útil a los demás.

Veamos, por ejemplo, el caso de un pecador con una Magnífica Obsesión.

Jamás conocerá usted su nombre. Es un secreto. Cuando se le pidió que ayudara a los Boys Clubs de América —una organización cuyo propósito exclusivo es el de formar el carácter de los niños— con una pequeña donación, rehusó hacerlo. Es más, se mostró muy descortés con el hombre que había acudido a entrevistarle con este propósito.

«¡Váyase! —le dijo—. ¡Estoy harto de que la gente me pida dinero!»

Mientras se encaminaba hacia la puerta para marcharse, el representante se detuvo, se volvió y miró amablemente al hombre sentado detrás de su escritorio: «Tal vez usted no quiera compartir nada con los necesitados. Pero yo sí. Compartiré con usted una parte de lo que tengo... una plegaria: "Que Dios le bendiga"». Y después se volvió rápidamente y se marchó.

Como puede ver, el representante de los Boys Clubs había recordado:

«Plata y oro no tengo, pero lo que tengo te lo doy.»
Y algunos días más tarde ocurrió algo muy curioso.

El hombre que había dicho «¡Váyase!» llamó a la puerta del despacho del representante del Club y preguntó: «¿Puedo entrar?». Traía consigo una parte de lo que podía compartir: un cheque por valor de medio millón de dólares. Mientras dejaba el cheque sobre la mesa, dijo: «Lo entrego con una condición: que nadie sepa que lo he hecho».

«¿Por qué no?», le preguntó el representante.

«No quiero dar mi nombre a los niños y a las niñas y que tengan la impresión de que soy un hombre bueno. No soy un santo. He sido un pecador.»

Por eso no conocerá usted jamás su nombre. Sólo él, el representante del Boys Club, y el Dador Más Grande que Existe conocen el nombre del pecador cuyo dinero fue entregado con el fin de ayudar a los chicos y a las chicas a evitar cometer las fechorías que él había cometido.

Al igual que el representante del Boys Club, es posible que no tenga usted dinero, pero puede compartir algo, entregando una parte de lo que posee. Y, como él, puede entregarse a una gran causa. Y cuando dé algo, hágalo con generosidad.

Sus más preciadas posesiones y sus mayores poderes son a menudo necesariamente invisibles e intangibles. Nadie puede arrebatárselos. Usted y sólo usted puede compartirlos.

Cuanto más comparta, tanto más recibirá.

Si lo duda, puede demostrárselo a sí mismo, ofreciendo una sonrisa a todas las personas con que se tropiece; una palabra amable; una respuesta agradable; estima y cordialidad; alegría; aliento; esperanza; honor, crédito y aplauso; buenos pensamientos; demostraciones de amor a sus semejantes; una plegaria por los ateos y los devotos; y dedicación de tiempo a una causa digna.

Si prueba a ofrecer algo de lo arriba apuntado, aprenderá por sí mismo aquello que, según nuestra experiencia, es uno de los principios que más difícil resulta enseñar a aquellos que más lo necesitan: cómo suscitar acciones deseables en el fuero interno de uno mismo. Hasta que lo aprenda, no podrá comprobar que lo que queda de aquello que comparte con los demás crece y se multiplica, mientras que aquello que les rehúsa a los demás disminuye y se reduce. Por consiguiente, *comparta lo que es bueno y deseable y rechace lo que es malo e indeseable.*

FORME PARTE DE UNA GRAN CAUSA. Conocemos a una madre que perdió a su única hija: una preciosa y alegre adolescente que despertaba las sonrisas y el entusiasmo de quienes tenían la suerte de conocerla. Para subsanar el dolor que le había producido esta pérdida, la madre desarrolló una Magnífica Obsesión y se convirtió en parte de una gran causa. Hoy en día es una de las miles de mujeres norteamericanas que están contribuyendo a que este mundo sea mejor. Como consecuencia de la maravillosa labor que está desarrollando y de su Magnífica Obsesión, le escribimos, rogándole que tuviera la amabilidad de hacernos partícipes de la inspiración que la había ayudado a desarrollar su Magnífica Obsesión. Nos contestó en los siguientes términos:

La dolorosa agonía de la pérdida de nuestra querida hija nunca se aparta de mi mente. Concebida con amor y educada con amor, ella representaba todo nuestro futuro y nuestras esperanzas en todos los sentidos. El Todopoderoso nos arrebató a nuestra única hija a la edad de catorce años y medio. Resulta imposible describir nuestra pérdida. La alegre promesa de futuro se apagó porque la luz de nuestras vidas se había extinguido. Todo aquello por lo que habíamos vivido con intensidad quedó vacío. Todo lo que era dulce se volvió amargo.

Mi esposo y yo reaccionamos como todo el mundo. Toda nuestra existencia se hallaba cercada por una pregunta eternamente sin respuesta: ¿POR QUÉ? Mi esposo se retiró, vendimos nuestra casa y, buscando un alivio, emprendimos largos viajes. Tan sólo regresamos cuando nos enfrentamos con la dura realidad de que no podíamos huir de nuestra tristeza y de nuestros recuerdos. Lentamente, muy lentamente, reconocimos que nuestra pérdida no era exclusiva. Habíamos buscado consuelo y no lo habíamos hallado porque nuestras motivaciones eran egoístas. Fueron necesarios muchos meses para que mi mente empezara a aceptar el hecho de que todas las alegrías de los hijos, de la salud y de la seguridad eran bendiciones que el Todopoderoso otorga a cada uno de nosotros. Estas infinitas dádivas que nosotros, personas finitas, damos por descontadas debieran ser estimadas en su verdadero significado y en su enorme e insustituible valor.

¿Cómo podría hacerme acreedora al derecho de conservar las demás dádivas? ¿Cómo podría mostrarle al cielo mi estima y mi gratitud por el amor de mi esposo, por el hecho de vivir en esta gran nación nuestra, por mis amigos y mis cinco sentidos intactos, por todas las cosas buenas que me rodeaban? Mis esfuerzos por encontrarme a mí misma empezaron a avanzar en la dirección adecuada.

A pesar de haberme privado de mi más preciada posesión, el Todopoderoso me había compensado con una capacidad de identificación con los demás y una más clara comprensión de los problemas que a todos nos acosan. También, empezó a aumentar rápidamente mi comprensión en lo referente a mi adaptación a la pérdida que había sufrido, al tiempo que se incrementaba mi afán de servicio a los demás.

Traté de buscar el remedio en alguna tarea social capaz de permitirme dejar mi pequeña parcela de humanidad en lugar de mi querida hija, y hallé la respuesta en la Ciudad de la Esperanza.

Y ahora, a medida que pasa el tiempo, mi paz de espíritu (llámenla, si quieren, una Magnífica Obsesión) va aumentando. Deseo fervientemente que todos aquellos que sufren la pérdida de un ser querido puedan hallar consuelo y serenidad en el servicio a los demás.

Hoy en día, la Ciudad de la Esperanza, un centro nacional de medicina e investigación, *atiende gratuitamente a los pacientes*. Sus servicios se prestan con el más alto nivel humanitario en la creencia de que «el hombre es el guardián de su hermano». Esta madre maravillosa halló la paz de espíritu en una obsesión auténticamente magnífica.

Todo un país —e incluso todo el mundo— puede verse afectado por la Magnífica Obsesión de un solo hombre que desee compartir una parte de lo que posee. Orison Swett Marden era un hombre que compartió una parte de lo que poseía y desarrolló una Magnífica Obsesión que cambió la actitud de las personas de negativa a positiva.

LAS SEMILLAS INTELECTUALES DE UN LIBRO SE CONVIRTIERON EN UNA MAGNÍFICA OBSESIÓN. A la edad de siete años, Orison Swett Marden se quedó huérfano. Tuvo que ganarse el alojamiento y la comida. A una edad muy temprana, leyó la obra *Autoayuda*, del autor escocés Samuel Smiles, quien como Marden, se había quedado huérfano a temprana edad y había descubierto los secretos del verdadero éxito. Las semillas de pensamiento del libro *Autoayuda* crearon en Marden un ardiente deseo que se convirtió en una Magnífica Obsesión e hizo que su mundo fuera un mundo mejor en el que vivir.

Durante el período de prosperidad que precedió al

pánico de 1893, Marden era propietario y director de cuatro hoteles. Dado que había encomendado la dirección de dichos establecimientos a terceros, dedicaba buena parte de su tiempo a escribir un libro. En realidad, estaba cumpliendo el deseo de escribir un libro capaz de estimular a los jóvenes norteamericanos, tal como el libro *Autoayuda* le había estimulado a él. Estaba trabajando con diligencia en su manuscrito de inspiración cuando una jugarreta del destino se abatió sobre él y puso a prueba su temple.

Marden puso a su obra el título de *Empujando hacia adelante* y eligió el lema: «¡Procura que todas las ocasiones sean una gran ocasión para ti porque no puedes decir cuándo el destino puede tomarte las medidas para un puesto más alto!»

Y, en aquel instante, el destino le estaba tomando a él las medidas para un puesto más alto. La desgracia que se abatió sobre él hubiera arruinado a muchos hombres. ¿Qué sucedió?

Se produjo el pánico de 1893. Dos de los hoteles de Marden se incendiaron y quedaron arrasados. Su manuscrito, casi completo, resultó destruido. Su riqueza tangible se esfumó.

Pero Marden tenía una Actitud Mental Positiva. Miró a su alrededor para ver qué le había ocurrido a la nación y a él mismo. Su primera conclusión fue que el pánico había sido provocado por el temor: el temor al valor del dólar norteamericano; el temor causado por el derrumbamiento de algunas grandes empresas; el temor a los valores bursátiles; y el temor a la intranquilidad industrial.

Aquellos temores motivaron la caída del mercado bursátil. Quinientos sesenta y siete bancos y compañías fiduciarias y de crédito, así como ciento cincuenta y seis compañías de ferrocarril fueron a la quiebra. Las huelgas arreciaban en todas partes. El desempleo afectaba a millones de personas. A causa de la sequía y del calor, se malograron las cosechas de los agricultores.

Marden contempló a su alrededor aquel desastre material y humano. Vio la necesidad de que alguien o algo inspirara a la nación y a su pueblo. Le hicieron ofertas para dirigir otros hoteles. Las rechazó. Se había apoderado de él un deseo, una Magnífica Obsesión. Y él la combinó con su AMP. Se dispuso a trabajar en un nuevo libro. Su nuevo lema era un mecanismo de autoarranque: *¡Todas las ocasiones son una gran ocasión!*

«Si ha habido alguna vez un momento en que Norteamérica haya necesitado la ayuda de una Actitud Mental Positiva, es ahora», les dijo a sus amigos.

Trabajaba en una caballeriza y vivía con un dólar y medio a la semana. Trabajaba casi incesantemente, día y noche. Completó la primera edición de *Empujando hacia adelante* en 1893.

La obra tuvo una gran acogida inmediata. Se utilizaba ampliamente en las escuelas públicas como libro de texto y como lectura suplementaria. Las empresas lo distribuían entre sus empleados. Distinguidos educadores, estadistas y dignatarios de la Iglesia, comerciantes y jefes de venta elogiaban la obra, calificándola de poderoso factor de estímulo cara a una Actitud Mental Positiva. Y, a su debido tiempo, ésta se editó en veinticinco idiomas distintos. Se vendieron millones de ejemplares.

Marden, al igual que los autores de *La actitud mental positiva: un camino hacia el éxito*, creía que el *carácter es la piedra angular para la construcción y la conservación del éxito*. Creía que los más elevados y mejores logros son la noble virilidad y feminidad, y que el hecho de alcanzar una auténtica honradez y un carácter templado ya constituye un éxito de por sí. Enseñó los secretos del éxito económico y comercial. Pero desarrolló también una enérgica protesta contra el afán de ganar dólares y la codicia desmedida. Enseñó que *hay algo infinitamente mejor que ganarse la vida: es llevar una vida noble.*

Marden mostró de qué manera algunos hombres pueden ganar millones y ser unos auténticos fracasados. Aquellos que sacrifican su familia, su fama y su salud —todo— por los dólares son unos fracasados en la vida por mucho dinero que hayan acumulado. Enseñó que uno puede alcanzar el éxito sin convertirse en presidente o millonario.

Tal vez uno de los mayores logros de la Magnífica Obsesión de Marden fue el hecho de inculcar a los hombres y a las mujeres la idea de que tan sólo podrían alcanzar el éxito empleando las virtudes que desearían ver en sus hijos.

Es posible que a Marden le resultara igualmente satisfactorio el hecho de que *Empujando hacia adelante* sirviera para cambiar la actitud de toda una nación de negativa a positiva. Y esta influencia se dejó sentir en todo el mundo.

Marden demostró que un ardiente deseo puede generar aquel impulso a la acción que es imprescindible para alcanzar grandes logros.

Tal como ha podido usted comprobar, hizo falta valor y sacrificio para que Orison Swett Marden convirtiera su Magnífica Obsesión en realidad.

Una Magnífica Obsesión requiere valor. Es posible que tenga usted que permanecer solo en su combate contra el ridículo y la ignorancia de los expertos. Al igual que a los grandes descubridores, creadores, inventores, filósofos y genios, es posible que lo tengan por «loco» o un «chiflado». Los expertos tal vez digan que usted está tratando de hacer lo que no se puede hacer. Con el tiempo, su ardiente deseo y su continuado esfuerzo convertirán su Magnífica Obsesión en realidad. Cuando los demás digan: «No se puede hacer», ¡busque un medio de hacerlo!

¡Una Magnífica Obsesión triunfará a pesar de los obstáculos que se interpongan en su camino! Hace muchos años, un estudiante de la Universidad de Chicago asistió con unos amigos a una conferencia de sir Arthur Conan Doyle acerca del espiritualismo. Acudieron allí para divertirse. Tenían intención de tomárselo a broma. A uno de aquellos estudiantes, llamado J. B. Rhine, le impresionó la seriedad del conferenciante. Empezó a prestar atención. Algunas ideas calaron hondo en su mente. No podía apartarlas de su pensamiento. Sir Arthur Conan Doyle se refirió a hombres de gran reputación que estaban investigando el reino de los fenómenos psíquicos. J. B. Rhine decidió dedicarse a la investigación.

Refiriéndose a aquel incidente, el doctor Rhine, director del Laboratorio de Parapsicología de la Universidad de Duke, Carolina del Norte, dijo hace algún tiempo: «Allí se dijeron cosas que yo hubiera tenido que conocer en mi calidad de estudiante universitario. Empecé a reconocer algunas. Mi educación había omitido muchas cosas importantes, tales como los medios de buscar lo desconocido. Empecé a comprender algunos de los defectos del sistema educativo de la época».

Empezó a interesarse por la libertad de todos con el fin de poder adquirir nuevos conocimientos. Empezó a rechazar un sistema en el que la búsqueda de la verdad de cualquier forma o en cualquier cuestión se convertía en tabú. Empezó a desarrollar un ardiente deseo de conocer científicamente la verdad en relación con las facultades psíquicas del hombre. Su ardiente deseo se convirtió en una Magnífica Obsesión.

Rhine tenía el propósito de dedicar su vida a la docencia universitaria. Le advirtieron de que perdería su reputación y de que se pondría en duda su capacidad de ganarse la vida como profesor. Sus amigos y los profesores universitarios le ridiculizaron y se esforzaron por disuadirle de su propósito. Algunos empezaron a esquivarle. «Tengo que averiguarlo por mí mismo», le dijo a un científico amigo suyo.

El amigo le contestó: «¡Cuando lo averigües, guárdatelo para ti! ¡Nadie te va a creer!».

Se guardó los descubrimientos para sí hasta que pudo contar con unas pruebas científicas irrefutables. Hoy en día es honrado y respetado en todo el mundo.

En el transcurso de los últimos cuarenta y cinco años, sus batallas han sido luchas *con uñas y dientes* contra los tabúes, la ignorancia, la rivalidad y el ridículo.

Uno de los mayores obstáculos con los que ha tenido que enfrentarse constantemente el doctor Rhine a lo largo de su vida ha sido la falta del dinero necesario para ampliar sus investigaciones. En determinado momento, por ejemplo, tuvo que construirse un aparato de EEG (electroencefalograma) con las piezas que encontró en un montón de basura. Lo había desechado un hospital.

¿Ha pensado usted alguna vez que puede desarrollar una Magnífica Obsesión convirtiéndose en parte de una gran causa y entregando parte de lo que posee? Si lo ha hecho, ya habrá comprendido que existen hoy en día muchos profesores de enseñanza superior y universitaria cuyas Magníficas Obsesiones consisten en buscar la verdad en los distintos campos, de tal manera que toda la humanidad pueda beneficiarse de sus descubrimientos. Dado que estas personas se pasan todo el tiempo buscando estas verdades, casi siempre se ven agobiadas por la falta de dinero a la hora de comprar el equipo necesario y obtener los medios de subsistencia para sí mismos y para las demás personas que participan en los proyectos, etc.

Usted puede convertirse en parte de esta causa y convertir así en realidad su Magnífica Obsesión. Puede encontrar a estas personas en casi todos los centros de enseñanza superior o universitaria.

¡El dinero y una Magnífica Obsesión! Usted podría preguntarse: «¿Cómo se puede mencionar el dinero junto con una Magnífica Obsesión?». En tal caso, nosotros le contestaríamos: «¿No es bueno el dinero?»

¿ES BUENO EL DINERO? ¿Es bueno el dinero? Muchas personas con mentalidad negativa dicen: «*El dinero* es el origen de todos los males». La Biblia dice, en cambio: «*El amor al dinero* es el origen de todos los males». Y existe una gran diferencia entre ambas afirmaciones, aunque la diferencia no consista más que en una pequeña palabra.

A los autores les ha sorprendido comprobar que las personas con mentalidad negativa reaccionan desfavorablemente a la obra *Piense y hágase rico* y su contenido. Porque estas personas de mentalidad negativa podrían ganar en un solo año más de lo que ahora ganan en toda una vida, cambiando su actitud de negativa a positiva. Para ello sería necesario que eliminaran las telarañas de su mente en relación con el dinero.

En nuestra sociedad, el dinero es un medio de intercambio. El dinero es poder. Y, como todo poder, el dinero puede ser utilizado para el bien o para el mal. *Piense y hágase rico* ha estimulado a muchos miles de lectores a adquirir grandes riquezas mediante una AMP. Éstos se han sentido inspirados con *Piense y hágase rico*, leyendo las biografías de hombres tales como Henry Ford, William Wrigley, Henry L. Doherty, John D. Rockefeller, Thomas Alva Edison, Edward A. Filene, Julius Rosenwald, Edward J. Bok y Andrew Carnegie.

Estos hombres que acabamos de citar crearon fundaciones que actualmente superan en conjunto los mil millones de dólares: dinero dedicado exclusivamente a fines benéficos, religiosos y educativos. Los desembolsos y donaciones de estas fundaciones superan los 200 millones de dólares en un solo año.

¿Es bueno el dinero? Nosotros sabemos que sí.

Las Magníficas Obsesiones de estos hombres perdurarán eternamente.

Y la historia de la vida de Andrew Carnegie convencerá al lector de que Carnegie compartió con los demás una parte de lo que tenía: dinero, filosofía y algo más. De hecho, *La actitud mental positiva: un camino hacia el éxito* no se hubiera escrito de no haber sido por Andrew Carnegie. De ahí que el libro esté dedicado a él y a usted.

Hablemos de él y de usted. Aprendamos de su filosofía. Veamos de qué manera podemos aplicarla a nuestra vida.

¡Una sencilla filosofía se convirtió en una Magnífica Obsesión! Un pobre inmigrante escocés se convirtió en el hombre más rico de Norteamérica. Su inspiradora historia y su estimulante filosofía se hallan expuestas en la *Autobiografía de Andrew Carnegie*.

Desde muchacho, y durante toda su vida, Carnegie actuó movido por una sencilla filosofía básica: *¡Cualquier cosa en la vida que valga la pena tener, merece que se trabaje por ella!* Esta sencilla filosofía se convirtió en una Magnífica Obsesión.

Y antes de morir a la edad de ochenta y tres años, Carnegie había trabajado con diligencia durante muchos años, compartiendo inteligentemente sus grandes riquezas con sus conciudadanos y con las futuras generaciones.

Mientras vivió, Carnegie logró ceder aproximadamente quinientos mil dólares por medio de donaciones directas o fundaciones. Su entrega de millones de dólares para la creación de bibliotecas constituye un célebre ejemplo de la aplicación de su norma:

¡Cualquier cosa en la vida que valga la pena tener, merece que se trabaje por ella!

Y los libros de estas bibliotecas han sido y seguirán siendo beneficiosos tan sólo para aquellas personas que se esfuerzan por adquirir los conocimientos, la comprensión y la sabiduría que encierran mediante su lectura y estudio.

En el año 1908, Napoleón Hill, que contaba entonces dieciocho años y trabajaba como reportero de una revista para pagarse los estudios, entrevistó al gran fabricante de acero, filósofo y filántropo. La primera entrevista duró tres horas. Y después, aquel gran hombre invitó al joven a su casa.

Durante tres días, Carnegie adoctrinó a Napoleón Hill en su filosofía. Al final, invitó al joven reportero a dedicar por lo menos veinte años de su vida al estudio y la investigación y a descubrir los sencillos principios fundamentales del éxito. Andrew Carnegie le dijo a Napoleón Hill que su mayor riqueza consistía no en el dinero sino en lo que él calificaba de... *la filosofía de la realización americana.* Encargó a Napoleón Hill la misión de ser su agente y de compartir dicha filosofía con el mundo.

Y, en este libro, Hill la está compartiendo con usted.

Mientras vivió, Andrew Carnegie ayudó a Napoleón Hill, proporcionándole cartas de presentación para los más grandes hombres y mujeres de su época. Le aconsejó. Compartió sus pensamientos con él. Le ayudó en todos los sentidos, menos en una cosa: el dinero. Porque decía: *Cualquier cosa en la vida que valga la pena tener, merece que se trabaje por ella.*

Él sabía que la aplicación de este factor de automotivación suscitaría la felicidad y la salud física, mental y espiritual así como la riqueza. Todo el mundo puede aprender y aplicar los principios de Andrew Carnegie.

Es costumbre que un hombre comparta su riqueza tangible con sus seres queridos a lo largo de la vida o que lo haga en su testamento. Este mundo en que vivimos sería un mundo mejor si cada persona dejara como herencia a la posteridad la filosofía y los conocimientos que le reportaron felicidad, salud física, mental y moral así como riqueza... tal como hizo Andrew Carnegie.

Las obras de Napoleón Hill ponen a su disposición los principios mediante los cuales Carnegie adquirió su gran riqueza. Estos principios son tan aplicables a usted como lo fueron a él.

Otro hombre acaudalado que tenía una Magnífica Obsesión y que compartió una parte de lo que tenía fue Michael L. Benedum. Su íntimo amigo, el senador de los Estados Unidos Jennings Randolph, nos dijo que Benedum había empezado ganando un salario de veinticinco dólares semanales y luego se convirtió en uno de los hombres más ricos de Norteamérica. Su fortuna estaba calculada en más de cien millones de dólares. Y, sin embargo, el momento decisivo de su carrera se inició a raíz de un incidente sin importancia.

Cuando contaba veinticinco años, Benedum cedió cortésmente su asiento en un tren a un anciano desconocido. A Benedum le pareció lógico hacerlo así. El anciano desconocido resultó ser John Worthington, superintendente general de la compañía petrolífera South Penn. En el transcurso de la conversación que entabló con él, Worthington le ofreció a Mike Benedum un empleo. Benedum aceptó y posteriormente se convirtió en la «persona que más petróleo hubiera descubierto jamás».

Algunas personas afirman que se puede juzgar a un hombre mediante la filosofía que rige su vida. La filosofía de Mike Benedum acerca del dinero era en esencia la siguiente: «Yo no soy más que un depositario de la misma, y seré responsable del bien que pueda hacer con él tanto en la comunidad como en las oportunidades que ofrezca a las personas concretas que acudan a mí..., de la misma manera que hace tiempo me dieron también a mí una oportunidad».

Al igual que otros muchos hombres con una Magnífica Obsesión, Benedum vivió hasta una edad muy avanzada. Al cumplir los ochenta y cinco años, dijo: «Me han preguntado cómo me conservo a mi edad. Mi fórmula consiste en mantenerme ocupado de tal manera que los años pasen sin sentir. No despreciar nada como no sea el egoísmo, la mezquindad y la corrupción. No temer nada como no sea la cobardía, la deslealtad y la indiferencia. No desear nada que pertenezca a mi vecino como no sea su bondad y su paz de espíritu. Pensar muchas, muchas veces en mis amigos y, a ser posible, raras veces en mis enemigos. A mi modo de ver, la edad no es una cuestión de años. Es un estado mental. Uno es tan joven como su fe, y hoy pienso que tengo más fe que nunca en mi prójimo, en mi país y en mi Dios».

Se vive más con una Magnífica Obsesión. Es la historia de siempre: el hombre que tiene algo por lo que luchar vive más. Lo comprendimos cuando tuvimos ocasión de conocer bien a hombres como el honorable Herbert Hoover y el general Robert E. Wood, que tanto hicieron por la juventud norteamericana cuando compartieron su tiempo y su dinero con los Boys Clubs de América. Ambos vivieron mucho tiempo gracias a su Magnífica Obsesión. Dedicaron sus pensamientos y su tiempo a proyectos en beneficio de los demás y, puesto que sus vidas fueron las buenas vidas de unos hombres con una Magnífica Obsesión, experimentaron el placer y el valor terapéutico de la estima y el amor de sus semejantes.

Como es lógico, quizá no posea usted la riqueza material de un Andrew Carnegie o un Michael L. Benedum, pero eso no tiene que impedirle desarrollar una Magnífica Obsesión. Por lo menos, a Irving Rudolph no se lo impidió.

¡Están todos en la cárcel menos mi hermano y yo! Irving dedicó su vida a ayudar a los muchachos de los barrios bajos. Lo hizo en agradecimiento por haber sido salvado gracias a un nuevo Boys Club que se fundó en el mísero barrio en el que creció.

¿Cómo empezó Irving Rudolph a trabajar en el Boys Club?

Vivía en un barrio pobre: entre la North Avenue y la Halsted Street de Chicago. Se mezclaba con gente de mal vivir. Había muchas dificultades. Muchas cosas en las que los muchachos no hubieran tenido que meterse. Y éstos no podían ocupar su tiempo en otras cosas para no meterse en problemas. Un día se montó un Boys Club en una iglesia abandonada del barrio.

«Mi hermano y yo éramos los únicos componentes del grupo que frecuentábamos el club —explicó Irving—. Estaban todos en la cárcel menos mi hermano y yo. De no haber sido por el Lincoln Unit Boys Clubs, nosotros también hubiéramos acabado allí.»

Irving se mostró agradecido por lo que el Boys Club había hecho por él y por su hermano. Y dedicó su vida a ayudar a los chicos de los barrios pobres. Gracias a su entusiasmo y a su celo, se recibieron grandes donaciones para los Boys Clubs de Chicago. A través de él, hombres y mujeres influyentes se sintieron atraídos hacia esta causa.

«Pienso que mi labor no es más que una muestra de gratitud a una Potencia Superior por habernos conducido a mí y a mi hermano bajo su influencia —dijo Irving—. Visiten ustedes los Boys Clubs. Vean por sí mismos la buena labor que se está realizando allí. Entonces sentirán en parte lo que yo siento por los muchachos que tienen la necesidad que yo tenía.»

Hay miles de hombres y mujeres que están haciendo realidad su Magnífica Obsesión mediante el sacrificio de su tiempo y de su dinero en favor de los Boys Clubs de América. Su vida se ha beneficiado de sus Magníficas Obsesiones si...

SI...

Si hace lo posible por no mancillar su honor por medio de la mentira o el engaño, y trata siempre de asumir la responsabilidad que le ha sido asignada...

Si conserva la limpieza del cuerpo y del espíritu, con costumbres limpias, lenguaje limpio, deporte limpio, si se asocia con personas limpias...

Si defiende los derechos de los demás contra la indeseable influencia y las coacciones de los amigos y las amenazas de los enemigos, si la derrota le estimula a esforzarse por triunfar, si tiene el valor de enfrentarse con el peligro a pesar del miedo...

Si trabaja fielmente y aprovecha al máximo sus oportunidades, si no destruye sin motivo las propiedades, si ahorra dinero para poder costearse sus propios gastos en este mundo y, al mismo tiempo, es generoso con los necesitados y dedica tiempo y ayuda económica a las causas dignas, si hace una buena obra cada día sin esperar recompensa...

Si es amigo de todos y se comporta como un hermano con todos los hombres, las mujeres y los niños, independientemente de su raza, color o religión...

Si está dispuesto a aprender a conocer los peligros, a huir de la negligencia y a conocer los remedios necesarios para ayudar a los heridos y salvar vidas humanas, a compartir los deberes y las responsabilidades en su hogar y en su lugar de trabajo...

Si es cortés con todo el mundo, especialmente con los débiles, los inválidos y los desgraciados...

Si no mata o causa innecesariamente daño a ninguna criatura viviente, sino que se esfuerza por proteger a todos los animales...

Si sonríe cuando puede, si realiza su trabajo con rapidez y alegría, y si nunca refunfuña ni evita las responsabilidades o los trabajos arduos...

Si es leal con todos aquellos a quienes se les debe

lealtad, con los miembros de su familia, con la empresa en la que trabaja, con su país...

Si respeta a las autoridades legalmente constituidas y obedece lo que no sea contrario a su código moral...

Si se esfuerza al máximo por cumplir con su deber para con Dios y su país, por ayudar a otras personas en todo momento, por conservarse físicamente fuerte, mentalmente despierto y moralmente recto...

En tal caso, vivirá y actuará usted de acuerdo con el Juramento y Ley de los Boys Clubs de América, grabados en su subconsciente. ¿Qué clase de persona sería usted si viviera de acuerdo con estas normas?

Los Estados Unidos son un gran país porque su pueblo vive de acuerdo con una gran filosofía que puede simbolizarse en la frase «*El gran corazón americano*».

Henry J. Kaiser fue otra de las personas animadas por una Magnífica Obsesión. Se esforzó mucho por convertir su mundo en un mundo mejor. Una cita colgada en la pared de una herrería de Inglaterra le sirvió de estímulo de la misma manera que tal vez le sirva de estímulo a usted. Es la siguiente:

«¡Cómo! ¿Dar otra vez? —pregunté aterrado—.
¿Y tengo que seguir dando y dando siempre?»
«¡Oh, no —dijo el ángel, mirándome fijamente—.
Sigue dando hasta que el Maestro deje de
[darte a ti!»

Hasta ahora, se ha puesto usted en marcha por *Donde se inicia el camino hacia el éxito*, ha sido despertado por *Cinco «bombas mentales» para enfrentarse al éxito* y ha recibido la *Llave de la Ciudadela de la Riqueza*. Ahora: *¡Prepárese a alcanzar el éxito!* Éste es el propósito de los siguientes capítulos.

GUÍA N.º 15

Ideas a seguir

1. Para desarrollar una Magnífica Obsesión: entréguese a los demás sin esperar recompensa, pago o alabanza. *Mantenga en secreto sus buenas obras.*

2. Independientemente de quién sea usted o de lo que haya sido, puede crear en su fuero interno un ardiente deseo de ser útil a los demás. Puede desarrollar una Magnífica Obsesión propia si tiene una AMP.

3. Cuando entregue a los demás una parte de lo que tenga, lo que quede se multiplicará y crecerá. Cuanto más comparta, tanto más tendrá. Por consiguiente, comparta lo que es bueno y deseable, y rechaze lo que es malo e indeseable.

4. Usted puede desarrollar su Magnífica Obsesión, convirtiéndose en parte de una buena causa, tal como hizo la madre que perdió a su única hija.

5. El carácter es la piedra angular de la construcción y la conservación del éxito. Pero, ¿cómo puede usted mejorar su carácter? *La actitud mental positiva: un camino hacia el éxito* le ayudará a encontrar las respuestas adecuadas.

6. Hay algo infinitamente mejor que ganarse la vida: llevar una vida noble. ¿Lo cree usted así? Si lo cree, ¿qué hará al respecto?

7. Un ardiente deseo puede generar aquel impulso a actuar que es esencial para los grandes logros. Para desarrollar un ardiente deseo de alcanzar un objetivo determinado, tenga diariamente en cuenta dicho objetivo. Y esfuércese por alcanzarlo.

8. Hace falta valor y sacrificio para desarrollar y conservar una Magnífica Obsesión. Es posible que se vea obligado a enfrentarse en solitario con el ridículo y la ignorancia de los demás, tal como le ocurrió al doctor Joseph Banks Rhine.

9. Algunas personas dicen que el dinero es la raíz de todos los males. En cambio, la Biblia dice: «*El amor al dinero* es la raíz de todos los males». La bondad o la maldad del dinero depende de una pequeña diferencia: esta pequeña diferencia se refiere a su *actitud*, la cual puede ser positiva o negativa.

10. Hombres como Andrew Carnegie, Henry Ford, Michael Benedum utilizaron el poder de su dinero para crear fundaciones benéficas, educativas y religiosas. ¡El bien que se ha podido realizar gracias a la Magnífica Obsesión de semejantes hombres perdurará eternamente!

11. *Cualquier cosa en la vida que valga la pena tener, merece que se trabaje por ella.*

12. Cuando se le pida que dedique dinero o tiempo a una causa digna, repita en su fuero interno:

«¡Cómo! ¿Dar otra vez? —pregunté aterrado—.
¿Y tengo que seguir dando y dando siempre?»

«¡Oh, no —dijo el ángel, mirándome fijamente—.
Sigue dando hasta que el Maestro deje de darte a ti!»

¡LO QUE COMPARTAS CON LOS DEMÁS
SE MULTIPLICARÁ
Y LO QUE LES NIEGUES, MENGUARÁ!

CUARTA PARTE

¡Prepárese a alcanzar el éxito!

16

CÓMO ELEVAR SU NIVEL DE ENERGÍA

¿Cómo está hoy su nivel de energía? ¿Se ha levantado con ansias de afrontar las tareas que tenía por delante? ¿Ha empujado hacia atrás la silla de su mesa de desayuno con la sensación de que estaba impaciente por salir? ¿Y se ha lanzado a su trabajo con entusiasmo?

¿No? Tal vez lleve usted algún tiempo sin la fuerza y el vigor necesarios como para pensar que hubiera debido hacerlo. Tal vez se siente cansado antes de que empiece la jornada y se arrastra por su trabajo sin alegría.

En tal caso, ¡hagamos algo al respecto!

Vernon Wolfe, entrenador de atletismo, es un experto que puede indicarle lo que debe hacer. Es uno de los más destacados entrenadores del país. Bajo su guía, varios estudiantes de enseñanza superior han batido récords nacionales de escuelas preuniversitarias.

¿Cómo entrena a estos astros? Wolfe tiene un doble método. Les enseña a preparar simultáneamente los *cuerpos* y las *mentes*.

«Si *cree* que puede hacerlo —dice Vernon Wolfe—, puede hacerlo las más de las veces. Es el espíritu *sobre* la materia.»

HAY DOS TIPOS DE ENERGÍA. Una es física y la otra mental y espiritual. Esta última es mucho más importante, porque puede extraer usted de su subconsciente una enorme capacidad y fuerza en momentos de necesidad.

Piense, por ejemplo, en las grandes hazañas que se han descrito sobre personas que estaban bajo los efectos de una intensa emoción. Se produce un accidente de automóvil y el marido queda atrapado debajo del vehículo volcado. ¡En un momento de temor y decisión, su pequeña y frágil esposa consigue levantar el automóvil lo suficiente como para liberarle! O un loco, con la mente dominada por su perturbado subconsciente, puede romper, levantar, doblar y arrojar objetos con una fuerza de la que jamás podría hacer gala en momentos de normalidad.

En una serie de artículos para *Sports Illustrated*, el doctor Roger Bannister reveló de qué manera había conseguido establecer por primera vez el récord de la milla en cuatro minutos, el 6 de mayo de 1954, adiestrando tanto su mente como sus músculos a fin de convertir en realidad aquel sueño largo tiempo perseguido en el mundo del atletismo. Durante meses, entrenó su subconsciente en la creencia de que aquel récord, que algunas personas consideraban imbatible, se podía batir. Otros opinaban que el tiempo de cuatro minutos constituía una barrera. Bannister lo consideraba en cambio una puerta que, una vez franqueada, abriría el camino de muchos nuevos récords para sí mismo y para otros corredores.

Y, como es lógico, estaba en lo cierto. Roger Bannister rompió la barrera. ¡Durante un período de algo más de cuatro años desde que por primera vez se había establecido el récord de la milla en cuatro minutos, la proeza fue realizada cuarenta y seis veces por él mismo y por otros corredores! ¡Y en una carrera celebrada en Dublín, Irlanda, el 6 de agosto de 1958, cinco corredores corrieron la milla en menos de cuatro minutos!

El hombre que le enseñó a Roger Bannister el secreto era el doctor Thomas Kirk Cureton, director del laboratorio de aptitud física de la Universidad de Illinois. El doctor Cureton ha desarrollado unas ideas revolucionarias en relación con el nivel de energía del cuerpo. En su opinión, dichas ideas pueden aplicarse tanto a los deportistas como a las personas que no practican ningún deporte. Pueden permitir que un corredor corra con mayor rapidez y que el hombre corriente viva más tiempo.

«No hay ninguna razón —dice el doctor Cureton— para que un hombre no posea la misma aptitud a los 50 años que a los 20... siempre y cuando sepa cómo adiestrar su cuerpo.»

El sistema del doctor Cureton se basa en dos principios: (1) Adiestre todo el cuerpo; (2) llegue hasta el límite de su resistencia y amplíe el límite en cada sesión de entrenamiento.

«El arte de batir récords —dice— es la capacidad de sacar de uno mismo más de lo que se tiene. Se castiga uno más y más y descansa entre cada sesión.»

El doctor Cureton tuvo ocasión de conocer a Roger Bannister mientras estaba realizando pruebas de aptitud física entre los astros del deporte europeo. Observó que el cuerpo de Bannister estaba maravillosamente desarrollado por determinados conceptos. Por ejemplo, su corazón era un 25 por ciento más grande que lo normal en proporción con el tamaño de su cuerpo. Pero, en cuanto al resto, Bannister no estaba tan bien desarrollado como el hombre corriente. Bannister siguió el consejo de Cureton en lo concerniente al desarrollo de *todo* su cuerpo. Aprendió a entrenar su mente dedicándose el montañismo. Ello le enseñó a superar los obstáculos.

Y, lo que no es menos importante, aprendió a desmenuzar los grandes objetivos, fragmentándolos. Roger Bannister pensó que un hombre corría con más rapidez un solo cuarto de milla que los cuatro cuartos de toda la milla. Por consiguiente, se acostumbró a pensar en los cuatro cuartos por separado. Durante sus entrenamientos, corría un cuarto de milla y después daba lentamente una vuelta a la pista para descansar. A continuación, corría otro cuarto de milla. Cada vez se proponía correr el cuarto en 58 segundos o menos. Cincuenta y ocho por cuatro es igual a 232 segundos, es decir, tres minutos cincuenta y dos segundos. Corría hasta casi sufrir un colapso y después descansaba. Cada vez, el punto de colapso iba un poco más allá. Cuando, al final, disputó la gran carrera, ¡la realizó en 3 minutos 59,6 segundos!

El doctor Cureton enseñó a Roger Bannister que «cuanto más resiste el cuerpo, tanto más resistirá». Las creencias acerca del «exceso de entrenamiento» y el «desgaste», dice, son un mito.

Subraya, sin embargo, que el descanso es tan importante como el ejercicio y la actividad. El cuerpo necesita recuperar en cantidades todavía mayores lo que el ejercicio ha consumido. De esta manera se desarrollan la fuerza, la vitalidad y la energía. El cuerpo y la mente vuelven a recargarse durante los períodos de descanso y relajación. Si no les ofrece usted la oportunidad de hacerlo, pueden producirse graves daños e incluso la muerte.

¿Es hora de recargar su batería? No tiene ninguna gracia ser el hombre más rico del cementerio. Usted no querrá sin duda ser el mejor científico, médico, ejecutivo, vendedor o empleado, descansando

—prematuramente— bajo una adornada lápida sepulcral. Una madre, una esposa, un padre, un hijo o una hija querida pueden generar felicidad. ¿Por qué generar la aflicción en su lugar? ¿Por qué permanecer confinado en un sanatorio mental o yacer embalsamado dos metros por debajo de una capa de hermosa hierba verde... simplemente porque un desgaste innecesario causó daños a una batería que no fue recargada?

El niño pequeño no sabe cuándo está excesivamente cansado. Pero lo demuestra sin duda a través de su comportamiento y sus acciones.

Es posible que el adolescente se percate de que está excesivamente fatigado, pero se niegue a reconocerlo... incluso en su fuero interno. En tal caso, los problemas sexuales, familiares, escolares y sociales pueden parecer insolubles e insoportables. Y es posible que le impulsen a realizar actos destructivos... actos que pueden lastimarle a él y a los demás.

Cuando su nivel de energía es bajo, es posible que su salud y sus características positivas se sientan dominadas por una actitud negativa. Como un acumulador, usted estará muerto cuando su nivel de energía equivalga a cero. ¿Cuál es la solución? ¿Recargar la batería? ¿Cómo? ¡Relájese, juegue, descanse y duerma!

CÓMO SABER CUÁNDO HAY QUE RECARGAR LA BATERÍA. He aquí una lista de comprobación que le ayudará a establecer su actual nivel de energía. Puede usted utilizarla siempre que advierta que su nivel de energía está descendiendo. Si es usted una persona bien equilibrada, es posible que tenga que recargar su batería cuando actúe y se sienta:

Indebidamente soñoliento o cansado.
Falto de tacto, antipático, receloso.
Irritable, sarcástico, mezquino.
Nervioso, excitable, histérico.

Preocupado, temeroso, celoso.
Brusco, despiadado, excesivamente egoísta.
Excesivamente emocional, deprimido o frustrado.

¡LA AMP EXIGE UN BUEN NIVEL DE ENERGÍA... Y VICE-
VERSA! Cuando se siente usted fatigado, sus sentimientos, emociones, pensamientos y acciones habitual-
mente positivos muestran tendencia a resultar negativos. Cuando se encuentra descansado y goza de buena salud, la dirección cambia de nuevo a positiva. A
menudo, la fatiga saca lo peor que hay dentro de usted. ¡Cuándo su batería está cargada y su nivel de
energía y actividad es normal, se encuentra usted en
su mejor momento! ¡Es entonces cuando piensa y actúa con una AMP!

Si sus sentimientos y acciones revelan que sus mejores cualidades están siendo sustituidas por características indeseables o negativas, ¡es hora de recargar
su batería!

Sí, sin duda para conservar su nivel de energía tanto física como mental, necesita usted ejercitar el cuerpo y la mente. Pero hay un tercer factor. Su cuerpo y
su mente necesitan ser alimentados adecuadamente.
Usted contribuye a conservar su cuerpo mediante la
ingestión de cierta cantidad de alimentos sanos y nu-
tritivos. Y conserva su vigor mental y espiritual absorbiendo las vitaminas mentales y espirituales de los
libros religiosos o de inspiración.

LAS VITAMINAS... ¡NECESARIAS PARA UN CUERPO Y UNA
MENTE SANOS! El doctor George Scarseth, antiguo jefe
de investigación de la Asociación Americana de Investigaciones Agrarias de Lafayette, Indiana, nos habló
de una aldea de la costa de África. La aldea es más
avanzada que las comunidades de tribus similares del
interior. ¿Por qué? Porque sus habitantes son físicamente más fuertes y tienen una inteligencia más despierta —con una mayor energía corporal— que las

tribus del interior. La diferencia entre las tribus de la costa y las del interior se debe a una diferencia dietética. Las tribus del interior no ingieren una cantidad suficiente de proteínas, mientras que las de la costa las ingieren en gran cantidad gracias al pescado que comen.

En su libro *El clima hace al hombre*, Clarence Mills refiere que el gobierno de los Estados Unidos descubrió unos habitantes del istmo de Panamá excesivamente «lentos» en su actividad física y mental. Un estudio científico reveló que tanto los vegetales como los animales en los que se basaba su alimentación carecían de vitaminas del grupo B. Al añadirse tiamina a su dieta, aquellas gentes empezaron a mostrarse más enérgicas y activas.

Si sospecha usted que su dieta es deficitaria en determinadas vitaminas y elementos, de manera que su nivel de energía aparece deprimido, debiera usted hacer algo al respecto. Un buen libro de cocina puede ayudarle... Si la situación persistiera, sométase a una revisión médica.

Al igual que su cuerpo, su subconsciente aceptará sin esfuerzo vitaminas mentales y espirituales. Sin embargo, a diferencia de su cuerpo físico, su subconsciente digerirá y retendrá cantidades ilimitadas. ¡A diferencia de lo que ocurre con el estómago, el subconsciente jamás se empacha! Ingiere y retiene todo lo que se le ofrece... ¡y sigue conservando la capacidad de ingerir más!

¿Dónde encontrará usted estas vitaminas mentales y espirituales? En libros tales como el recomendado en el capítulo 22, titulado «El asombroso poder de una bibliografía».

En realidad, el subconsciente es como una batería. De él pueden obtenerse enormes cantidades de energía mental y espiritual que a menudo se transforman en vitalidad física. Estas descargas de energía se echan a perder si permitimos que se produzca un cortocircuito provocado por innecesarias emociones negativas. En cambio, utilizada en forma constructiva, esta energía se podrá multiplicar muchas veces de la misma manera que el generador de una central eléctrica produce grandes cantidades de energía útil.

El difunto William C. Lengel, destacado redactor en jefe del sector editorial, ilustró muy bien esta cuestión en un artículo publicado en la revista *Success Unlimited* («Éxito sin fronteras»). Lengel describió de qué manera se desperdicia la energía como consecuencia de «la preocupación, el odio, el temor, la sospecha, la cólera y la rabia» innecesarias.

«Todos estos elementos de desecho —decía— hubieran podido transformarse fácilmente en unidades de producción de energía.»

Para ilustrar este hecho, el señor Lengel describía una planta de energía eléctrica: «...las bocas abiertas de las calderas, las rojas llamas crepitando en su interior, el agua de los manómetros agitándose a un determinado nivel de temperatura, el vapor impulsando los émbolos que hacen girar los grandes generadores, los conmutadores de cobre —con sus superficies doradas— girando con tanta rapidez que parecen hallarse inmóviles mientras unas chispas verdes y azules se escapan de debajo de las escobillas, con unos gruesos cables conectados al tablero de distribución, transportando la corriente eléctrica a toda la ciudad para miles de finalidades útiles.

»Al otro lado de la imagen —añadía Lengel—, la misma planta, las mismas calderas, los mismos motores y generadores. La única diferencia estribaba en que el tablero de distribución estaba a oscuras y los gruesos cables, en lugar de estar conectados al tablero de distribución, estaban introducidos en un barril de agua mientras los obreros efectuaban pruebas en la planta. Toda la energía se desperdicia. Ningún ascen-

310

sor puede funcionar, ninguna máquina puede ponerse en marcha, ninguna bombilla puede iluminar.»

Y Lengel terminaba diciendo que, en forma análoga, «un fracasado gasta tanta energía en su tarea de fracasar como la que gasta en alcanzar el éxito una persona afortunada».

El campeón de golf Tommy Bolt solía desperdiciar su energía de esa manera. Si se le desviaba la pelota o fallaba el hoyo, lo dejaba todo con un ataque de nervios. A menudo se enfurecía tanto que doblaba el palo de golf alrededor del árbol más próximo.

Tras haber leído la famosa plegaria de San Francisco de Asís, ésta le transformó en un hombre que dirigía toda su energía hacia los más provechosos canales. La plegaria confirió a Tommy una nueva paz de espíritu y, desde entonces, éste lleva en el bolsillo una tarjeta en la que figura impresa una parte de la plegaria. Dice así:

> Dios me otorgue la serenidad de aceptar las cosas que no puedo cambiar, el valor de cambiar las cosas que pueda, y la sabiduría para poder discernir.

El hombre es el único exponente del reino animal que, mediante el funcionamiento de su conciencia, puede controlar voluntariamente sus emociones desde dentro, en vez de verse obligado a hacerlo así por las influencias externas. Sólo él puede cambiar deliberadamente sus hábitos de respuesta emocional. Cuanto más civilizado, culto y refinado sea usted, tanto más fácil le será controlar sus sentimientos y emociones... si se decide usted a hacerlo.

El temor, por ejemplo, es bueno en determinadas circunstancias. De no ser por el temor al agua, muchos niños se ahogarían. No obstante, es muy posible que desperdicie usted su energía mental y espiritual en esta u otras emociones erróneas. En tal caso, puede usted girar un interruptor y dirigir su energía hacia canales más útiles. ¿Cómo? *Centrando su mente en las cosas que quiere hacer y apartándola de las cosas que no quiere hacer.* Sus emociones están inmediatamente relacionadas con la acción. Por consiguiente, entre en acción. Sustituya un sentimiento negativo por otro positivo. Y, si es usted miedoso y quiere ser valiente, ¡*actúe* con valentía!

Si quiere ser enérgico, actúe con energía. Pero, como es natural, procure dedicar su energía a una finalidad buena y provechosa.

Dawn Fraser de Australia nos ofrece un maravilloso ejemplo a este respecto. Nacida «al otro lado de la vía» en Balmain, un suburbio de la costa de Sidney, Dawn tenía un cuerpo anémico. Pero tenía también una gigantesca voluntad de convertirse en una gran campeona de natación. Se convirtió en la nadadora más rápida del mundo. Era buena. Pero a veces no era lo suficientemente buena como para sentirse satisfecha.

Mientras regresaba a su país en avión tras haber participado en unos Juegos atléticos celebrados en Cardiff, leyó un libro. Era *Piense y hágase rico.* «Las fórmulas de Napoleón Hill para alcanzar el éxito se me antojaron de lo más inspiradoras —dice—. Empecé a pensar en nuestra derrota a manos de las nadadoras inglesas en la prueba de relevos mixtos, en la que nadé en 60,6 segundos. Eso equivalía a un tiempo seis décimas de segundo más rápido que el de mi propio récord mundial, pero todavía no suficiente para darnos las 12 yardas de ventaja que necesitábamos. Me pregunté si habría dado todo lo que llevaba dentro.»

Dawn Fraser empezó a pensar en el sueño que tanto tiempo llevaba acariciando: el de convertirse en la primera mujer que nadara los 100 metros en menos de sesenta segundos. El «minuto mágico», lo llamaba ella.

«Si hubiera podido hacer la última parte del recorrido en el minuto mágico, tal vez hubiéramos ganado —pensó—. A partir de aquel momento, mi antigua esperanza de batir el minuto se convirtió para mí en un ardiente deseo. Llámenlo ustedes obsesión controlada si quieren. Lo convertí en mi máxima ambición y me forjé un plan de acción positiva, fijándome como meta el minuto mágico. Tal como aconseja el señor Hill, decidí recorrer *un kilómetro de más...* tanto desde el punto de vista mental como físico.»

Aparte de entrenar su cuerpo, la señorita Fraser prepara ahora también su mente. A pesar de que, en el momento en que escribimos, aún no ha conseguido alcanzar el «minuto mágico», ha ido batiendo un récord tras otro. Los entrenadores deportivos de toda Australia se han sentido inducidos a estudiar las enseñanzas de Napoleón Hill, según afirma el periodista australiano Thomas H. Wyngard.

Los mejores entrenadores, en su búsqueda de métodos capaces de proporcionar a sus campeones aquel elemento de más, por encima de sus habituales programas de adiestramiento científicamente organizados, están hallando nueva inspiración en las doctrinas del gran experto norteamericano.

Están adaptando la técnica de Napoleón Hill del planteamiento mental a lo que esencialmente es un problema físico. Algunos han seguido el curso de AMP, «La ciencia del éxito» para poder aplicar correctamente sus principios.

¿Es hora de recargar su batería? ¿Ya ha empezado usted a aplicar los principios contenidos en *La actitud mental positiva: un camino hacia el éxito*? ¿Está dispuesto a convertirse en campeón? Si es así, querrá usted saber cómo gozar de buena salud y vivir más tiempo... lo cual va a ser el tema de nuestro próximo capítulo.

GUÍA N.º 16

Ideas a seguir

1. ¿Cómo está su nivel de energía en este momento?

2. ¿Cuál es su fuente más importante de energía física, mental y espiritual?

3. ¿Cómo puede usted aplicar los principios que el doctor Thomas Kirk Cureton le enseñó a Roger Bannister para disponer de la extraordinaria energía que necesita para alcanzar sus objetivos?

4. ¿Llega usted hasta el límite de su resistencia... y después descansa y lo vuelve a intentar?

5. ¿Es hora de recargar su batería?

6. ¿Cómo puede usted evitar o neutralizar la fatiga?

7. ¿Están basadas sus comidas en dietas bien equilibradas?

8. ¿Está dirigiendo su energía hacia canales provechosos? ¿O la está desperdiciando a causa de un cortocircuito?

9. «Un fracasado gasta tanta energía en su tarea de fracasar como la que gasta una persona afortunada en alcanzar el éxito.»

10. Dios me otorgue la serenidad de aceptar las cosas que no puedo cambiar, el valor de cambiar las que pueda y la sabiduría para poder discernir.

11. ¿Cuándo está justificada la emoción del temor? ¿Es injustificada?

12. Para ser enérgico, ¡actúe con energía!

¡AUMENTE SU NIVEL DE ENERGÍA
A TRAVÉS DE UNA AMP!

17

USTED PUEDE GOZAR DE BUENA SALUD
Y VIVIR MAS TIEMPO

La Actitud Mental Positiva desempeña un importante papel en su salud y en sus energías y esfuerzos cotidianos por su vida y por su trabajo. La frase «Cada día en todos los sentidos, por medio de la gracia de Dios, voy mejorando cada vez más» no constituye una especie de amuleto para el hombre que la repite varias veces al día al despertarse y al acostarse.

En cierto modo, lo que éste hace es utilizar en su propio beneficio las fuerzas de la AMP. Está utilizando las fuerzas que atraen las mejores cosas de la vida para él. Está utilizando las fuerzas que los autores de *La actitud mental positiva: un camino hacia el éxito* desean que usted utilice.

DE QUÉ FORMA LE AYUDA LA AMP. La AMP le ayudará a desarrollar su salud mental y física y a vivir más. Y la AMN dañará con toda seguridad su salud mental y física y acortará su vida. Todo depende de la cara del talismán que usted elija. La Actitud Mental Positiva adecuadamente empleada ha salvado las vidas de muchas personas porque alguien cercano a ellas tenía una acusada Actitud Mental Positiva. Nos lo demuestra el siguiente caso.

El niño contaba apenas dos días cuando el médico dijo: «El niño no vivirá».

«¡El niño vivirá!», contestó el padre. El padre tenía una Actitud Mental Positiva, tenía fe y creía en el milagro de la oración. Rezó. Y *creyó* en la acción. ¡Y entró en acción! Encomendó el niño a los cuidados de un pediatra que también tenía una Actitud Mental Positiva, un médico que sabía por experiencia que, para todas las debilidades físicas, la Naturaleza proporciona un factor de compensación. ¡Y el niño vivió!

¡YA NO PUEDO SEGUIR!
LA MUERTE SEPARA A UNA PAREJA... DE REPENTE

Estos titulares aparecieron en el *Chicago Daily News*. El artículo señalaba que un ingeniero de la construcción de sesenta y dos años regresó a casa con dolores en el pecho y dificultades respiratorias. Su mujer, que tenía diez años menos, se alarmó y empezó a frotar esperanzada los brazos de su marido para activarle la circulación. Pero el marido murió.

«Ya no puedo seguir viviendo», le dijo la viuda a su madre, que se encontraba a su lado.

Y entonces la viuda murió de repente. ¡Aquel mismo día!

El niño que vivió y la viuda que murió constituyen una demostración de las poderosas fuerzas de las actitudes mentales positiva y negativa. Sabiendo que la acentuación de la positiva le reportará cosas buenas y que la aceptación de la negativa le traerá cosas malas, ¿no le parece más sensato desarrollar pensamientos y actitudes positivas?

Si todavía no lo ha hecho, ha llegado el momento de que desarrolle una filosofía de AMP. Prepárese para cualquier posible emergencia. Tenga siempre algo por lo que valga la pena vivir. Y recuerde que, cuando tiene ese algo, el subconsciente envía a su conciencia factores de motivación para mantenerle con vida en momentos de emergencia. Para demostrarlo, nos basta el caso de Rafael Correa.

UNA NOCHE MEMORABLE. No tenía más que veinte años. Su familia no era rica, pero sí muy estimada. Por consiguiente, seis médicos y un joven interno se esforzaron toda la noche en aquella pequeña sala de operaciones de San Juan de Puerto Rico, tratando de salvar la vida de Rafael. Ahora, tras doce horas de vigilancia y atención, estaban cansados y soñolientos. A pesar de intentarlo con todas sus fuerzas, al final no pudieron oír los latidos de su corazón. No podían encontrarle el pulso.

El cirujano jefe abrió las venas de la muñeca de Rafael. El líquido era amarillento. El cirujano no había utilizado anestesia porque el cuerpo del muchacho estaba tan débil que el dolor no parecía posible. Los médicos pensaron que no podía oír lo que estaban diciendo. Y hablaron como si hubiera muerto. Uno dijo: «¡Ni un milagro puede salvarle ahora!».

El cirujano jefe se quitó la bata de operar, disponiéndose a abandonar la sala. El joven interno preguntó: «¿Puedo llevarme el cuerpo?» «Sí», fue la respuesta. Y los médicos abandonaron la sala.

Pero está escrito: *Por eso no nos desanimamos... Porque no contemplamos las cosas visibles sino las invisibles; porque las cosas visibles son pasajeras y, en cambio, las invisibles son eternas.*

Ellos podían ver el cuerpo físico, pero Rafael era una *mente con un cuerpo.* ¿Qué le estaba ocurriendo a la mente de Rafael Correa que no era visible?

En aquel estado intermedio entre la vida y la muerte, Rafael no podía mover conscientemente su cuerpo. Pero, gracias a la Actitud Mental Positiva que había desarrollado en su subconsciente mediante la lectura de libros de inspiración, su mente se estaba comunicando con una Potencia Superior. Sentía que Dios estaba con él.

Empezó a hablarle a Dios como a un amigo... como un hombre que hablara con otro. «Tú me conoces. Tú estás dentro de mí. Tú eres mi sangre. Tú eres mi vida. Tú lo eres todo para mí. No hay más que una mente, un principio, una sustancia en el universo y yo estoy unido a todo lo demás.

»Si muero, no pierdo nada. Cambio tan sólo de forma. Pero no tengo más que veinte años. Dios mío querido, no temo morir... ¡pero deseo vivir! Si me quieres otorgar la vida, algún día, de alguna manera, podré y querré, gracias a tu misericordia, llevar una vida mejor y ayudar a los demás.»

Al acercarse a Rafael, el interno miró su rostro y vio un parpadeo y una lágrima que asomaba por el rabillo de su ojo izquierdo. «¡Doctor, doctor, venga en seguida! ¡Creo que está vivo!», gritó muy excitado.

Tardó más de un año en recuperar las fuerzas. ¡Pero Rafael Correa vivió!

Algunos años más tarde, Rafael voló de San Juan a Chicago para pedir a los autores de este libro que participaran en un seminario de tres tardes sobre la AMP en San Juan. Fue entonces cuando Rafael nos contó la historia de aquella memorable noche de su vida.

Su historia nos inspiró, al igual que el hecho de que, tras haber podido conservar la vida, hubiera tratado de cumplir su promesa de ayudar a los demás. Nos trasladamos a San Juan para dirigir el seminario.

Durante nuestra estancia en San Juan, Rafael nos presentó al cirujano que había permanecido con él toda la noche y el médico confirmó la historia de Rafael. En el transcurso de la conversación, le preguntamos a éste: «¿Cómo se titulaba el libro que influyó en usted en aquel momento de necesidad?». Rafael contestó: «Yo había leído muchos libros de inspiración, pero creo que los pensamientos que cruzaron por mi cerebro aquella noche pertenecían en buena parte a la obra *La ciencia y la salud, con una clave para la comprensión de las Escrituras,* de Mary Baker Eddy».

Como demostró Rafael, los libros de inspiración tienen una gran utilidad para cambiar la vida. Y no hay libro que proporcione más inspiración y estímulo que la Biblia. La Biblia ha cambiado más vidas que cualquier otro libro y ha contribuido a que miles de personas desarrollen una salud física, mental y moral. Leyendo la Biblia muchas personas han adquirido una mejor comprensión de sus verdades y han experimentado el deseo de acercarse más a su iglesia. Porque la Biblia las ha estimulado a una acción positiva.

Un libro de inspiración como el que usted está leyendo ahora también puede estimularle. Puede ser el catalizador que le induzca a empezar a avanzar por el camino de la acción deseable y positiva, así como del éxito.

UTILICE UN LIBRO COMO CATALIZADOR. El diccionario define el *catalizador* en química física como la sustancia capaz de provocar o acelerar una reacción química. El diccionario explica también que un *anticatalizador* o *catalizador negativo* retrasa la reacción.

Los autores le recomiendan que utilice buenos libros de inspiración en calidad de catalizadores positivos, capaces de acelerar su avance hacia la consecución del verdadero éxito en la vida. Y se apresuran a advertirle de que elija semejantes catalizadores con sumo esmero. En el capítulo 22 de este libro, titulado «El asombroso poder de una bibliografía», encontrará usted la lista de muchos libros que, según le garantizan los autores, podrán actuar de catalizadores positivos en su vida... si está usted dispuesto.

Martin J. Kohe, en su libro *Su mayor poder*, nos habla de un regimiento británico que utilizó el salmo 91 como catalizador no sólo para alcanzar un éxito material sino también para la supervivencia misma:

Kohe escribió: «F. R. Rawson, conocido ingeniero y uno de los más grandes científicos de Inglaterra, en su libro *Entender la vida*, nos ofrece el relato de un regimiento británico que bajo las órdenes del coronel Whitlesey sirvió durante más de cuatro años en la guerra mundial sin perder un solo hombre. Este récord sin precedentes fue posible gracias a la activa colaboración de los oficiales y de los hombres que se aprendieron de memoria y repetían con regularidad las palabras del salmo 91, que ha sido llamado el Salmo de la Protección».

La protección de la vida se puede alcanzar también protegiendo la propia salud. ¡Y que no haya malentendidos a este respecto! Su salud es una de sus más preciadas posesiones. Muchos hombres estarían hoy dispuestos a cambiar su riqueza por la buena salud.

«¡PREFIERO TENER MI SALUD QUE SU DINERO!» Se dice que un fuerte y ambicioso empleado de una fábrica de Cleveland, Ohio, se hizo el firme propósito de convertirse en el hombre más rico del mundo. A la edad de cincuenta y siete años, se retiró por consejo del médico. Al igual que otros muchos hombres de negocios norteamericanos, *lo había conseguido*: ¡una úlcera de estómago y los nervios destrozados! Además, era un hombre aborrecido.

«Prefiero tener mi salud que su dinero», decían muchos. John K. Winkler nos cuenta la historia en *John D., retrato al óleo*.

¿PUEDE EL DINERO COMPRAR LA SALUD FÍSICA Y MENTAL, UNA VIDA MÁS LARGA... Y LA ESTIMA DE SUS SEMEJANTES? Cuando John D. Rockefeller se retiró de los negocios activos, sus principales metas fueron lograr un cuerpo sano, mantener una mente sana, vivir una larga vida y ganarse después la estima de sus semejantes. ¿Podía el dinero comprar estas cosas? En efecto. Veamos cómo lo hizo Rockefeller y qué puede significar eso para usted. Rockefeller:

— Asistía a los servicios de la Iglesia baptista todos los domingos y tomaba notas para aprender los principios que tal vez pudiera aplicar en su vida cotidiana.
— Dormía ocho horas todas las noches y echaba breves siestas cada día. Y, a través del descanso, evitaba la fatiga perjudicial.
— Tomaba un baño o una ducha todos los días. Era pulcro y aseado en su aspecto.
— Se trasladó a Florida, a un clima capaz de asegurarle buena salud y longevidad.
— Llevaba una vida bien equilibrada porque absorbía el aire puro y la luz del sol mientras practicaba diariamente su deporte al aire libre preferido: el golf. Se entregaba también con regularidad a distracciones domésticas tales como la lectura y otras actividades saludables.
— Comía despacio y con moderación y lo masticaba todo muy bien. Dejaba que la saliva se mezclara con las comidas masticadas y los líquidos y éstos ya estaban bien digeridos antes de tragárselos. Los ingería a la temperatura corporal. Los alimentos demasiado fríos o demasiado calientes ya no pasaban por ello al estómago.
— Digería vitaminas mentales y espirituales. A cada comida, recitaba la acción de gracias. Y a la hora de cenar, tenía por costumbre que su secretario, un invitado o algún miembro de su familia leyera la Biblia, un sermón, un poema de inspiración, algún estimulante artículo de un periódico, revista o libro.

— Tenía a su servicio en régimen de plena dedicación al doctor Hamilton Fisk Biggar. Al doctor Biggar se le pagaba para que conservara el
bienestar, la felicidad y la vida de John D. Y así
lo hizo, estimulando a su paciente a desarrollar
una actitud animada y feliz. Y Rockefeller vivió hasta los noventa y siete años.
— No quería que el odio de sus semejantes fuera
heredado por los miembros de su familia. Por
lo tanto, empezó a repartir inteligentemente una
parte de sus bienes entre los necesitados.
— Al principio, los motivos de Rockefeller fueron
primordialmente egoístas. Quería crearse una
buena reputación. ¡Pero entonces ocurrió algo!
Actuando con generosidad, se volvió generoso.
Y llevando la felicidad y la salud a muchos a
través de sus obras benéficas y filantrópicas, las
halló también para sí mismo.
— Y la Fundación que estableció beneficiará a la
humanidad en las generaciones venideras. Su
vida y su dinero fueron instrumentos del bien.
¡Este mundo es un mundo mejor y más sano
en el que vivir gracias a John D. Rockefeller!

No sería necesario amasar una fortuna para comprender que la AMP genera una salud perfecta. Sin
embargo, hay otros ingredientes que deberían utilizarse junto con la AMP y uno de ellos es la educación
sanitaria. No sea ignorante respecto a su salud.

¡EL PRECIO DE LA IGNORANCIA ES EL PECADO, LA EN-
FERMEDAD Y LA MUERTE! ¿Qué sabe usted acerca de
la *higiene*? La *higiene* se define como «un sistema de
principios o normas encaminadas a fomentar la salud». La *higiene social* se refiere a menudo específicamente al contagio venéreo. La ignorancia respecto a la
higiene física, mental y social puede conducir al pecado, la enfermedad y la muerte.

Si es usted tímido a la hora de discutir estas materias, lea *La aventura de la fe* de Mary Alice y Harold Blake Walker. Hoy en día, gracias a la AMP, la familia, las escuelas, las iglesias, la prensa, la profesión médica, los gobiernos federales y estatal y las organizaciones juveniles se esfuerzan por disipar la negra nube de la ignorancia en relación con la higiene física, mental y social por medio de la educación. Y se enseña no sólo la prevención sino también el tratamiento.

Sin embargo, no es tan fácil incluir el tratamiento del alcoholismo en la educación sanitaria. El alcoholismo es en los Estados el cuarto problema sanitario más grave que tiene planteado la nación. Se trata de una de las principales causas de las enfermedades mentales y morales. Los costes del alcoholismo se elevan a 25.000 millones de dólares anuales. Buena parte de ello corresponde a pérdidas económicas en la industria, seguida de costes hospitalarios y daños físicos... causados principalmente por los accidentes de tráfico. Sin embargo, las pérdidas económicas carecen de importancia comparadas con la salud física, mental y moral y con las pérdidas de vidas humanas por causa del alcoholismo.

Un alcohólico padece una enfermedad mental que se encuentra en estado latente hasta que bebe por primera vez. Si no adquiere esta costumbre, la bebida no le atrae. Si bebe, la afinidad será muy fuerte y beberá en exceso. Si bebe en exceso, la atracción puede ser irresistible, o parecerlo. Y cuando trate de resistir y no lo consiga, es probable que crea que no puede curarse.

¿QUÉ LES OCURRE A LOS QUE BEBEN DEMASIADO? Se sabe que el alcohol altera las ondas cerebrales, tal como lo registra el instrumento científico que se conoce con el nombre de electroencefalógrafo. Ejerce una poderosa influencia sobre el metabolismo de las células nerviosas, lo cual se traduce en una disminución de los ritmos y una eventual supresión del «voltaje», produciéndose un cambio en el nivel de conciencia.

Un cuerpo humano está vivo mientras funciona su subconsciente. Puede mantenerse vivo durante mucho tiempo sin el funcionamiento de la conciencia. Hay distintos grados de conciencia.

La cordura es aquel saludable estado mental en el que las actividades de la conciencia y del subconsciente se hallan equilibradas. Aunque ambos funcionan juntos, cada uno tiene misiones específicas y factores de inhibición. Aunque a veces es sano y saludable que una persona haga las cosas que desea hacer pero que están prohibidas, nuestros juicios y acciones debieran ser el resultado de un equilibrado funcionamiento de la conciencia y el subconsciente.

La inteligencia y otras facultades de la conciencia actúan como un gobernador que regulara el subconsciente cuando una persona se halla en un estado consciente de actividad. A medida que la actividad de este gobernador disminuye, la máquina empieza a descomponerse y es posible que el individuo se comporte en forma ilógica. Sus actividades incontroladas pueden oscilar desde un simple acto de insensatez hasta aquel estado mental comúnmente conocido como locura.

A medida que las barreras inhibidoras disminuyen, debido al efecto del alcohol sobre las células cerebrales, los controles restrictivos de la conciencia resultan menos eficaces. Cuando las emociones, las pasiones y otras actividades del subconsciente se desenfrenan demasiado, sin la adecuada regulación de la rueda compensadora del intelecto, el individuo en este estado mental semiconsciente cometerá actos insensatos e indeseables debidos a la influencia del alcohol.

El alcoholismo es en efecto una temible enfermedad. Si llega a dominar la vida de una persona, esta persona puede acabar física, mental y moralmente enferma y vivir en un infierno. Una vez el alcohol se ha adueñado de la vida de alguien, no es fácil que la abandone.

¡Pero hay una cura!

¡SIEMPRE HAY UNA CURA! ¿Cuál es? ¡Dejar de beber! Para el alcohólico, eso es más fácil de decir que de hacer. Lo importante es que *se puede hacer*. ¡Y él puede hacerlo!

Cuando usted desarrolla una Actitud Mental Positiva, no desiste de seguir intentándolo por haber fracasado en otra ocasión o por conocer casos en los que otros han fracasado. Puede usted estimularse y concebir esperanzas por medio de experiencias afortunadas. A un niño que está aprendiendo a andar no se le critica por caerse tras dar los primeros pasos. Se le concede un margen de confianza por los progresos que hace en respuesta a su esfuerzo consciente.

El alcohólico puede hallar ayuda en muchos lugares. Se han conseguido curas completas del alcoholismo gracias a las influencias ambientales de la terapia religiosa de las distintas iglesias; a las misiones de rescate como la Pacific Garden Mission de Chicago; a las reuniones de evangelistas como Oral Roberts; a los Alcohólicos Anónimos; a los hospitales privados como el Instituto Keeley de Dwight, Illinois; o a libros de inspiración como *¡Te desafío!*

No obstante, cada individuo tiene que ganar su propia victoria interna. Generalmente, sin embargo, es necesario que se sitúe bajo la influencia ambiental de alguien que le ayude a través de la sugestión hasta que pueda controlar su propio poder. O, si usted quiere, hasta que haya desarrollado una Actitud Mental Positiva tan sólida que le impida recaer en una Actitud Mental Negativa. La AMP puede obrar prodigios en un alcohólico siempre y cuando éste la ponga en práctica. Y la AMP obrará también prodigios en usted, atrayendo la riqueza y la longevidad.

La incertidumbre sobre su salud puede socavar su

AMP si usted se preocupa por cada pequeño dolor que sienta. Cuanto más se prolongue su incertidumbre tanto más cambiará su actitud de dirección y pasará de positiva a negativa. Y si los síntomas que usted ha advertido denotan realmente una situación que requiere atención, cuanto más se prolongue su incertidumbre y no haga nada al respecto, tanto mayores serán las probabilidades de que dicha situación se desarrolle. No esté inseguro de su salud. ¡Entre en acción!

¡ELIMINE LAS CONJETURAS SOBRE SU SALUD! Era un joven, dinámico y afortunado jefe de ventas del sector del automóvil. ¡Tenía todo el futuro por delante y, sin embargo, estaba muy deprimido! ¡En realidad, creía que iba a morir! Hasta eligió y compró un nicho en el cementerio y adoptó disposiciones relativas a su entierro. Ordenó su casa... Pero veamos lo que ocurrió en realidad.

A veces le faltaba la respiración. El corazón empezaba a latirle con fuerza. Se le hacía un nudo en la garganta. Al final acudió a su médico de cabecera, que era también un hábil cirujano. El médico le aconsejó que se tomara un descanso, que se tomara la vida con calma, que se retirara del trabajo que tanto le gustaba, del emocionante juego de vender automóviles.

El jefe de ventas se quedó en casa algún tiempo y concedió un descanso a su cuerpo, pero su mente no estaba a gusto. Seguía faltándole la respiración. El corazón le latía con rapidez. La garganta le oprimía. Era verano y el médico le aconsejó que se tomara unas vacaciones en Colorado.

Le trasladaron al compartimiento del coche Pullman. Colorado, con su saludable clima y sus hermosas montañas, no impidió que sus temores siguieran manifestándose. Experimentaba con frecuencia dificultades respiratorias, aceleración del pulso y sensación de ahogo. Al cabo de una semana, regresó a casa. Creía que su muerte se acercaba.

«¡Elimina las conjeturas sobre ello!» —le dijo uno de los autores de este libro (como se lo podría decir a usted)—. Lo tienes todo que ganar y nada que perder, yendo a una clínica como la Mayo Brothers de Rochester, Minnesota. *¡Hazlo ahora!*». Accediendo a su petición, un pariente le acompañó a Rochester. Él temía morir por el camino.

Tras ser sometido a reconocimiento en la clínica, al jefe de ventas le revelaron lo que le ocurría. El médico le dijo: «Su problema consiste en que usted respira demasiado oxígeno». Él se rió y dijo: «¡Eso es una tontería!». El médico contestó: «Salte arriba y abajo cincuenta veces, como si saltara a la cuerda». Le faltó la respiración, el corazón empezó a latirle con fuerza y la garganta le oprimía.

«¿Qué puedo hacer?», preguntó el joven. El médico contestó: «Cuando note que se producen estos síntomas, puede usted: (1) respirar en una bolsa de papel, o (2) contener un ratito la respiración». Después el médico le entregó una bolsa de papel. El paciente siguió las instrucciones. El corazón dejó de latirle con fuerza, la respiración se normalizó y la garganta ya no le causó problemas. Abandonó la clínica muy contento.

Siempre que se manifestaban los síntomas de su enfermedad, contenía un rato la respiración y su cuerpo volvía a funcionar con normalidad. Al cabo de unos meses, perdió los temores y los síntomas desaparecieron. Ello sucedió hace más de treinta años. No ha vuelto a precisar de cuidados médicos desde entonces.

Como es lógico, no todas las curas son tan fáciles. Hay veces en que tal vez tenga que echar mano de todos sus recursos antes de hallar una solución. Sin embargo, conviene seguir buscándola con insistencia y con una Actitud Mental Positiva. Semejante decisión y optimismo suelen dar buenos resultados. Es lo que le ocurrió a otro jefe de ventas. Vamos a contarle su historia.

SIEMPRE HAY UNA CURA... ¡BÚSQUELA! Este jefe de ventas acudió a un hotel de una pequeña localidad y se rompió la pierna mientras entraba en la habitación que le habían asignado. El director del hotel condujo al jefe de ventas al hospital más próximo, donde el médico de guardia le escayoló la pierna. Algunos días más tarde, se consideró que podría ser trasladado y él regresó a su casa.

Convaleció durante varias semanas bajo los cuidados de su médico de cabecera. Pero, a pesar de que parecía mejorar, la fractura no sanaba. Al cabo de varias semanas, el médico le dijo que iría empeorando progresivamente y que se iba a quedar cojo. El jefe de ventas se trastornó mucho porque su trabajo le exigía permanecer mucho tiempo de pie.

Comentó el asunto con uno de los autores de este libro, que le dijo: «¡No lo creas! Siempre hay una cura... ¡búscala! Elimina las conjeturas de ello. *¡Hazlo ahora!*» Le contaron la historia del jefe de ventas de automóviles que anteriormente le hemos contado a usted y le aconsejaron que ingresara en la clínica Mayo Brothers.

Salió de la clínica convertido en un hombre feliz. ¿Por qué? Le dijeron: «Su sistema necesita calcio. Le podríamos atiborrar de esta sustancia, pero el calcio desaparecería. Limítese a beber diariamente un litro de leche». Así lo hizo. Y, a su debido tiempo, la pierna lastimada adquirió la misma fuerza que la sana.

Una Actitud Mental Positiva aplicada a la salud toma en consideración la posibilidad de accidentes. En realidad, el lema *La seguridad primero* es un símbolo de la AMP. A través del mismo, se le hace a usted la sugerencia de permanecer despierto y reforzar su deseo de vivir... para salvar su vida y sus propiedades.

PROCURE NO CONDUCIR SU AUTOMÓVIL HACIA SU PROPIO ENTIERRO. El titular de un artículo de periódico rezaba lo siguiente: «Con retraso a un entierro. Seis personas mueren en un accidente a 170 kilómetros por hora.» La introducción decía:

Seis entierros se adelantaron el domingo a causa del accidente de un automóvil cuyo conductor pisó el acelerador, pensando que él y sus familiares llegarían tarde a un funeral.

Conduzca con cuidado si quiere estar física y mentalmente sano y si quiere vivir más tiempo. En tanto que peatón, esté atento a los peligros y obedezca las leyes del tráfico. Y cuando viaje en un automóvil a cuyo volante se encuentre otra persona, recuerde que se halla usted a merced de sus debilidades físicas y mentales, si las hubiera, así como del estado mecánico de su vehículo. Tenga el valor de rehusar viajar con un conductor embriagado o en un vehículo cuyos frenos no funcionen adecuadamente... aunque sea usted su propietario. «¡La vida que salve puede ser la suya!»

LA SEGURIDAD SALVA PRIMERO VIDAS CON UNA AMP. A pesar de que cada una de sus cuarenta y cinco plantas costó un millón de dólares, el Edificio Prudencial de Chicago fue el edificio comercial más barato de su clase que jamás se haya construido. ¿Por qué? ¡Porque no costó ni una sola vida! No se produjo ningún accidente grave. Se adoptaron medidas de seguridad gracias a la AMP.

En cambio, unas actitudes mentales negativas en las que se incluían la ignorancia y la negligencia, provocaron trágicos accidentes:

¡Una muerte por cada treinta metros de altura en el edificio Empire State!

¡Ciento diez muertos en la construcción de la presa Hoover!

¡Una vida por cada treinta y cinco metros en la construcción del puente de la Bahía San Francisco-Ooakland!

¡Ochenta muertos en la construcción del acueducto del río Colorado!

¡Mil doscientos diecinueve muertos en la construcción del canal de Panamá! (Ocurrieron cuatro mil setecientos sesenta y seis muertes durante la construcción de este proyecto, pero por otras causas).

¡Noventa y siete muertos en la construcción de la presa Grand Coulee y el proyecto de la cuenca del río Columbia!

Como es lógico, nadie sabe realmente cuándo se producirá la tragedia. Pero siempre es mejor estar preparado. Estará usted preparado si tiene una Actitud Mental Positiva. Tía Kitty lo estaba.

¡CUANDO SE PRODUCE LA TRAGEDIA! Tía Kitty perdió a su único hijo cuando éste tenía nueve años. Al igual que muchas amas de casa y madres, no tenía ninguna preparación laboral. Pero sí tenía una profunda fe religiosa. Sabía que, a pesar de su gran pérdida, su misión era seguir viviendo para contribuir a que este mundo fuera un mundo mejor. Pero, ¿cómo podía conservar su salud física y mental para poder seguir viviendo?

Tía Kitty llegó a la conclusión de que para aliviar su dolor y llenar el gran vacío de su vida, tendría que mantenerse muy ocupada y hacer todo cuanto estuviera en su mano para hacer felices a otras personas, ya que no podía hacerlo para su hijo.

Por consiguiente, se buscó un trabajo de camarera en un bullicioso restaurante. Su horario era muy largo. Su trabajo le exigía hablar con la gente y mostrarse alegre. La fe en su religión y su sincero interés por las demás personas, combinados con el trabajo y el tiempo, neutralizaron su dolor y salvaron su salud física y mental.

De hecho, su salud puede verse afectada por muchas influencias internas. Y algunas de estas influencias quizá sean producto de la imaginación.

¡UNA ALUMNA DE UNA ESCUELA SUPERIOR SUFRE DOLORES ANTES DE LOS EXÁMENES! A causa de las interrelaciones entre la mente y el cuerpo, el subconsciente puede producir desórdenes corporales aparentes provocados por trastornos emocionales con el fin de conseguir un determinado resultado. Una experiencia sacada de la realidad nos lo demostrará.

Una estudiante de escuela superior experimentaba unos fuertes dolores en la espalda cada día que tenía que examinarse de alemán o de historia. Ninguna de dichas asignaturas le gustaba. No estaba adecuadamente preparada. Sus dolores eran tan fuertes, que le parecía que no podía levantarse de la cama. No simulaba. Sufría de veras.

Una peculiar característica del dolor lo constituía el hecho de que empezaba a ceder hacia las 3,30 de la tarde, cuando terminaba la escuela. ¡Al anochecer del mismo día, cuando su novio acudía a visitarla, el dolor desaparecía de forma prodigiosa!

Probablemente estará usted pensando que a aquella muchacha no le hubiera venido mal un poco de ayuda psiquiátrica. Así es, en efecto. Ella y otras muchas personas como ella se han beneficiado de la religión y la psiquiatría. Ambas cosas no están tan alejadas como parece. ¿Por qué?

RELIGIÓN Y PSIQUIATRÍA. Las normas y regulaciones relativas a la salud física y mental y a la longevidad se hallaban ligadas a la religión mucho antes de que las palabras fisiología, psicología y psiquiatría formaran parte del lenguaje. Ello es especialmente cierto en lo que hace referencia a la aplicación de técnicas relacionadas con el subconsciente.

Se comprende fácilmente que las clínicas psiquiátricas y los servicios de asesoramiento estén convirtiéndose en una parte integral de las organizaciones religiosas de distintas denominaciones.

¡ EL REVERENDO AYUDA A LOS ENFERMOS! El reverendo Norman Vincent Peale y el doctor Smiley Blanton crearon la Fundación Americana de Religión y Psiquiatría, que ahora se llama Instituto de Religión y Salud. Se trata de una clínica no sectaria y sin ánimo de lucro que funciona en la ciudad de Nueva York. Cualquiera que sufra algún problema emocional puede recibir ayuda, independientemente de la raza, la religión o la solvencia económica. Hoy en día, cuenta con un equipo profesional de treinta y cinco personas entre las que figuran psiquiatras, clérigos, psicólogos y asistentes sociales especializados en psiquiatría, los cuales trabajan en régimen de plena dedicación o bien con horario reducido.

Si desea recibir información sobre cómo establecer un servicio de asesoramiento en su iglesia, escriba a los Institutos.

¿QUÉ HAY POR DELANTE? ¿Qué es lo que le espera? La salud mental y física son dos grandes recompensas de la Actitud Mental Positiva. Es cierto, hace falta esfuerzo, paciencia y práctica para adquirir y conservar una Actitud Mental Positiva. Sin embargo, un propósito definido, una reflexión limpia y clara, una visión creadora, una acción valiente, la perseverancia y la verdadera percepción, todo ello aplicado con entusiasmo y fe, le serán de mucha utilidad para alcanzar y conservar una Actitud Mental Positiva.

¿Y qué hay por delante a medida que usted se vaya aproximando a sus objetivos?

Hay por delante la *felicidad*.

Si es usted feliz ahora, querrá conservar y aumentar esta maravillosa felicidad que ya tiene. Si ahora no es feliz, querrá aprender de qué manera puede serlo. Pasemos al capítulo 18, titulado «Cómo ser feliz» al objeto de hallar unos principios adicionales del éxito con AMP capaces de acelerar nuestro avance hacia la felicidad.

GUIA N.º 17

Ideas a seguir

1. Puede usted gozar de una salud más plena. Una Actitud Mental Positiva repercute en su salud. Y atrae la buena salud. La Actitud Mental Negativa atrae la mala salud.

2. El hecho de tener pensamientos buenos, positivos y alegres mejorará su forma de sentirse. Lo que afecta a su mente afecta también a su cuerpo.

3. Una Actitud Mental Positiva en relación con las personas a las que ama puede ser el medio de salvar sus vidas. Recuerde al padre que salvó la vida de su hijo, entrando en acción con una Actitud Mental Positiva.

4. Aprenda a practicar la AMP, en lugar de ceder a la AMN tal como hizo la esposa del ingeniero. Su AMN la llevó a la muerte.

5. Desarrolle en su interior una Actitud Mental Positiva tan poderosa que pueda transmitirse desde su conciencia a su subconsciente. Si lo hace, observará que, en momentos de necesidad y emergencia, dicha actitud aflorará automáticamente a su conciencia. Incluso en la mayor emergencia de la vida: la muerte.

6. Estudie la Biblia y otros libros de inspiración. Le ayudarán y le enseñarán a estimularse a sí mismo para emprender una acción positiva y deseable de tal manera que pueda alcanzar los objetivos que desee.

7. Aprenda a utilizar los 17 principios del éxito y a aplicarlos a su vida. ¿Se los ha aprendido de memoria?

8. Toda la riqueza del mundo por sí misma no puede comprar la salud. Pero usted puede alcanzar una buena salud, esforzándose por hallarla y observando unas simples normas y hábitos de higiene y buena salud. Recuerde que John D. Rockefeller tuvo que retirarse a la edad de 57 años a causa de su mala salud, pero, a través de una Actitud Mental Positiva y una vida sana, alcanzó la avanzada edad de 97 años.

9. La AMP reconoce la importancia de la educación en la higiene física, mental y social, así como el hecho de que la ignorancia de estas cuestiones puede llevar al pecado, la enfermedad y la muerte. Manténgase al día en lo concerniente a los actuales progresos sobre la salud mental, moral y física.

10. Nunca abandone la esperanza... *porque siempre hay una cura potencial para todas las dolencias*. Desarrolle una AMP y elimine las conjeturas en lo concerniente a su salud, buscando ayuda en el momento adecuado.

11. La AMP repele los accidentes y las tragedias, manteniendo a la persona con una AMP alerta ante los peligros en todo momento. No obstante, si se produjera la tragedia, la AMP puede ayudarle a afrontar las dificultades con calma y serenidad.

12. Se puede alcanzar una mente sana y un cuerpo sano si se utiliza una AMP. Recuerde, podrá gozar de buena salud y vivir más tiempo con una AMP.

¡ME SIENTO SANO!
¡ME SIENTO FELIZ!
¡ME ENCUENTRO ESTUPENDAMENTE!

18

¿PUEDE USTED ATRAER LA FELICIDAD?

¿Puede usted atraer la felicidad?

Abraham Lincoln comentó en cierta ocasión: «He observado que las personas son tan felices como se lo hayan propuesto».

Existen muy pequeñas diferencias entre las personas, ¡pero estas pequeñas diferencias constituyen *la gran diferencia!* Las pequeñas diferencias se refieren a la *actitud*. Y la gran diferencia consiste en el hecho de que ésta sea *positiva* o *negativa*.

Las personas que quieren ser felices adoptarán una Actitud Mental Positiva y se hallarán bajo la influencia de la cara de su talismán correspondiente a la AMP. De este modo atraerán la felicidad. Y las que se decidan por la AMN, se empeñarán en ser desgraciadas. No atraerán la felicidad sino que la repelerán.

«QUIERO SER FELIZ...» Una popular canción empieza con unas palabras que contienen una gran dosis de verdad: «¡Quiero ser feliz, pero no seré feliz hasta que te haga feliz a ti también!».

Uno de los medios más seguros de alcanzar la felicidad consiste en dedicar las propias energías a hacer feliz a otra persona. La felicidad es algo escurridizo y transitorio. Y si usted la busca, observará que es huidiza. En cambio, si trata de hacer feliz a otra persona, la felicidad vendrá a usted.

La escritora Claire Jones, esposa de un profesor del Departamento de Religión de la Universidad de Oklahoma, nos habla de la felicidad que ambos experimentaron durante los primeros tiempos de su matrimonio.

Durante los dos primeros años de nuestro matrimonio, vivíamos en una pequeña ciudad —recuerda—, y nuestros vecinos eran un matrimonio muy anciano, con la esposa casi ciega y sentada a una silla de ruedas. El anciano, que tampoco disfrutaba de muy buena salud, llevaba la casa y la cuidaba.

Mi marido y yo estábamos adornando nuestro árbol de Navidad unos días antes de Navidad, cuando decidimos impulsivamente adornar un árbol para el matrimonio de ancianos. Compramos un árbol pequeño, lo adornamos con espumillón y luces, le colgamos unos regalitos y la víspera de Navidad se lo llevamos.

La anciana lloró al vislumbrar borrosamente las centelleantes luces. Su marido no hacía más que repetir: «Hacía muchos años que no teníamos un árbol». Se pasaron todo el año siguiente hablándonos del árbol cada vez que los visitábamos.

A la siguiente Navidad, ambos ya se habían mudado de casa. Habíamos tenido con ellos un pequeño detalle. Pero nos sentíamos *felices* de haberlo hecho.

La felicidad que experimentaron como consecuencia de su amabilidad fue un sentimiento muy profundo y afectuoso, cuyo recuerdo les acompañará para siempre. Fue aquella clase especial de felicidad que experimentan todos aquellos que hacen el bien.

Sin embargo, la clase de felicidad más común y constante se parece más a un estado de satisfacción: un estado en el que no se es feliz ni desgraciado.

Es usted una persona feliz durante el período en el que siente especialmente aquel positivo estado mental en el que se siente usted feliz junto con un estado «neutral» de la mente en el que no se siente desgraciado.

Y usted puede ser feliz, sentirse satisfecho o ser desgraciado. Porque la elección depende de usted. El factor determinante estriba en el hecho de que usted se halle bajo la influencia de una Actitud Mental Positiva o bien negativa. Y este factor puede usted controlarlo.

LAS DESVENTAJAS NO CONSTITUYEN UN IMPEDIMENTO PARA ALCANZAR LA FELICIDAD. Si hubo alguna vez una persona de la que pudiera suponerse que fuera desgraciada, esta persona fue Helen Keller. Nació sordomuda y ciega, privada de la comunicación normal con las personas que la rodeaban; sólo el sentido del tacto podía ayudarla a comunicarse con los demás y a experimentar la dicha de amar y ser amada.

Pero sí podía comunicarse y, gracias a la ayuda de una abnegada y brillante institutriz que consiguió comunicarse amorosamente con Helen Keller, aquella niña sordomuda y ciega se convirtió en una mujer inteligente, alegre y feliz. La señorita Keller escribió en cierta ocasión:

Cualquier persona que, por la bondad de su corazón, pronuncia una palabra de ayuda, esboza una sonrisa jovial o allana las asperezas del camino de otra, sabe que el deleite que experimenta forma tan íntimamente parte de sí misma que eso la hace vivir. La alegría de superar los obstáculos que parecían insuperables y de empujar la frontera de los logros cada vez más lejos... ¿qué otra alegría se le puede comparar?

Si los que buscan la felicidad se detuvieran un instante a pensar, verían que los deleites que ya experimentan son tan infinitos como las hierbas que pisan sus pies o las gotas de rocío que centellean sobre las flores matutinas.

Helen Keller contaba sus ventajas y se mostraba profundamente agradecida por ellas. Después compartió la maravilla de estas ventajas con otras personas e hizo que éstas se sintieran felices. Dado que compartía lo que es bueno y descable, atrajo hacia sí muchas más cosas buenas y deseables. Porque cuanto más se comparte, tanto más se tiene. Y, si usted comparte la felicidad con los demás, la felicidad crecerá en su interior.

En cambio, si comparte la aflicción y la desgracia, atraerá hacia sí la aflicción y la desgracia. Todos conocemos a ciertas personas que tienen eternamente problemas o bien oportunidades disfrazadas. Lo suyo son los problemas. Cualquier cosa que les ocurra no está bien. Y ello se debe a que siempre están compartiendo sus problemas con los demás.

Hay muchas personas solitarias en este mundo que buscan el amor y la amistad, pero nunca los encuentran. Algunas repelen lo que buscan con una AMN. Otras se acurrucan en sus rincones y nunca se atreven a salir. No comprenden que, cuando uno sustrae a los demás lo que es bueno y deseable, su porcentaje de cosas buenas y deseables disminuye.

Otras personas, en cambio, tienen el valor de hacer algo respecto a su soledad y hallan la respuesta, compartiendo lo bueno y lo hermoso con los demás. Hubo un chiquillo que estaba muy solo y se sentía muy desgraciado. Al nacer, su espalda era como una grotesca joroba y su pierna izquierda estaba torcida. Mirando al niño, el médico le aseguró a su padre: «Pero se las apañará bien».

La familia era pobre y la madre del niño murió antes de cumplir éste un año de edad. Cuando creció, los demás niños evitaban su compañía por su cuerpo deforme y su incapacidad de participar con éxito en sus actividades. Se llamaba Charles Steinmetz y era un muchachito solitario y desgraciado.

Pero el Gran Dador de todo bien no había olvidado a aquel chiquillo. Para compensar la deformidad de su cuerpo, Charles estaba dotado de una mente extra-ordinariamente aguda. Haciendo caso omiso de las incapacidades físicas sobre las cuales no podía hacer nada, utilizó la mejor cualidad que poseía y se esforzó por destacar con su inteligencia. A los cinco años ya sabía conjugar los verbos latinos. A los siete aprendió el griego y algunas nociones de hebreo. A los ocho años tenía unos buenos conocimientos de álgebra y geometría.

Cuando inició sus estudios superiores, destacó en todas las asignaturas. Se graduó con las máximas calificaciones. Había ahorrado cuidadosamente hasta el último centavo para poder alquilar un traje para aquella ocasión. Sin embargo, con la desconsiderada crueldad que a menudo caracteriza a las personas que se hallan bajo la influencia de la AMN, las autoridades escolares colocaron una nota en el tablero de anuncios, excusando a Charles de la ceremonia.

Al final, a Charles se le ocurrió pensar que, en lugar de tratar de ganarse el respeto de los demás haciéndoles ver el valor de sus dotes intelectuales, trataría de cultivar su amistad; utilizaría su capacidad no para llamar la atención y satisfacer su propio orgullo, sino para fomentar el bienestar de la humanidad. Para iniciar una nueva vida, se embarcó en un buque y se trasladó a los Estados Unidos. Fue rechazado varias veces a causa de su aspecto, pero al final encontró un puesto de delineante en la General Electric con un salario de doce dólares. Aparte el horario habitual de trabajo, dedicaba largas horas a la investigación eléctrica y se esforzaba por cultivar la amistad de sus compañeros de trabajo, tratando de compartir con ellos todo aquello que fuera bueno y deseable.

Al cabo de algún tiempo, el director de la junta de la empresa General Electric reconoció el insólito genio de aquel hombre y le dijo a Charles: «He aquí nuestra fábrica. Haga lo que quiera con ella. Sueñe todo el día si lo desea. Le pagaremos para que sueñe».

Charles trabajó duro y en serio durante mucho tiempo. A lo largo de su vida, patentó más de doscientos inventos eléctricos y escribió muchos libros y trabajos acerca de problemas relacionados con la teoría y la ingeniería eléctrica. Conoció la satisfacción que produce el hecho de contribuir a que el mundo sea mejor. Acumuló riquezas y compró una encantadora residencia que compartió con un joven matrimonio que conocía. De este modo, Steinmetz experimentó la felicidad de una vida colmada y útil.

LA FELICIDAD EMPIEZA EN CASA. La mayor parte de la vida de cada uno de nosotros transcurre en nuestros hogares, con nuestras familias. Y, por desgracia, este hogar que debiera ser un refugio de amor, felicidad y seguridad, se convierte con mucha frecuencia en un lugar hostil cuyos miembros no tienen relaciones felices y armoniosas. Pueden surgir problemas en el hogar por muchas razones.

En uno de nuestros cursos de AMP, «La ciencia del éxito», a un joven muy inteligente y agresivo de unos veinticuatro años de edad se le preguntó:

«¿Tiene usted un problema?»

«¡Sí! —contestó él—. Mi madre. De hecho, he decidido irme de casa este fin de semana.»

Al pedírsele al estudiante que comentara su problema, resultó evidente que las relaciones entre él y su madre no eran armoniosas. El instructor comprendió que la personalidad agresiva y dominante de la madre era similar a la del hijo.

Se explicó a los alumnos que la personalidad de un individuo puede compararse a las fuerzas de un imán. Cuando dos fuerzas similares empujan o tiran en la misma dirección, se sienten impulsadas la una hacia la otra por medio de la atracción. Cuando las fuerzas son opuestas, resisten y se repelen.

Cuando se sitúan el uno al lado del otro y ambos se enfrentan con fuerzas exteriores, los individuos, como los imanes, siguen siendo identidades separadas. Y, sin embargo, su capacidad de atraer o repeler estas fuerzas se incrementa aunque ambos sean contrarios.

El instructor añadió: «Parece ser que su comportamiento y el de su madre son tan parecidos que puede usted determinar de qué manera ella reacciona ante usted por la forma en que usted reacciona ante ella. Es probable que pueda usted evaluar sus sentimientos analizando los suyos propios. ¡Por consiguiente, su problema tiene fácil solución! *Cuando dos personalidades fuertes son contrarias y es deseable que vivan juntas en armonía, por lo menos una de ellas tiene que utilizar la fuerza de la AMP.*

»He aquí la tarea específica que le encomiendo esta semana: Cuando su madre le pida que haga algo, *hágalo con alegría.* Cuando exprese una opinión, muéstrese de acuerdo con ella en forma sincera y amable, o no diga nada. Cuando experimente la tentación de criticarla, busque alguna cosa buena que decir. Su experiencia será de lo más agradable. Y es probable que ella siga su ejemplo.»

«¡No dará resultado! —replicó el alumno—. ¡Es muy difícil llevarse bien con ella!»

«Tiene usted mucha razón —dijo el instructor—. No dará resultado... a menos que intente usted que dé resultado con una Actitud Mental Positiva.»

Una semana más tarde, se preguntó al joven qué tal marchaba su problema. Su respuesta fue: «Me alegra poder decir que no ha habido ni una sola palabra desagradable entre nosotros durante toda la semana. Le interesará saber que he decidido seguir viviendo en casa».

CUANDO LOS PADRES NO COMPRENDEN A SUS HIJOS... Una persona tiende a suponer que a todo el mundo le gusta lo que a ella le gusta y que todo el mundo piensa siempre lo que ella piensa. Porque la gente tiende a juzgar las reacciones de los demás a través de sus propias reacciones. Al igual que en el caso del joven que tenía un problema con su madre, semejante conclusión puede ser a veces correcta. Sin embargo, muchos padres tienen a menudo problemas con sus hijos porque no aciertan a comprender que la personalidad del hijo es distinta a la suya. Es un error que los padres no comprendan que el tiempo les cambia tanto a ellos como a sus hijos. Porque no adaptan sus actitudes mentales a los cambios que se van operando en sus hijos y en ellos mismos.

«¡NO LA ENTIENDO!», DECÍA SU PADRE. Un abogado y su esposa tenían cinco hijos maravillosos. Los padres se sentían desdichados porque su hija mayor, estudiante de primer año en una escuela superior, no respondía tal como ellos esperaban. La hija también se sentía desdichada.

«Es una buena chica, pero no la entiendo —decía su padre—. No le gustan las tareas de la casa; y, sin embargo, se pasa horas tocando el piano. En verano, le conseguí trabajo en unos almacenes, pero ella no quiso trabajar. ¡Sólo quiere tocar el piano todo el día!»

Nosotros recomendamos que tanto los padres como la hija se sometieran a un Análisis del Vector de Actividad, realizado por uno de los autores del presente libro. En el capítulo 10, titulado «Cómo estimular a los demás», ya le hemos hablado del Análisis del Vector de Actividad (AVA). Los resultados fueron reveladores. Observamos que la muchacha poseía unas ambiciones, energías y rasgos tan superiores a los de cualquiera de sus progenitores que sería difícil que éstos comprendieran sus reacciones sin antes comprender que cada persona era distinta.

Sus padres pensaban que, aunque era bonito saber tocar el piano, convenía que la muchacha trabajara en casa y en unos almacenes durante el verano. La afición a ser pianista era una pérdida de tiempo. «Se casará algún día y tendrá que llevar la casa. Tendría que ser más práctica», decían los padres.

Se explicó a los padres cuáles eran las capacidades y tendencias que inducían a la hija a comportarse de aquel modo. Se les expusieron las razones por las cuales era difícil que ellos la comprendieran. También se explicó a la hija por qué sus padres pensaban una cosa y ella pensaba otra. Tras haberse esforzado los tres por comprender la causa de su problema y la forma de abordarlo con una Actitud Mental Positiva, pudieron vivir juntos con mayor armonía.

Para tener un hogar feliz, sea comprensivo. Comprenda que el nivel de energía y las capacidades de otra persona tal vez no sean los mismos que los de usted. Es posible que la otra persona no piense igual que usted. Trate de comprender por qué lo que a ella le gusta tal vez no coincida con lo que le gusta a usted. Cuando lo comprenda, le resultará más fácil desarrollar una AMP y hacer aquello que sea más susceptible de provocar reacciones deseables en los demás.

Los polos opuestos de un imán se atraen entre sí tal como ocurre con las personas que poseen rasgos de carácter opuestos. Y allí donde existe una comunidad de intereses, dos individuos pueden desarrollar una afortunada asociación aunque cada cual tenga características contrarias en muchos sentidos. Uno puede ser ambicioso, agresivo, confiado y optimista y poseer un tremendo impulso, energía y sentido práctico. Y el otro puede tender a mostrarse satisfecho, temeroso, tímido, apocado, taciturno y humilde y carecer de confianza en sí mismo. A menudo, tales personas experimentan una mutua atracción y, cuando se asocian, se complementan, se fortalecen y se inspiran la una a la otra.

«Mezclan» sus personalidades y, de este modo, los extremos de cada una se neutralizan. Se evita así lo que podría convertirse en rigidez por parte de una y en frustración por parte de la otra.

¿Se sentiría usted feliz e inspirado si estuviera casado con alguien cuya personalidad fuera exactamente como la suya? Sea sincero consigo mismo. La respuesta sería probablemente «No».

A los hijos se les puede enseñar también a ser comprensivos y a agradecer todo lo que sus padres hacen por ellos. Muchas situaciones desgraciadas en los hogares se deben a que los hijos no comprenden a sus padres y no experimentan gratitud hacia ellos. Pero, ¿quién tiene la culpa? ¿El hijo, los padres o ambas partes?

Hace algún tiempo tuvimos una reunión con el director de una próspera e importante organización. De él han hablado en términos elogiosos los más grandes periódicos del país gracias a la buena labor que realizó cuando desempeñaba un cargo público. Sin embargo, el día en que le vimos parecía muy desgraciado.

«¡A nadie caigo bien! ¡Incluso mis hijos me odian! ¿A qué se debe eso?», preguntó.

En realidad, este hombre es una persona bien intencionada. Dio a sus hijos todo lo que el dinero podía comprar. Les mantuvo deliberadamente apartados de las necesidades que a él le habían obligado de niño a adquirir la fuerza que había desarrollado de mayor. Trató de protegerles de aquellas cosas de la vida que para él no fueron agradables. Les evitó tener que luchar como él había luchado. Nunca pidió o esperó el agradecimiento de sus hijos e hijas cuando éstos eran pequeños, y jamás lo tuvo. Pero suponía que ellos le comprendían y no se había molestado en averiguar si ello era así efectivamente.

Las cosas hubieran sido distintas si hubiera enseñado a sus hijos a ser agradecidos y a adquirir fuerza, combatiendo, por lo menos parcialmente, sus propias luchas. Se sintió feliz haciéndoles felices, sin enseñarles a ser felices haciendo felices a los demás. Por consiguiente, ellos le hicieron desgraciado. Quizá si hubiera confiado en ellos cuando estaban creciendo y les hubiera hablado de las luchas que tuvo que afrontar por su bien, ellos hubieran sido más comprensivos.

No obstante, este hombre, o cualquier otro que se encuentre en su misma situación, no tiene por qué seguir siendo desgraciado. Puede girar su talismán de la cara de la AMP y tratar de darse a conocer y ser comprendido por sus seres queridos.

Y puede tomarse la molestia de demostrarles que les quiere, entregándose *personalmente*, en lugar de limitarse a darles las cosas materiales que su riqueza puede proporcionarles. Si se entrega personalmente con la misma liberalidad con la que comparte su dinero con ellos, tendrá la recompensa de recibir a cambio su amor y su comprensión.

Como es lógico, este hombre había obrado con buena intención. Se había portado bien con sus hijos y con las demás personas. Pero no había sido sensible a sus reacciones. Se había limitado a suponer que ellos lo comprenderían. Y no se había tomado la molestia de ayudarles a hacerlo.

Pero este hombre podía ayudarse a sí mismo leyendo libros de inspiración. Nosotros le recomendamos varios, entre ellos *Cómo ganar amigos e influir en las personas.* Y le dijimos que sus hijos eran personas.

ATRACCIÓN Y RECHAZO A TRAVÉS DE LA COMUNICACIÓN VERBAL. Independientemente de quién sea usted... ¡es usted una persona maravillosa! Sin embargo, ciertas personas pueden creer que no. Si advierte usted que reaccionan con una hostilidad injustificada a las muchas cosas que usted dice o hace, puede hacer algo al respecto. Ellas son tan humanas como usted.

¡Tiene usted la facultad de *atraer* y *repeler*! Puede usted utilizar sabiamente este poder para atraer a los amigos apropiados y repeler a los que ejercen sobre usted una influencia indeseable o perjudicial. Con una Actitud Mental Negativa... es probable que usted repela automáticamente las buenas cosas de la vida y atraiga las indeseables, entre ellas las malas amistades.

Las reacciones indeseables por parte de los demás pueden ser debidas a lo que usted dice y a cómo lo dice; o bien a sus sentimientos y actitudes internas. La voz, al igual que la música, constituye un reflejo del estado de ánimo, la actitud y los pensamientos ocultos de la mente. Puede resultarle tan difícil comprender que la culpa reside en usted como tomar la iniciativa y corregirse cuando comprenda que a veces la culpa la *tiene* usted... ¡*pero puede hacerlo*!

Puede aprender de un buen vendedor. Porque éste se ve obligado a mostrarse sensible a las reacciones de los posibles clientes... y hacer algo al respecto.

La actitud de *El cliente siempre tiene razón* que utilizan algunos prósperos comerciantes es una actitud que a muchos individuos les cuesta trabajo adoptar, y sin embargo... ¡da muy buen resultado!

Si se esforzara usted en hacer felices a sus familiares con la misma Actitud Mental Positiva que utiliza un vendedor para vender sus productos a los presuntos clientes, su hogar y su vida social serían más felices y afortunados... si es que tiene usted en su casa un conflicto entre diferentes personalidades.

Si sus sentimientos se sienten heridos con frecuencia por lo que dice la gente o por cómo lo dice, es muy probable que usted ofenda a menudo a los demás por lo que dice o por cómo lo dice. Trate de establecer los verdaderos motivos de sus reacciones ante las ofensas y después evite provocar estas mismas reacciones en los demás.

Si los chismorreos le ofenden, tendría que pensar en no chismorrear para no ofender a los demás.

Si el tono de voz o la actitud de alguna persona respecto a usted le resultan molestos, evite ofender a los demás hablando o actuando de la misma manera.

Si no es usted feliz cuando alguien le grita con voz encolerizada, piense que otra persona se molestará si usted le grita... aunque sea su hijo de cinco años o un pariente muy próximo.

Si se siente ofendido porque otra persona interpreta erróneamente sus intenciones, ponga de manifiesto una actitud tolerante... y dé a los demás un voto de confianza.

Si no le resultan agradables las discusiones, el sarcasmo, el humor ofensivo o las críticas de sus amigos o parientes, es lógico suponer que todo ello tampoco resultará agradable para otras personas.

Y si quiere que le feliciten y le recuerden, y le hace feliz saber que alguien piensa en usted, puede suponer sin temor a equivocarse que otras personas se sentirán felices si usted las felicita, las recuerda o les hace llegar una nota para decirles que piensa en ellas.

UNA CARTA PUEDE TRAER LA FELICIDAD. *La ausencia acentúa las emociones del corazón...* si se intercambian cartas. Muchas bodas se han celebrado a causa de la intensificación del amor provocada por la ausencia.

La poesía, la imaginación, los idilios, el idealismo y el éxtasis suscitan afecto y comprensión por medio del intercambio de cartas. Todas las personas pueden expresar pensamientos que tal vez no expresaran jamás si no utilizaran la palabra escrita como medio. Las cartas afectuosas no tienen por qué cesar con el matrimonio. Samuel Clemens (Mark Twain) escribía diariamente afectuosas notas a su esposa incluso cuando ambos se encontraban en casa. Su vida en común fue auténticamente feliz.

USTED ES LO QUE PIENSA. Para escribir... tiene que pensar. Su imaginación se desarrolla recordando el pasado, analizando el presente y percibiendo el futuro. Cuanto más escriba, más se aficionará a escribir. Haciendo preguntas, usted, en calidad de escritor, dirige la mente del destinatario hacia los canales deseados y puede facilitarle la tarea de responderle. Y, cuando lo haga, él será el escritor y usted experimentará una alegría adicional siendo el destinatario.

El destinatario de la carta que usted escribe se ve obligado a pensar en los términos que *usted* haya establecido. Si la carta está bien estructurada, tanto su razón como sus emociones podrán ser encauzadas hacia los deseados caminos. Los pensamientos inspiradores quedarán grabados indeleblemente en su memoria cuando los almacene en su subconsciente a medida que vaya leyendo.

¿Puede usted atraer la felicidad? Pues claro que puede atraer la felicidad. ¿Cómo? Usted puede atraer la felicidad con una AMP.

Una Actitud Mental Positiva atraerá hacia usted la salud, la riqueza y la felicidad a la que aspira. Y una Actitud Mental Positiva incluye características tales como fe, esperanza, caridad, optimismo, alegría, generosidad, tolerancia, tacto, amabilidad, honradez, bondad, iniciativa, sinceridad, rectitud y sentido común.

LA SATISFACCIÓN. En su calidad de periodista cuyos escritos se publicaban en varios periódicos de la nación, Napoleón Hill escribió en cierta ocasión un artículo titulado «La satisfacción». Es posible que a usted le resulte útil. He aquí lo que decía:

El hombre más rico del mundo vive en el Valle Feliz. Es rico en valores que perduran, en cosas que no se pueden perder, cosas que le proporcionan buena salud, paz de espíritu y armonía en el interior de su alma.

He aquí un inventario de sus riquezas y de cómo las adquirió:

«Hallé la felicidad ayudando a los demás a encontrarla.

»Hallé la buena salud viviendo con templanza y comiendo sólo los alimentos que mi cuerpo necesita para mantenerse.

»No odio a nadie, no envidio a nadie, pero amo y respeto a toda la humanidad.

»Estoy entregado a una tarea amorosa con la que mezclo generosamente el juego; por consiguiente, raras veces me canso.

»Rezo diariamente, no pidiendo más riqueza sino más sabiduría para poder identificar, alcanzar y disfrutar de la gran abundancia de riquezas que ya poseo.

»No pronuncio ningún nombre como no sea para honrarlo, y no calumnio a nadie por ningún motivo.

»No pido favores a nadie, como no sea el privilegio de compartir mis bienes con todos aquellos que lo deseen.

»Estoy en buenas relaciones con mi conciencia; por consiguiente, ésta me guía rectamente en todo lo que hago.

»Tengo más riquezas materiales de las que necesito porque estoy libre de codicia y sólo ansío poseer aquellas cosas que pueda utilizar constructivamente mientras viva. Mi riqueza procede de aquellos a quienes he beneficiado compartiendo con ellos lo que poseía.

»La finca que poseo en el Valle Feliz no está sometida a impuestos fiscales. Existe principalmente en mi mente, en las riquezas intangibles que no pueden ser objeto de impuesto ni de dominio excepto por parte de aquellos que adoptan mi estilo de vida. Yo he creado esta finca a lo largo de toda una vida de esfuerzos, observando las leyes naturales y adquiriendo hábitos conformes a las mismas.

El credo del éxito del hombre del Valle Feliz no tiene derechos de autor. Si usted quiere adoptarlo, el credo le reportará sabiduría, paz y satisfacción.

En su libro *El poder de la fe*, el rabino Louis Bienstock dijo lo siguiente a propósito del tema de la felicidad:

> El hombre nació entero... todo de una pieza. Es la clase de mundo que él ha forjado la que lo ha desgarrado. ¡Un mundo de locura! ¡Un mundo de falsedad! ¡Un mundo de temor! Con el poder de la fe, que vuelva a consolidarse... por medio de la fe en sí mismo, la fe en sus semejantes, la fe en su destino, la fe en su Dios. Entonces y sólo entonces el mundo estará auténticamente unido. Entonces y sólo entonces el hombre encontrará la felicidad y la paz.

Recuerde, *si el hombre está bien, su mundo estará bien*. Y el hombre puede atraer la felicidad de la misma manera que puede atraer la riqueza, la desdicha o la pobreza. ¿Está bien su mundo? ¿O acaso los sentimientos de culpabilidad le impiden alcanzar el éxito que desea? Si así fuera, le interesará leer nuestro siguiente capítulo para alcanzar la felicidad en su vida.

GUÍA N.º 18

Ideas a seguir

1. Abraham Lincoln dijo en cierta ocasión: «He observado que las personas son tan felices como se lo hayan propuesto». ¿Quiere usted proponerse ser feliz? En caso contra-

rio, ¿quiere usted proponerse no ser *desgraciado*?

2. Hay muy pequeñas diferencias entre las personas, pero estas pequeñas diferencias constituyen *la gran diferencia*. Las pequeñas diferencias son la *actitud*. La gran diferencia consiste en el hecho de que ésta sea *positiva* o *negativa*.

3. Uno de los medios más seguros de alcanzar la propia felicidad consiste en dedicar todas las energías a hacer feliz a otra persona.

4. Si busca la felicidad, comprobará usted que ésta es escurridiza. Pero, si trata de traer la felicidad a otra persona, ésta retornará a usted multiplicada.

5. Si usted comparte la felicidad y todo lo que es bueno y deseable, atraerá hacia sí la felicidad, lo bueno y lo deseable.

6. Si comparte la aflicción y la desdicha, atraerá hacia sí la aflicción y la desdicha.

7. La felicidad empieza en su casa. Los componentes de su familia son personas. Estímulelos a ser felices, de la misma manera que un buen vendedor estimula a sus presuntos clientes a comprar.

8. Cuando dos personalidades fuertes entran en conflicto y es conveniente que convivan en armonía, una de ellas por lo menos tiene que utilizar el poder de la AMP.

9. Sea sensible a sus propias reacciones y a las reacciones de los demás.

10. ¿Le gustaría vivir satisfecho en el Valle Feliz?

¡PARA SER FELIZ,
HAGA FELICES A LOS DEMÁS!

19

LIBÉRESE DE ESE SENTIMIENTO
DE CULPABILIDAD

Usted experimenta un sentimiento de culpabilidad. ¡Eso es bueno!

El sentimiento de culpabilidad es bueno. Pero libérese de él... Toda persona, con independencia de lo buena o mala que pueda ser, puede experimentar a veces un sentimiento de culpabilidad. Este sentimiento es el resultado de una «suave vocecita» que le habla. Y su conciencia es esta «suave vocecita».

Piense por un instante: ¿qué ocurriría si una persona no experimentara un sentimiento de culpabilidad tras obrar el mal? Porque la persona que no experimenta un sentimiento de culpabilidad tras haber cometido una mala acción es a menudo incapaz de distinguir entre el bien y el mal... o no le han enseñado a distinguir entre el bien y el mal respecto a su conducta. O tal vez no esté en su sano juicio.

Muchos sentimientos de culpabilidad se heredan y otros se adquieren.

Sabemos que un conflicto mental puede surgir cuando las emociones y las pasiones heredadas se ven refrenadas por la sociedad en la que uno vive; y las personas de un determinado ambiente pueden regirse de acuerdo con un código moral contrario al que impere en otro ambiente. Sin embargo, en todos los casos en los que a un individuo se le ha enseñado un determinado código moral, experimenta un sentimiento de culpabilidad cuando lo viola.

En algunos casos, no obstante, la transgresión del código moral de una sociedad puede ser buena porque *las normas morales pueden ser malas en sí mismas.*

Lo repetimos: el sentimiento de culpabilidad es bueno e incluso estimula a algunas personas de alto nivel moral a tener pensamientos y a emprender acciones dignas.

Hubo un hombre recto que odiaba y perseguía implacablemente a los miembros de una minoría religiosa. Pero experimentó un sentimiento de culpabilidad. Y el mundo sabe que enmendó el mal cometido cuando sus sentimientos de culpabilidad le indujeron a emprender una acción deseable. Se convirtió en un gran apóstol. Y sus pensamientos, palabras y acciones han cambiado la historia del mundo a lo largo de los últimos dos mil años. Se llamaba Saulo de Tarso.

Y hubo un hombre cuyos sentimientos de culpabilidad por lo que él consideraba fechorías le provocaron tal remordimiento que también se sintió impulsado a emprender una acción deseable. En la cárcel se pasó los días escribiendo un libro. Y su libro constituye ahora una referencia clásica para la enseñanza de la rectitud de carácter y la belleza de la vida. Se llamaba John Bunyan.

Y hubo también otro pecador que hemos mencionado en el capítulo quince, el cual hizo entrega de medio millón de dólares con destino a los Boys Clubs de Chicago y también un donativo de un millón de dólares a su iglesia. Lo hizo en parte para expiar sus pecados, puesto que ofreció dinero para impedir que los muchachos y muchachas cayeran en las trampas y los engaños de la vida que lo habían atrapado a él.

Incluso un benefactor de la humanidad como el doctor Albert Schweitzer se sintió impulsado a actuar a causa de un sentimiento de culpabilidad. Se sentía culpable por no haber cumplido con sus responsabilidades en relación con sus semejantes. Y puesto que podía hacer algo que mereciera la pena pero no lo hacía, su sentimiento de culpabilidad le indujo a comenzar su gran misión.

¿Comprende ahora por qué es bueno un sentimiento de culpabilidad con una AMP? Sin embargo, existe también un sentimiento de culpabilidad con una AMN. Y éste es malo.

Porque no todos los sentimientos de culpabilidad dan lugar a resultados beneficiosos. Cuando el individuo experimenta un sentimiento de culpabilidad y no se libera de este sentimiento con una AMP, los resultados son con frecuencia de lo más perjudiciales.

El gran psicólogo Sigmund Freud afirma: «Cuanto más avanza nuestro trabajo y cuanto más profundamente penetra nuestro conocimiento en la vida mental de los neuróticos, tanto más claramente observamos la presencia de dos nuevos factores que requieren la mayor atención en calidad de fuentes de resistencia... Ambos pueden incluirse en la descripción de "necesidad de sufrir"... El primero de estos dos factores es el *sentimiento de culpabilidad* o *conciencia de culpa...*»

Y Sigmund Freud tiene razón. Porque los sentimientos de culpabilidad han llevado a los hombres a destruir sus vidas, mutilar sus cuerpos o causarse algún otro tipo de lesión con el fin de expiar sus malas obras. Afortunadamente, hoy en día raras veces se practican semejantes métodos. Y en los países civilizados no están permitidos. Pero se puede encontrar un equivalente. Porque es posible que la conciencia no se sienta culpable, pero el subconsciente sí.

Y el subconsciente nunca olvida.

Y utiliza sus facultades con la misma eficacia que la conciencia, satisfaciendo la necesidad del individuo que no se libera del sentimiento de culpabilidad con una AMP, generándole una enfermedad y haciéndole sufrir.

UN SENTIMIENTO DE CULPABILIDAD PUEDE ENSEÑARLE A SER CONSIDERADO CON LOS DEMÁS. La consideración para con los demás es una cualidad que cada uno de nosotros tiene que aprender a desarrollar. El niño recién nacido no se preocupa por el bienestar y la conveniencia de nadie. Quiere lo que quiere y cuando lo quiere. Pero en algún momento de su desarrollo empieza a aprender poco a poco que hay también otras personas y que, en cierto modo por lo menos, habrá de tenerles un poco de consideración. Sin embargo, el egoísmo es un rasgo humano muy común que sólo se refrena en cada uno de nosotros a través del desarrollo. Cuando somos lo suficientemente mayores como para comprender que tales sentimientos no son buenos, experimentamos una punzada de culpabilidad cada vez que cedemos al egoísmo. Eso es bueno porque nos induce a pensarlo dos veces cuando surge la ocasión y podemos elegir entre complacernos a nosotros o complacer a los demás.

El nieto de seis años de Thomas Gunn estaba visitándole en su residencia de Cleveland, Ohio. El chiquillo corría a la esquina todas las tardes para recibir a su abuelo cuando éste regresaba del trabajo. El abuelo se sentía muy feliz. Cuando el nieto acudía a recibirle, él le daba una bolsita de caramelos.

Un día el niño corrió a la esquina y saludó muy excitado a su abuelo, anticipándose al regalo: «¿Dónde están los caramelos?». El anciano caballero trató de ocultar su emoción: «¿Has salido a recibirme todas

las tardes —dijo, vacilando antes de continuar— sólo
por una bolsita de caramelos?». El niño tomó la bolsita que el abuelo se había sacado del bolsillo. Ninguno de los dos habló mientras se encaminaban hacia
la casa. El niño estaba dolido y se sentía desdichado.
No quiso probar los caramelos. Ya no se le antojaban
apetecibles. Había lastimado a una persona a la que
amaba.

Aquella noche, el niño de seis años y su abuelo se
arrodillaron y, mientras ambos rezaban juntos, el chiquillo añadió por su cuenta: «Por favor, Dios mío,
haz que el abuelo sepa que le quiero».

La aflicción y el remordimiento del niño por su
mala acción fueron buenos. ¿Por qué? Porque le obligaron a emprender una acción con el fin de liberarse
de aquel sentimiento de culpabilidad y compensar lo
que había hecho.

PARA LIBERARSE DEL SENTIMIENTO DE CULPABILIDAD,
REPARE EL DAÑO. Los sentimientos de culpabilidad
pueden surgir por muy variadas causas. Pero el sentimiento de culpabilidad lleva aparejado un sentimiento de deuda... una deuda que hay que reducir y eliminar.

Nos lo ilustra muy bien la historia del joven médico que nos ofrece la novela de Lloyd C. Douglas
La Magnífica Obsesión. Recordará usted que en aquella historia el joven héroe creía estar en deuda con
el mundo porque había salvado su vida a costa de la
vida de un gran neurocirujano que había sido una
bendición para el mundo.

Sin embargo, este sentimiento de deuda indujo al
joven a especializarse en neurocirugía y a alcanzar la
misma habilidad que el hombre al que él creía haber
arrebatado la vida. Y en el diario del hombre que
había perseverado, el joven aprendió una filosofía de
la vida que le indujo a desarrollar una Magnífica Obsesión. Y de este modo, gracias a su sentimiento de cul-

pabilidad, se convirtió también en una persona de mérito.

Toda historia es la historia de alguien. Y cada día en su periódico lee usted la historia de alguien: alguien como Jim Vaus, cuya vida fue salvada en más de un sentido porque respondió a una irrevocable decisión de liberarse de su sentimiento de culpabilidad. Y entró en acción.

¡PARA LIBERARSE DEL SENTIMIENTO DE CULPABILIDAD, ENTRE EN ACCIÓN! Algunas veces, las personas se ven atrapadas en una telaraña de fechorías y parecen incapaces de liberarse de ellas porque dejan de esforzarse, y se van enredando cada vez más hasta que al final hace falta casi una experiencia devastadora para liberarlas. Éste fue el caso de Jim Vaus.

Jim Vaus es un hombre que literalmente le debe la vida a su decisión de decir «Quiero», una decisión que adoptó muy tarde en la vida. Durante muchos años, Jim había estado obrando contra los mandamientos. Parecía como si tratara de transgredirlos todos, uno a uno. La primera vez que desobedeció el mandamiento de «No robarás», era todavía un estudiante universitario. Un día robó 92,74 dólares, se dirigió al aeropuerto, adquirió un billete y se fue a Florida. Algo más tarde volvió a robar, esta vez a mano armada. Fue apresado y metido en la cárcel. Poco después, se le amnistió para que pudiera incorporarse a filas; pero en el ejército también se metió en dificultades. El consejo de guerra decía: «...por destinar propiedades del Gobierno a uso privado...»

Y ocurrió que la carrera de Jim Vaus siguió deslizándose cuesta abajo. Cuantas más fechorías cometía, tanto más culpable se sentía. La culpabilidad conduce a la culpabilidad y a las mentiras y los engaños para ocultarla.

Ahora Jim ya no se sentía conscientemente culpable... porque su sentido consciente de la culpabilidad se había amortiguado. Pero no así el de su subconsciente, porque allí se iba acumulando el sentimiento de culpabilidad sin que Jim se diera cuenta.

Y tal como sucede en las historias que a menudo se leen en los periódicos, hizo falta una experiencia devastadora para que se despertara.

Vaus fue licenciado del ejército; se casó y se trasladó a vivir a California, donde montó un negocio de electrónica. Un día, un hombre conocido simplemente como Andy acudió a Jim y le expuso una gran idea para ganar en las carreras mediante un dispositivo electrónico. Al cabo de unas semanas, Jim se vio metido de lleno en el mundo del hampa. Conducía un automóvil de nueve mil dólares. Tenía una preciosa casa en las afueras de una ciudad y tenía más trabajo del que podía atender.

Un día, Jim discutió con su mujer. Ella quería saber de dónde salía todo aquel dinero y él no se lo quería decir. Entonces ella se echó a llorar. Jim no podía soportar ver llorar a su esposa porque la amaba. Le remordía la conciencia. Para alegrarla, le sugirió salir a dar un paseo por la playa. Por el camino, se vieron atrapados en un embotellamiento de tráfico: cientos de automóviles estaban afluyendo a un aparcamiento.

«Oh, mira, Jim —dijo Alice—. ¡Es Billy Graham! Vamos. Puede ser interesante.»

Para congraciarse con ella, Jim accedió. Pero, poco después de haber tomado asiento, empezó a sentirse emocionalmente trastornado: tenía la impresión de que Graham le estaba hablando directamente a él. A Jim le remordía tanto la conciencia que tenía la impresión de haber sido elegido especialmente. Graham estaba diciendo:

«¿De qué le sirve al hombre ganar todo el mundo si pierde su alma? Aquí hay un hombre que todo eso ya lo ha oído antes y que está endureciendo su cora-

zón. Se yergue con orgullo y está decidido a irse sin
haber adoptado una decisión. Pero ésta será su última
oportunidad.»

¿Su última oportunidad? La idea sobresaltó a Jim.
Es posible que tuviera una premonición. O tal vez ya
estaba preparado. ¿Qué quería decir el predicador?

Graham estaba invitando a la gente a acercarse.
Quería que la gente diera un paso físico que fuera el
símbolo de una decisión. ¿Qué estaba ocurriendo?, se
preguntó Jim. ¿Por qué sentía deseos de llorar? Súbi-
tamente empezó a hablar. «Vamos, Alice.» Alice se
dirigió obedientemente hacia el pasillo y se volvió
para *salir* del recinto. Jim, que la estaba siguiendo, la
tomó del brazo y la obligó a dar la vuelta.

«No, cariño, por aquí...», le dijo.

Años más tarde, cuando Jim había cambiado de
vida por completo, pronunció una conferencia en Los
Ángeles y habló de sus experiencias en el mundo del
hampa. Habló del día de su decisión, un día en el que
le había sido encomendada la misión de trasladarse en
avión a St. Louis para un trabajo de escuchas telefó-
nicas. «Jamás llegué a St. Louis —dijo—. Tuve el valor, en su lugar, de caer de rodillas.»

Y en el transcurso de su conferencia, Jim habló de
las dádivas que había recibido y de cómo había dado
gracias a Dios por ellas, había pedido perdón y había
tratado de neutralizar sus malas obras, insistiendo en
la aplicación de la Regla de Oro.

Finalizada la conferencia, una dama se le acercó y
le dijo: «Señor Vaus, creo que debiera usted saber una
cosa. Yo trabajaba en el despacho del alcalde el día
en que usted tenía que trasladarse a St. Louis. Aquel
día se recibió un teletipo del FBI. En él se decía, señor
Vaus, que iba usted a ser acorralado en St. Louis por
una banda rival. Y que iban a matarle de un disparo».

UNA FÓRMULA RECOMENDADA PARA LIBERARSE DE LA
CULPABILIDAD. Su «última oportunidad» tal vez no sea

tan dramática como la que acabamos de describir. Pese a ello, la historia de Jim Vaus ofrece una maravillosa lección. ¿Cómo pudo Jim librarse de sus sentimientos de culpabilidad? Lo hizo siguiendo un planteamiento muy definido. Es el planteamiento que todos nosotros podemos seguir.

En primer lugar, preste atención cuando oiga un consejo o asista a una conferencia o sermón inspirador capaz de cambiar su vida.

Pase revista a las dádivas que ha recibido y dé gracias a Dios por ellas. Arrepiéntase sinceramente y pida perdón. Cuando uno se da cuenta de los dones que ha recibido, no es difícil lamentar sinceramente el mal cometido. Y arrepentirse de verdad. Entonces tendrá usted el valor de pedir perdón a Dios.

Tiene usted que dar un primer paso hacia adelante. Eso es importante porque constituye un símbolo por medio del gesto físico que usted hace en dirección a un cambio de vida. Cuando Jim avanzó por el pasillo, lo que hizo fue anunciar públicamente que lamentaba su pasado y estaba dispuesto a cambiar de vida.

Además, tiene usted que enmendarse, dando un segundo paso hacia adelante: empiece inmediatamente a reparar todo el mal cometido.

Y después, el más importante de todos los pasos: aplique la Regla de Oro. Tendría que serle fácil. Porque ahora, cuando sienta la tentación de obrar el mal, esta «suave vocecita» le hablará en susurros. Cuando ello ocurra, deténgase a escucharla. Cuente las dádivas recibidas. Póngase en el lugar de la otra persona. Y después adopte la decisión de hacer lo que usted querría que se hiciera si estuviera en el lugar de esa otra persona.

Por consiguiente, ésta es la fórmula para liberarse de los sentimientos de culpabilidad. Si tiene dificultades con las tentaciones, y si la consiguiente sensación de culpabilidad le impide utilizar sus energías en una dirección constructiva, aprenda a ajustarse al planteamiento capaz de liberarle de la culpabilidad. Aplíquelo a su vida. Y avance hacia el éxito.

La actitud mental positiva: un camino hacia el éxito le invita a utilizar los poderes de su conciencia y de su subconsciente para:

— Buscar la verdad.
— Estimularse con el fin de emprender una acción constructiva.
— Esforzarse por alcanzar los más altos ideales que pueda concebir, junto con una buena salud física y mental.
— Vivir inteligentemente en su sociedad.
— Procurar abstenerse de aquello que cause daños innecesarios.
— Empezar desde donde se encuentra y llegar adonde quiere llegar, independientemente de lo que sea o lo que haya sido

Cualquier cosa que le impida alcanzar nobles logros en la vida debiera ser apartada a un lado. Lo cual carga sobre usted el peso de saber o averiguar lo que está bien o lo que está mal y de conocer lo que es bueno o malo en una determinada circunstancia y un determinado momento.

Conoce usted los Diez Mandamientos, la Regla de Oro y otras normas para hacer el bien en la sociedad en que vive. Y es usted quien debe establecer las normas susceptibles de conducirle a sus objetivos deseados.

«Una cosa es conocer el objetivo y otra muy distinta esforzarse por alcanzarlo», escribe el arzobispo Fulton J. Sheen en su obra *La vida merece vivirse*. «¡Elija sus objetivos! Dirija sus pensamientos, controle sus emociones, entre en acción y encauce su destino. Hallará la respuesta si sigue buscándola. ¿Cómo?

Una importante ayuda consiste en «adquirir carácter.»

ADQUIRIR. «El carácter es algo que se adquiere, algo que no se enseña», fue la provocadora frase de Arthur Burger, antiguo director ejecutivo de los Boys Clubs de Boston. Apareció en un artículo del *Reader's Digest* titulado «400.000 muchachos son miembros del Club».

Adquirir posee dos significados distintos: (1) sufrir la influencia del ambiente (a menudo una reacción subconsciente); y (2) tomar y retener (acción consciente).

Un medio muy eficaz de adquirir carácter consiste en situarse a sí mismo o situar a sus hijos en un ambiente en el que puedan desarrollar pensamientos, motivos y hábitos deseables. Si el ambiente elegido no resulta suficientemente eficaz tras un razonable período de tiempo, introduzca sustituciones y cambios.

Sin embargo, el carácter también se puede enseñar. Y si los padres dedicaran más tiempo a enseñar y modelar el carácter, tanto por medio de preceptos como del ejemplo, los hijos adquirirían y aprenderían esta admirable cualidad tan necesaria para el éxito.

¿QUÉ HACE A UN DELINCUENTE? E. E. Bauermeister, antiguo supervisor de Educación de la Institución Masculina de Chino, California, dice: «Nuestros jóvenes necesitan una guía para elegir entre el bien y el mal, y ésta deberían recibirla en casa... Cuando se habla de delincuencia juvenil, deberíamos darle otro nombre y situar la responsabilidad en su lugar correspondiente. Hoy en día tenemos en Norteamérica una situación de "delincuencia paternal". Los padres no asumen las obligaciones y las responsabilidades que les corresponden. Todo el mundo ha nacido con un buen carácter en potencia...».

J. Edgar Hoover hizo esta afirmación: «Se pueden leer volúmenes y más volúmenes sobre las causas del crimen, pero el crimen se debe literalmente a la falta de una cosa, de un sentido de responsabilidad moral por parte de la gente».

Y la razón de que la gente carezca de responsabilidad moral estriba en la falta de sentimiento de culpabilidad. De ahí que no se desarrolle el carácter porque la conciencia está dormida y no actúa como guía. Y de la inmoralidad o amoralidad de los padres, los hijos no pueden adquirir ni aprender el carácter.

CUANDO UNA VIRTUD SE HALLA EN CONFLICTO CON OTRA. A veces, no es tan fácil decidir si uno tiene que decir «Sí» o «No». Porque la cuestión a resolver puede entrañar un conflicto, una contradicción entre ciertas virtudes. Y toda persona, en algún momento determinado, tiene que enfrentarse con semejante conflicto y adoptar una decisión. Tiene que elegir entre lo que desea hacer y lo que debe hacer; o bien entre lo que quiere y lo que la sociedad espera de ella.

Y semejante elección tiene que hacerse necesariamente entre virtudes como el amor, el deber y la lealtad. Por ejemplo: (a) el amor y el deber para con un progenitor en conflicto con el amor y el deber para con un esposo o una esposa; (b) la lealtad a una persona en conflicto con la lealtad a otra persona; o (c) la lealtad a una persona en conflicto con la lealtad a una organización o sociedad.

Ilustrémoslo con la historia del vendedor que trabajaba con George Johnson. Porque ambos se enfrentaron con un conflicto entre la lealtad a una persona y la lealtad a otra persona y a la organización que representaba.

George Johnson adiestró, estimuló, inspiró y sufragó los gastos de un vendedor al que llamaremos John Black. George confiaba plenamente en John. Le tenía aprecio y le dio una oportunidad. Permitió que atendiera a sus mejores clientes... a los que llevaban mucho tiempo contando con los servicios de la empresa. En el contrato de la empresa figuraba una cláusula por la cual, en caso de terminación del contrato, el vendedor no perjudicaría en modo alguno los intereses de la empresa y no se entremetería en su organización de ventas. El señor Johnson le ofreció a Black el libro *Piense y hágase rico.* Éste indujo a John a emprender una acción... ¡una acción indebida! John no leyó lo que no estaba escrito. Su único interés era ganar dinero. Creía que el fin justificaba los medios. Y, como consecuencia de sus negativas normas de conducta, respondió agresivamente, con una Actitud Mental Negativa.

«George Johnson es como un padre para mí. Sí, le considero un padre», decía el vendedor, pero al mismo tiempo estaba tramando transferir los clientes y los vendedores de la compañía a otra empresa de la competencia... por dinero.

John fue bien recibido en los hogares de sus compañeros vendedores porque éstos no conocían sus ideas o planes. Al visitarles en sus casas, apelaba a la honradez y a la decencia de las personas, rogándoles que cumplieran la promesa de no revelar su secreto. «¿Qué te parece si pudieras duplicar tus ganancias? —les preguntaba—. ¿Qué te parece si pudieras tener una mayor seguridad?» «¡Me parece bien! —contestaban ellos—. ¿De qué se trata?»

«No quiero que nadie malogre mis planes —contestaba Black—; por consiguiente, te lo diré tan sólo *si me prometes por tu honor que no se lo dirás a nadie. ¿Me lo prometes solemnemente?*»

Si le contestaban que *sí,* trataba de atraerles hacia la empresa de la competencia y procuraba neutralizar sus remordimientos de conciencia, haciendo hincapié en motivos de queja reales o imaginarios.

Los demás vendedores se encontraban entre la espada y la pared. Por una parte, habían prometido solemnemente a John no revelar lo que éste estaba haciendo. Por otra, sabían que lo que estaba haciendo perjudicaría a su patrono. Y ellos se sentían más obligados para con George Johnson y la organización que éste representaba.

Los vendedores tuvieron el valor de tratar de eliminar las telarañas mentales de John y de demostrarle que lo que pretendía hacer no estaba bien. Al ver que no reaccionaba sino que persistía en su empeño, ellos supieron lo que tenían que hacer: le revelaron los hechos a George Johnson. Eligieron la virtud de la lealtad a su patrono. Tal como dijo en cierta ocasión Abraham Lincoln, eligieron «permanecer al lado de cualquier persona que actúe con honradez; permanecer a su lado mientras actúe con honradez y apartarse de ella cuando obre el mal».

Estos vendedores pusieron de manifiesto cuál era su verdadero carácter cuando adoptaron la decisión. Demostraron que eran hombres de valía, honradez y lealtad. Supieron elegir entre el bien y el mal al producirse un conflicto entre dos virtudes.

Hay muchos conflictos análogos. En su vida, se enfrentará usted con la necesidad de adoptar decisiones en casos en que unas virtudes estarán en conflicto con otras. ¿Y cuál será su decisión? Tal vez pueda servirle de ayuda la siguiente recomendación:

Haga aquello que su conciencia le diga que no le provocará sentimiento de culpabilidad alguno. Es lo que debe hacer. Para ayudarle a adoptar la adecuada decisión en semejantes circunstancias, complete el Análisis del Cociente de Éxito que se expone en el próximo capítulo.

GUÍA N.º 19

Ideas a seguir

1. Tiene usted un sentimiento de culpabilidad. ¡Eso es bueno! ¡Pero libérese de este sentimiento de culpabilidad!

2. Para liberarse de este sentimiento de culpabilidad, corríjase.

3. Una fórmula recomendada para ayudarle a liberarse del sentimiento de culpabilidad consiste en:

   (a) Escuchar un consejo, una conferencia, un sermón, etc., y asimilar y aplicar los correspondientes principios.

   (b) Hacer un repaso de las dádivas recibidas y darle las gracias a Dios por ellas.

   (c) Después, lamentar sinceramente sus malas obras. El verdadero pesar incluye necesariamente una sincera decisión de apartarse del mal.

   (d) Dar el primer paso hacia adelante: reconocer su culpa y su intención de enmendarse.

   (e) Reparar el mal en la medida de lo posible.

   (f) Aprenderse de memoria, comprender y tratar de aplicar la Regla de Oro en sus relaciones con los demás.

4. Cualquier cosa que le impida en la vida las nobles acciones debiera ser apartada a un lado.

5. El carácter se puede *adquirir* y *enseñar*.

6. ¿Qué hace usted cuando dos virtudes se hallan en conflicto entre sí?

7. Sobre usted recae el peso de averiguar lo que está bien o lo que está mal y de saber lo que es bueno o malo en una determinada circuns-

tancia y en un momento determinado. Uno de los mejores medios de aprender consiste en frecuentar con regularidad un ambiente religioso y buscar diariamente la Guía Divina.

¿TIENE USTED UN SENTIMIENTO DE CULPABILIDAD?
¡ESO ES BUENO!
¡PERO LIBÉRESE DE ÉL!

QUINTA PARTE

¡Acción, por favor!

NEGLIGENCIA

Recuerde que usted y sólo usted puede eliminar sus auténticas limitaciones cuando aprenda y utilice el arte del estímulo con una AMP. Estas limitaciones son:

1. Una Actitud Mental Negativa y su propia negligencia en relación con el cambio a una Actitud Mental Positiva.

2. La ignorancia, debida a su negligencia, con respecto a la forma de utilizar los poderes de su mente.

3. Su negligencia en relación con la reflexión, el estudio y la planificación para fijarse unos objetivos deseables y alcanzarlos.

4. Su negligencia en relación con la exigencia de emprender la necesaria acción cuando ya sabe lo que tiene que hacer y cómo hacerlo.

5. Su negligencia en aprender a reconocer, adoptar, asimilar y aplicar los principios universales que, si pusiera en práctica, podrían ayudarle a alcanzar cualquier objetivo que se propusiera siempre y cuando éste no violara las leyes de Dios o los derechos de sus semejantes.

6. Aquello que considera usted en su mente o bien acepta como insuperable.

Recuerde también que la negligencia es uno de los hábitos más rápidos y más fáciles de neutralizar y superar *si usted quiere* neutralizarla y superarla de verdad.

20

HA LLEGADO EL MOMENTO DE PONER A PRUEBA SU COCIENTE DE ÉXITO

Le faltan por leer los tres últimos capítulos de *La actitud mental positiva: un camino hacia el éxito*. Y ahora sería un buen momento para echar un vistazo a su propia actitud mental. Usted mismo puede hacerlo.

Pero, antes de que lo haga, queremos que sepa que nuestra actitud es:

El peso de la enseñanza recae en la persona que quiere enseñar.

¿Y en quién recae el peso del aprendizaje? Tal vez J. Milburn Smith tenga la respuesta. J. Milburn Smith ascendió de ayudante de botones a director de la Compañía de Accidentes Continental de Chicago. Y nos dijo lo siguiente:

El peso del aprendizaje recae en la persona que quiere aprender, no en la persona que quiere enseñar.

Hay personas que creen que una idea no es buena para ellas a menos que se les haya ocurrido a ellas mismas. Y yo digo:

¡Copien del éxito! Todo lo que he hecho, lo he pedido prestado a otra persona o negocio...

Sean respetuosos y escuchen a los que tienen experiencia.

Porque el hombre experto tenía algo que yo quería. Por eso me asocié con prósperos hombres maduros. Porque tomé lo que ellos tenían: lo bueno, sus conocimientos y su experiencia, pero *no* sus debilidades. Y a ello añadí lo que yo tenía. De este modo me beneficié no sólo de mis errores sino incluso también de los suyos.

Para aprender hay que *pagar un precio.* Y yo estaba dispuesto a pagarlo porque no me habían enseñado. Aprendí. ¿Los conocimientos? ¡Tienen ustedes que *seleccionarlos!*

Copien del éxito, nos dice J. Milburn Smith.

Y puede usted empezar, haciéndose unas preguntas: ¿Estoy dispuesto a *pagar el precio?* ¿Estoy dispuesto a adquirir lo bueno, los conocimientos y la experiencia, pero no las debilidades de los hombres cuyas historias se han referido en este libro?

Si su respuesta es afirmativa, tenemos una sugerencia que sabemos le será útil. Pero permítasenos recordarle primero que, durante la lectura de este libro, ha sido usted invitado con frecuencia a contestar a preguntas acerca de sí mismo. Y aunque éstas puedan habérsele antojado unas preguntas sencillas, en realidad, ¿hay algo más difícil que evaluar correctamente el propio «yo»? El «Conócete a ti mismo» es probablemente el desafío más difícil que jamás se le haya hecho al hombre.

Para ayudarle a *conocerse a sí mismo,* los autores han preparado un cuestionario de análisis personal que ha ayudado a muchos hombres y mujeres a hacerlo más satisfactoriamente. Usted ya se ha sometido a muchas pruebas: de inteligencia, aptitud, personalidad, vocabulario y demás.

Pero ésta es distinta. La llamamos el *Análisis del Cociente de Éxito.* Y está basada en los 17 principios del éxito a los que se deben los logros de los más destacados dirigentes del mundo en todos los campos. Sus propósitos son múltiples:

Encauzar sus pensamientos hacia los canales adecuados.

Hacer cristalizar sus pensamientos.

Indicarle su actual situación en el camino hacia el éxito.

Animarle a decidir exactamente dónde quiere estar.

Medir sus posibilidades de alcanzar el deseado objetivo.

Indicarle sus actuales ambiciones y otras características.

Estimularle a emprender una acción deseable con AMP.

NUESTRA SUGERENCIA. Y ahora le sugerimos que trate inmediatamente de responder al siguiente Análisis del Cociente de Éxito: cuidadosa y verazmente y de la mejor manera que sea capaz. No se engañe. Porque esta prueba sólo vale si usted responde a cada pregunta con la verdad tal como ahora la vea.

ANÁLISIS DEL COCIENTE DE ÉXITO

1. *Precisión de objetivos*   *Sí*   *No*

   (a) ¿Ha establecido un objetivo principal concreto en su vida?   ——   ——

   (b) ¿Ha establecido un límite de tiempo para alcanzar este objetivo?   ——   ——

   (c) ¿Tiene usted planes concretos para alcanzar su objetivo en la vida?   ——   ——

(ch)   ¿Ha determinado qué beneficios concretos le reportará
este objetivo?   _____   _____

2. *Actitud Mental Positiva*

(a)   ¿Sabe usted lo que se entiende por Actitud Mental
Positiva?   _____   _____

(b)   ¿Controla usted su actitud
mental?   _____   _____

(c)   ¿Conoce usted la única cosa
sobre la cual toda persona
ejerce un control absoluto?   _____   _____

(ch)   ¿Sabe cómo detectar una
Actitud Mental Negativa en
sí mismo y en los demás?   _____   _____

(d)   ¿Sabe cómo convertir la
AMP en una costumbre?   _____   _____

3. *Recorrer un «kilómetro de más»*

(a)   ¿Tiene usted la costumbre
de prestar un mayor y mejor
servicio que aquel por el que
se le paga?   _____   _____

(b)   ¿Sabe cuándo un empleado
se ha hecho acreedor a un
mejor salario?   _____   _____

(c)   ¿Conoce a alguien que haya
alcanzado el éxito en cualquier campo sin haber hecho
más que aquello por lo que se
le pagaba?   _____   _____

(ch)   ¿Cree usted que alguien tiene
derecho a esperar un aumen-
to de su salario a no ser que
haga más que aquello por lo
que se le paga?   _____   _____

(d) Si fuera usted su propio patrono, ¿estaría satisfecho con el rendimiento que ahora está dando como empleado? ———— ————

4. Precisión de pensamiento

(a) ¿Se impone constantemente el deber de aprender más sobre su ocupación? ———— ————

(b) ¿Tiene por costumbre expresar «opiniones» acerca de cuestiones con las que no está familiarizado? ———— ————

(c) ¿Sabe cómo averiguar los datos cuando precisa de algún conocimiento? ———— ————

5. Autodisciplina

(a) ¿Refrena su vocabulario cuando está enojado? ———— ————

(b) ¿Tiene por costumbre hablar antes de pensar? ———— ————

(c) ¿Pierde fácilmente la paciencia? ———— ————

(ch) ¿Muestra en general un temperamento ecuánime? ———— ————

(d) ¿Tiene por costumbre permitir que su emoción domine su razón? ———— ————

6. Genio creador

(a) ¿Está usted influyendo en otras personas con el fin de que le ayuden a alcanzar su objetivo en la vida? ———— ————

(b) ¿Cree usted que una persona puede alcanzar el éxito en la vida sin la ayuda de los demás?   ————   ————

(c) ¿Cree usted que un hombre puede alcanzar fácilmente el éxito en su profesión si oponen resistencia su esposa u otros miembros de su familia?   ————   ————

(ch) ¿Hay alguna ventaja en el hecho de que un patrono y un empleado trabajen en armonía?   ————   ————

(d) ¿Se siente usted orgulloso cuando se hacen elogios a un grupo al que usted pertenece?   ————   ————

7. *Fe aplicada*

(a) ¿Tiene usted fe en la Inteligencia Infinita?   ————   ————

(b) ¿Es usted una persona íntegra?   ————   ————

(c) ¿Tiene usted confianza en su capacidad de hacer aquello que haya decidido hacer?   ————   ————

(ch) ¿Está usted razonablemente libre de estos siete temores básicos: (1) el temor a la pobreza, (2) el temor a las críticas, (3) el temor a la falta de salud, (4) el temor a perder el amor, (5) el temor a la pérdida de la libertad, (6) el temor a la vejez, (7) el temor a la muerte?   ————   ————

8. *Personalidad agradable*

   (a) ¿Ofende a los demás con sus costumbres? ____ ____

   (b) ¿Tiene por costumbre aplicar la Regla de Oro? ____ ____

   (c) ¿Es usted apreciado por aquellos con quienes trabaja? ____ ____

 (ch) ¿Aburre a los demás? ____ ____

9. *Iniciativa personal*

   (a) ¿Planifica usted su trabajo? ____ ____

   (b) ¿Le tienen otros que planificar el trabajo? ____ ____

   (c) ¿Posee usted unas destacadas cualidades que no poseen otros en su campo de acción? ____ ____

 (ch) ¿Tiene por costumbre aplazar las cosas? ____ ____

   (d) ¿Tiene por costumbre tratar de elaborar mejores planes a fin de desarrollar su trabajo con mayor eficacia? ____ ____

10. *Entusiasmo*

   (a) ¿Es usted una persona entusiasta? ____ ____

   (b) ¿Dirige su entusiasmo hacia la puesta en práctica de sus planes? ____ ____

   (c) ¿Domina su entusiasmo sobre su capacidad de discernimiento? ____ ____

11. *Atención controlada*

   (a) ¿Tiene usted por costumbre concentrar sus pensamientos en lo que está haciendo? ____ ____

(b) ¿Se deja influir fácilmente
     para cambiar sus planes o
     decisiones?   ____   ____

(c) ¿Se muestra inclinado a aban-
     donar sus propósitos y pla-
     nes cuando choca con algún
     obstáculo?   ____   ____

(ch) ¿Sigue trabajando, independi-
     entemente de las inevita-
     bles distracciones?   ____   ____

12. *Labor de equipo*

(a) ¿Mantiene relaciones armo-
     niosas con los demás?   ____   ____

(b) ¿Concede favores con la mis-
     ma liberalidad con que los
     pide?   ____   ____

(c) ¿Se muestra frecuentemente
     en desacuerdo con los de-
     más?   ____   ____

(ch) ¿Ve grandes ventajas en la
     amistosa cooperación entre
     los compañeros de trabajo?   ____   ____

(d) ¿Es usted consciente del
     daño que uno puede causar
     al no colaborar con sus com-
     pañeros de trabajo?   ____   ____

13. *Aprender de la derrota*

(a) ¿Le induce la derrota a de-
     jar de esforzarse?   ____   ____

(b) Si fracasa usted en un deter-
     minado empeño, ¿sigue inten-
     tándolo?   ____   ____

(c) ¿Equivale una derrota tem-
     poral a un fracaso?   ____   ____

(ch) ¿Ha aprendido usted alguna
     lección de la derrota?   ____   ____

(d) ¿Sabe de qué manera la derrota puede convertirse en una ventaja capaz de conducirle al éxito? _____ _____

14. Visión creadora

(a) ¿Utiliza usted su imaginación en forma constructiva? _____ _____

(b) ¿Adopta sus propias decisiones? _____ _____

(c) ¿Vale siempre más el hombre que se limita a seguir instrucciones que el que también crea nuevas ideas? _____ _____

(ch) ¿Es usted ingenioso? _____ _____

(d) ¿Crea usted ideas prácticas en relación con su trabajo? _____ _____

(e) Cuando ello es deseable, ¿busca usted el adecuado consejo? _____ _____

15. Dedicación de tiempo y dinero

(a) ¿Ahorra usted un porcentaje fijo de sus ingresos? _____ _____

(b) ¿Gasta dinero sin tener en cuenta su futura fuente de ingresos? _____ _____

(c) ¿Duerme lo suficiente cada noche? _____ _____

(ch) ¿Tiene por costumbre dedicar sus ratos de ocio al estudio de libros de autosuperación? _____ _____

16. Conservación de una buena salud

(a) ¿Conoce usted los cinco factores esenciales de la buena salud? _____ _____

	Sí	No

(c) ¿Es usted consciente de la relación entre la relajación y la buena salud? _____ _____

(ch) ¿Conoce usted los importantes cuatro factores que son necesarios para el adecuado equilibrio de la buena salud? _____ _____

(d) ¿Conoce el significado de «hipocondría» y «enfermedad psicosomática»? _____ _____

17. *Utilización de la Fuerza del Hábito Cósmico al estar vinculada con sus hábitos personales*

(a) ¿Tiene usted costumbres que intuye que no puede controlar? _____ _____

(b) ¿Ha eliminado usted recientemente algunos hábitos indeseables? _____ _____

(c) ¿Ha desarrollado usted recientemente algún nuevo hábito deseable? _____ _____

CÓMO EVALUAR SUS RESPUESTAS

Todas las siguientes preguntas deberían haber sido contestadas con un NO: 3c - 3d - 4b - 5b - 5c - 5e - 6b - 6c - 8a - 8d - 9b - 9d - 10c - 11b - 11c - 12c - 13a - 13c - 14c - 15b - 17a. Todas las demás preguntas deberían haber sido contestadas con un sí. Su puntuación hubiera sido de 300 puntos si las preguntas se hubieran contestado con un «No» o con un «Sí» exactamente tal como hemos indicado más arriba. Se trata de una puntuación perfecta que muy pocas personas han conseguido alcanzar. Veamos ahora cuál ha sido su puntuación.

Número de respuestas «Sí» en lugar de «No»:
_____ × 4 = _____

Si ha contestado usted con un «No» a cualquiera de las preguntas significativas que hubieran tenido que ser contestadas con un «Sí», reste cuatro puntos por cada una:

Número de respuestas «No» en lugar de «Sí»:
——— × 4 = ———

Sume ambos totales y réstelos de 300. Ésta será su puntuación.

ILUSTRACIÓN:

Número de respuestas «Sí» en lugar de «No»: 3 x 4 =   12
Número de respuestas «No» en lugar de «Sí»: 2 x 4 =   8
   Número total de respuestas erróneas ————— 20
   Puntuación perfecta ————————— 300
   Menos el total de respuestas erróneas ———— 20
    Su puntuación ————————— 280

VALORE SU PUNTUACIÓN:

300 puntos ——— Perfecta (Muy rara).
De 275 a 299 puntos ——— Buena (Por encima de lo corriente).
De 200 a 274 puntos ——— Regular (Corriente).
De 100 a 199 puntos ——— Deficiente (Por debajo de lo corriente).
Menos de 100 puntos ——— Insatisfactoria.

Acaba de dar usted un importante paso
hacia el éxito y la felicidad

Usted ha tratado de responder a las preguntas de este *Análisis del Cociente de Éxito* con escrupulosidad y honradez. En caso de que no lo haya hecho, lo hará. Lo importante ahora es recordar que estos resultados no son definitivos e inmutables. Si su puntuación ha sido alta, ello significa que podrá usted asimilar y poner en práctica con bastante rapidez los principios de este libro. Si su puntuación no ha sido tan alta, ¡no desespere! ¡Aplique una AMP! ¡Usted *puede* alcanzar un gran éxito en la vida!

Cuando necesita la ayuda de un psicólogo para averiguar qué clase de oficio o profesión es más adecuado para usted, éste le somete con frecuencia a toda una serie de pruebas.

Es posible que la imagen que surja de estas pruebas le muestre cuáles son sus tendencias innatas. No obstante, el psicólogo no considera el resultado de estas pruebas como algo definitivo. Siempre trata de averiguar por medio de una entrevista personal aquello que una prueba no puede responder.

Y después utiliza los resultados de las pruebas y de la entrevista para aconsejarle y evaluar sus progresos.

Del mismo modo, *usted* puede utilizar la primera puntuación del cuestionario como un medio para calcular el progresivo aumento de su propio Cociente de Éxito.

Lea una vez más *La actitud mental positiva: un camino hacia el éxito* desde el principio hasta el final. Y otra vez. Y otra. Léalo en voz alta con su marido, su esposa o un íntimo amigo y coméntelo punto por punto. Léalo hasta que todos los principios se conviertan en parte de su vida y en estímulo de todas sus acciones.

Después, cuando haya aplicado en serio estos principios durante tres meses, vuelva a someterse a la prueba del Cociente de Éxito. No sólo las respuestas erróneas serán acertadas sino que, además, las respuestas a las que contestó correctamente la primera vez serán más rotundas y confiadas.

No obstante, su Cociente de Éxito puede servirle como algo más que como una simple vara de medir. Puede servirle para subrayar aquellos sectores en los que es necesario que usted se esfuerce más para autosuperarse. Y le revelará también las áreas en que usted tiene especial fuerza.

Porque tiene usted el futuro por delante y la facultad de dirigir sus pensamientos y controlar sus emociones. Despierte al gigante dormido de su interior. ¿Cómo?

Hallará usted la respuesta en el siguiente capítulo.

GUIA N.º 20

Ideas a seguir

1. Revise con frecuencia su Análisis del Cociente de Éxito hasta que pueda decirse sinceramente a sí mismo: «Ahora puedo dar la respuesta adecuada a cada pregunta». Cada una de las preguntas encauzará su mente hacia un canal concreto mediante el cual podrá usted determinar fácilmente qué es lo que puede y debe hacer.

2. Puede usted resolver los problemas o desarrollar hábitos deseables haciéndose a sí mismo las preguntas adecuadas. Anótelas y, en los ratos que dedique a la reflexión, esfuércese por hallar las soluciones adecuadas para obtener los resultados que desea.

SIEMBRE UNA ACCIÓN Y COSECHARÁ UN HÁBITO.
SIEMBRE UN HÁBITO Y COSECHARÁ UN CARÁCTER.
SIEMBRE UN CARÁCTER Y COSECHARÁ UN DESTINO.

21

DESPIERTE AL GIGANTE DORMIDO
DE SU INTERIOR

Usted es la persona viviente más importante.

«Deténgase a pensar acerca de sí mismo: en toda la historia del mundo, jamás hubo nadie exactamente igual a *usted*, y, en toda la infinidad del tiempo venidero, jamás habrá otra.»

Usted es el producto de su herencia, ambiente, cuerpo físico, conciencia y subconsciente y de su particular situación y orientación en el tiempo y el espacio... y algo más, incluyendo los poderes conocidos y desconocidos.

Usted tiene el poder de influir, utilizar, controlar o mantener relaciones armoniosas con todas esas cosas. Y *usted* puede dirigir *sus* pensamientos, controlar *sus* emociones y ordenar *su* destino con una AMP.

Porque *usted* es una *mente* con un *cuerpo*.

Y su mente consta de dos gigantescos poderes invisibles: la conciencia y el subconsciente. Uno es un gigante que nunca duerme. Se denomina el subconsciente. El otro es un gigante que, cuando duerme, carece de capacidad. Cuando se despierta, su capacidad potencial es ilimitada. Este gigante se denomina *conciencia*. Cuando ambos funcionan en armonía, pueden influir, utilizar, controlar o mantener relaciones armoniosas con todos los poderes conocidos y desconocidos.

¿QUÉ QUISIERA USTED TENER? «¿Qué quisieras tener? Estoy dispuesto a obedecerte como tu esclavo... yo y los demás esclavos de la lámpara», dijo el genio.

¡Despierte al gigante dormido de su interior! ¡Es más poderoso que todos los genios de la lámpara de Aladino! Los genios son imaginarios. ¡Su gigante dormido es real!

¿Qué quisiera usted tener? ¿Amor? ¿Buena salud? ¿Éxito? ¿Amigos? ¿Dinero? ¿Una casa? ¿Un automóvil? ¿Reconocimiento de los propios méritos? ¿Paz de espíritu? ¿Valor? ¿Felicidad? ¿O acaso quisiera usted lograr que su mundo fuera un mundo mejor? El gigante dormido de su interior tiene el poder de convertir sus deseos en realidad.

¿Qué quisiera usted tener? Dígalo y será suyo. *¡Despierte al gigante dormido de su interior!* ¿Cómo?

Piense. *Piense con una Actitud Mental Positiva.*

Ahora bien, al gigante dormido, como al genio, hay que evocarlo mediante la magia. Usted posee esta magia. La magia es su talismán con el símbolo de la AMP en una cara y el de la AMN en la otra. Las características positivas simbolizadas por palabras tales como fe, esperanza, honradez y amor.

SE HA LANZADO USTED A UN GRAN VIAJE. Hemos designado los resúmenes del final de los capítulos con el término de «guías». Ello se debe a que usted se está dirigiendo a algún lugar. Usted no permanece inmóvil: está realizando un viaje a través de aguas agitadas y, a menudo, desconocidas. Para llegar con éxito al término de su viaje, necesitará usted muchas de las cualidades de un buen piloto.

De la misma manera que la brújula de un barco se ve afectada por las perturbadoras influencias magnéticas (hecho que obliga al piloto a adoptar determinadas medidas para que la embarcación conserve el adecuado rumbo), usted deberá tener en cuenta las poderosas influencias que le afectan mientras navega por la vida.

La brújula está dispuesta de manera que facilite datos fidedignos, independientemente de las variaciones y las derivaciones. Lo mismo puede aplicarse a la vida, en la que las variaciones son las influencias ambientales, y las desviaciones son las actitudes negativas de su conciencia y de su subconsciente. Tiene usted que corregir estas desviaciones que registran en su carta de navegación.

Es posible que deba enfrentarse a decepciones, adversidades y peligros. Se trata de las rocas y los bajíos ocultos que tiene que sortear en su navegación, cosa que podrá usted hacer si su brújula está compensada en previsión de variaciones. Porque, si es usted consciente de los arrecifes de coral y las mareas, podrá beneficiarse de todo ello. Podrá elegir la influencia ambiental de la luz de un faro o bien la de una boya para corregir el rumbo a fin de poder llegar a su destino sin graves contratiempos.

Para fijar el rumbo, tiene usted que confiar en la precisión de su brújula. La compensación de la brújula no es una ciencia exacta. Una necesaria salvaguarda consiste en una incesante vigilancia por parte del piloto. Es posible, sin embargo, corregir con mucha eficacia una brújula.

De la misma manera que una aguja magnética se halla ajustada a los polos magnéticos norte y sur, si su brújula está compensada, reaccionará usted automáticamente de acuerdo con su objetivo, es decir, su más alto ideal. *Y el más alto ideal del hombre es la voluntad de Dios.*

ESTE LIBRO LE ACOMPAÑARÁ AHORA EN SU VIAJE HA-
CIA EL ÉXITO. *El éxito a través de una actitud mental
positiva.* Le reportará éxito, riqueza, salud física, mental y espiritual y también felicidad... cuando usted
reaccione favorablemente al mismo. Recuerde lo que
decía Andrew Carnegie:

*«Cualquier cosa en la vida que valga la pena tener,
merece que se trabaje por ella.»*

¡Despierte al gigante dormido! En el próximo capítulo, titulado «El asombroso poder de una bibliografía», descubrirá usted el arte de leer libros de inspiración de manera que ello le ayuda a despertar al gigante dormido de su interior.

GUÍA N.º 21

Ideas a seguir

1. ¿Qué quisiera usted tener? ¿Amor? ¿Buena
salud? ¿Éxito? ¿Amigos? ¿Dinero? ¿Una casa?
¿Un automóvil? ¿Reconocimiento de los propios méritos? ¿Paz de espíritu? ¿Valor? ¿Felicidad? ¿O acaso quisiera usted conseguir que
su mundo fuera un mundo mejor?

2. Dígalo y será suyo... *si* aprende y utiliza los
principios de este libro que sean aplicables a
su caso.

3. Piense. *Piense con una Actitud Mental Positiva.* Y complételo con una acción deseable.

4. Compense su brújula para evitar los peligros
y, de este modo, llegar sano y salvo al destino
que haya elegido.

5. *El más alto ideal del hombre es la voluntad de Dios.*

6. ¡Despierte al gigante dormido de su interior!

¡DESPIERTE AL GIGANTE DORMIDO
DE SU INTERIOR!

22

EL ASOMBROSO PODER DE UNA BIBLIOGRAFÍA

Este capítulo es en realidad una bibliografía. Y esta bibliografía posee un asombroso poder potencial. Porque en su interior puede encontrarse el botón oculto que, una vez pulsado, desencadene la fuerza de su interior... los vastos recursos sin explotar que sólo usted posee. Y esperamos que ello provoque una reacción en cadena capaz de ayudarle a alcanzar el verdadero éxito. Porque, si quiere estimularse a sí mismo y estimular a los demás, *dígalo con un libro.*

DÍGALO CON UN LIBRO. En *La actitud mental positiva: un camino hacia el éxito,* los autores han utilizado una técnica que ha resultado extremadamente eficaz en sus escritos, conferencias y programas de asesoramiento. Recomendamos libros de autoayuda que, según demuestra la experiencia, han provocado en el lector una deseable reacción positiva.

En el siglo XX, en los Estados Unidos han aparecido una serie de autores caracterizados por un singular talento: escribir de tal manera que los pensamientos que siembran estimulen a encontrar la autosuperación a aquellos que la buscan. El lector reacciona con una *acción* deseable.

Aunque algunos de los libros que recomendamos están agotados, las verdades universales que contienen son hoy día tan válidas como en la época en que fueron escritos. Estos libros se pueden encontrar en librerías de lance o bien pedir prestados en las biblliotecas.

Una vez más le instamos a que lea, estudie, comprenda y aplique los principios de los libros, revistas y artículos de periódico de inspiración y autoayuda. Lea todo lo que pueda sobre aquellos que han triunfado en su propio campo de actividad a fin de establecer qué principios puede usted utilizar para alcanzar el éxito. Lea también las historias del éxito de personas pertenecientes a otros campos de actividad y busque el común denominador, el principio a ellas subyacente.

Comparta con los demás una parte de lo bueno y deseable que posea: un libro de inspiración y autoayuda a la acción, un artículo, un editorial o una poesía.

Eso es lo que ha hecho Nate Lieberman. Durante mucho tiempo fue representante de una fábrica. Tenía una Magnífica Obsesión. A lo largo de muchos años compartió libros de inspiración con sus amigos. Y fue Nate Lieberman quien convirtió a Emerson y al señor Stone en íntimos amigos, mediante el regalo de los *Ensayos* de Emerson. Y, de igual modo, presentó a éste a los autores de *Sugestión y autosugestión*, *La ley de los fenómenos psíquicos*, *Ingenio e Inconsciente* y muchos otros.

El hecho de compartir estas ideas e ideales es maravilloso... Usted los ofrece y, al mismo tiempo, los conserva para sí mismo.

Brownie Wise lo sabía. Brownie tenía que mantenerse a sí misma y mantener también a su hijo enfermo. Su menguado salario no era suficiente para sufragar la atención médica de su hijo. Por ello consiguió un puesto de vendedora a ratos libres en la Tupperware Home Parties, Inc., con el fin de aumentar sus ingresos.

Necesitaba dinero. Con él, su hijo podría recibir los mejores cuidados médicos. Podrían trasladarse a vivir a un clima que le ayudara a recuperar la salud. Brownie rezaba, pidiendo ayuda. Y la encontró.

Leyó un libro de inspiración: *Piense y hágase rico*. Lo leyó una vez y después lo volvió a leer. De hecho, Brownie leyó el libro seis veces. Entonces identificó los principios que andaba buscando y ocurrió algo. ¡Ella hizo que ocurriera! Comprendió de qué manera podría aplicar aquellos principios a su propia situación y puso en práctica las ideas. Sus ganancias en la Tupperware no tardaron mucho tiempo en superar los 18.000 dólares anuales. Y a los pocos años, sus ingresos se elevaron a más de 75.000 dólares anuales. A su debido tiempo, se convirtió en vicepresidenta y directora general de la empresa. Brownie Wise tuvo el privilegio de ser reconocida como una de las más destacadas jefes de ventas de los Estados Unidos. Su triunfal carrera siguió adelante y posteriormente la llevó al puesto de presidenta de la Viviane Woodard Cosmetics Corporation.

El destacado éxito de esta mujer de negocios se inició con un libro y prosiguió con un libro. Buena parte de su triunfo se debe al acertado estímulo que supo dar a sus representantes. Compartió lo que había aprendido gracias a la lectura de *Piense y hágase rico*. Brownie Wise adquirió varios ejemplares del libro para distribuirlos entre sus vendedores. Después invitó a éstos a que leyeran *Piense y hágase rico* tantas veces como ella y a aplicar los principios a sus propias vidas.

La historia de Lee S. Mytinger y del doctor S. Casselberry es otro ejemplo del valor de los libros de inspiración y de autoayuda para lanzarse a la acción y alcanzar el éxito. Estos hombres ayudaron a la naturaleza a devolver la salud a hombres, mujeres y niños mediante la venta de un complemento alimenticio que contenía vitaminas y minerales. Sus ventas se elevaron a muchos millones de dólares anuales.

Mytinger y Casselberry leyeron *Piense y hágase rico*. Asimilaron lo que habían leído y lo pusieron en práctica. Parte de su éxito se debió a su capacidad de estimular a sus distribuidores mediante el empleo de «vitaminas» mentales y espirituales. Y lo hicieron con el mismo libro que les había inspirado a ellos. Cada nuevo empleado participaba en un cursillo de conferencias para que aprendiera los principios fundamentales del éxito. Se distribuían miles de libros de autoayuda porque los propietarios eran conscientes de los asombrosos efectos de tales libros en la productividad y el éxito de los agentes de ventas.

W. Clement Stone utiliza ampliamente la literatura de inspiración en su organización. Su empresa adquiere miles de libros para su distribución entre los empleados, accionistas y representantes. El éxito y el desarrollo de sus empresas ha sido fenomenal... y no por casualidad.

Cómo leer un libro. La lectura de un libro de autoayuda es un *arte*. Cuando lea, concéntrese. Lea como si el autor fuera un íntimo amigo suyo y le estuviera escribiendo a usted... y sólo a usted.

Recordará que Abraham Lincoln, cuando leía, dedicaba algún tiempo a reflexionar para poder asimilar y aplicar los principios a su propia experiencia. Sería conveniente que usted siguiera este buen ejemplo.

Determine lo que anda buscando antes de leer un libro de autoayuda. Si sabe lo que está buscando, es más probable que lo encuentre que en el caso de que no tenga un objetivo concreto. Si de veras quiere identificar, adoptar, asimilar y aplicar los principios del éxito que contenga un libro de inspiración, tiene que esforzarse. Un libro de autoayuda no debe leerse superficialmente tal como podría usted leer una novela de detectives. Mortimer J. Adler, en *Cómo leer un libro*, invita al lector a seguir un esquema definido. He aquí un esquema ideal:

Paso A. *Lea el contenido general.* Se trata de la primera lectura. Tendría que ser una lectura rápida, encaminada a captar la corriente general de pensamiento del libro. Sin embargo, tómese la molestia de subrayar las palabras y frases más importantes. Haga observaciones al margen y anote brevemente las ideas que se le ocurran mientras vaya leyendo. Está claro que eso puede hacerse únicamente con un libro que sea suyo. Sin embargo, las anotaciones e indicaciones hacen que su libro sea más valioso para usted.

Paso B. *Lea los detalles concretos.* La segunda lectura tiene el propósito de asimilar los detalles concretos. Debería usted prestar especial atención a fin de entender y captar todas las nuevas ideas que ofrezca el libro.

Paso C. *Lea para el futuro.* Esta tercera lectura, más que una lectura, es un ejercicio de memoria. Apréndase literalmente de memoria los pasajes que revistan un especial significado para usted. Trate de establecer una relación con los problemas con que actualmente se enfrenta.

Analice las nuevas ideas; póngalas en
práctica; rechace lo inútil y grabe indeleblemente lo útil en sus esquemas de
comportamiento.

Paso CH. *Lea —más tarde— para refrescar su
memoria y reavivar su inspiración.* Conocemos la famosa anécdota del vendedor que le dice a su jefe de ventas:
«Vuelva a echarme otra vez aquel sermón de las ventas, me estoy desaniman-
do». Todos nosotros podemos desani-
marnos. Todos debiéramos leer en tales
momentos nuestros mejores libros para
reavivar el fuego que nos puso en marcha al principio.

Enumeraremos ahora algunos libros de inspiración
y de autoayuda para entrar en acción (algunos de ellos
son libros de enseñanza), capaces de estimularle a
emprender una acción deseable. Cada uno contiene te-
soros ocultos que usted puede descubrir por sí mismo.

Pero, antes de que pase a estudiar la lista y complete de este modo su primera lectura de *La actitud
mental positiva: un camino hacia el éxito,* permítanos
que se lo recordemos una vez más: *comparta con los
demás una parte de lo bueno y deseable que posea y
despierte al gigante dormido de su interior.* Entonces
este libro no será un final: será el principio de una
nueva era en su vida.

Elija el final que prefiera.

LA BIBLIA

(a) «Andemos decentemente, como de día, no viviendo en comilonas y borracheras, ni en amanceba-
miento y libertinaje, ni en querellas y envidias. Antes

bien, vestíos del Señor Jesucristo y no os deis a la carne para satisfacer sus concupiscencias.» (Romanos, 13, 13-14.)

(b) «Lo que el hombre piensa en su corazón, eso es.» (Proverbios, 23, 7.)

(c) «¡Si puedes! Todo es posible al que cree.» (Marcos, 9, 23.)

(ch) «¡Creo! Ayuda a mi incredulidad.» (Marcos, 9, 24.)

(d) «Hágase en vosotros según vuestra fe.» (Mateo, 9, 29.)

(e) «Así también la fe, si no tiene obras, es de suyo muerta.» (Santiago, 2, 17.)

(f) «Por eso os digo: todo cuanto orando pidiereis, creed que lo recibiréis y se os dará.» (Marcos, 11, 24.)

(g) «Si Dios está con nosotros, ¿quién está contra nosotros?» (Romanos, 8, 31.)»

(h) «Pedid y se os dará; buscad y hallaréis; llamad y se os abrirá.» (Mateo, 7, 7.)

(i) «Estaba desnudo, y me vestisteis; enfermo, y me visitasteis; preso, y vinisteis a verme.» (Mateo, 25, 36.)

(j) «Id por todo el mundo y predicad el Evangelio a toda criatura.» (Mateo, 16, 15.)

(k) «En efecto, no hago el bien que quiero, sino el mal que no quiero.» (Romanos, 7, 19.)

(l) «Pues no pongo por obra lo que quiero, sino lo que aborrezco, eso hago.» (Romanos, 7, 15.)

(ll) «No tengo oro ni plata; lo que tengo, eso te doy.» (Hechos, 3, 6.)

(m) «Porque la raíz de todos los males es la avaricia.» (I Timoteo, 6, 10.)

(n) «No robarás.» (Éxodo, 20, 15.)

16. Clason, George S.	*El hombre más rico de Babilonia*
17. Collier, Robert	*El secreto de las edades*
18. Colson, Charles	*Nacido otra vez*
19. Copi, Irving	*Introducción a la lógica*
20. Coué, Emile	*Autodominio a través de la autosugestión consciente*
21. Dakin y Dewey	*Ciclos*
22. Danforth, William H.	*Te desafío*
23. Dewey, Edward R. y Mandino, Og	*Ciclos: las misteriosas fuerzas que desencadenan los acontecimientos*
24. Dey, Frederic Van Rensselaer	*La historia mágica*
25. Douglas, Lloyd C.	*La Magnífica Obsesión*
26. Dumas (hijo), Alejandro	*Cuestión de dinero*
27. Durant, Will	*Historia de la filosofía*
28. Eddy, Mary Baker	*Ciencia y salud, con una clave para la comprensión de las Escrituras*
29. Einstein, Albert	*Ensayos científicos*
30. Elliot, Paul L. y Wilcox, William S.	*Moderno planteamiento de la física*
31. Franklin, Benjamín	*Autobiografía de Benjamín Franklin*

32. Freud, Sigmund	*Esquema del psicoanálisis*
33. Gordon, Arthur	*Norman Vincent Peale: ministro de millones*
34. Hayakawa, S. I.	*El lenguaje en el pensamiento y la acción*
35. Hill, Napoleón	*La ley del éxito*
	Piense y hágase rico
	Cómo aumentar su propio salario
	Curso de la ciencia del éxito
36. Hudson, Thomson Jay	*El divino linaje del hombre*
	La ley de los fenómenos psíquicos
37. Hunter, Edward	*Lavado de cerebro*
38. James, William	*Principios de psicología*
39. Jones, Francis A.	*La historia de la vida de Thomas A. Edison*
40. Jones, Jim	*Si puede usted contar hasta cuatro*
41. Kohe, Martin J.	*Su mayor poder*
42. Maltz, Maxwell	*Psicocibernética*
43. Mandino, Og	*El vendedor más grande del mundo*
44. Marden, Orison Swett	*El mayor secreto del mundo*
	Empujando hacia adelante
45. Mills, Dr. Clarence	*El clima hace al hombre*

46. Moutmasson,   *Ingenio e inconsciente*
    Joseph-Marie

47. Moore, Robert   *Encienda la luz verde en su vida*
    E. y Schultz,
    Maxwell I.

48. Newman, Ralph   *Abraham Lincoln: su historia según
                     sus propias palabras*

49. Osborn, Alex F. *Imaginación aplicada*

                     Su poder creador

50. Overstreet,   *Lo que debemos saber acerca del
    Harry y Bonaro   comunismo*

51. Packard, Vance   *Los persuasores ocultos*

52. Peale, Norman   *El poder del pensamiento tenaz*
    Vincent

53. Rhine, Joseph   *El Nuevo Mundo de la mente*
    B.
                     El alcance de la mente

54. Rhine, Joseph   *Parapsicología*
    B y J. C. Pratt

55. Rickover,   *Educación y libertad*
    contraalmirante
    H. G.

56. Scheinfeld,   *Su nuevo «yo» y la herencia*
    Amram

57. Sheen,   *La vida merece vivirse*
    Monseñor
    Fulton J.

58. Smiles, Samuel   *Autoayuda*

59. Stone, W.   *El sistema infalible para triunfar*
    Clement

GUÍA N.º 22

Ideas a seguir

1. Como Brownie Wise, Mytinger y Casselberry, W. Clement Stone y muchos otros directores de prósperas organizaciones de ventas, usted también puede estimularse a sí mismo y estimular a los demás a emprender una acción deseable mediante libros de inspiración y auto-ayuda, libros cuya eficacia puede valorarse a través de los resultados que alcance el lector.

2. Brownie Wise tuvo necesidad de leer el libro *Piense y hágase rico* seis veces, para poder identificar los principios que podía aplicar. Después ocurrió algo. Ella hizo que ocurriera. Desarrolle su capacidad mental estudiando *La actitud mental positiva: un camino hacia el éxito* tantas veces como sea necesario para comprender cómo puede alcanzarse cualquier objetivo deseable que no viole las leyes de Dios o los derechos de sus semejantes.

3. Cuando lea un libro de inspiración y de auto-ayuda para lanzarse a la acción:
    (a) Concéntrese.
    (b) Léalo como si el autor fuera un íntimo amigo suyo que estuviera escribiéndole a usted... y sólo a usted.
    (c) Sepa lo que busca.
    (ch) Entre en acción: ponga en práctica los principios que se le hayan recomendado.

4. Evalúe el libro *La actitud mental positiva: un camino hacia el éxito* a través de lo que usted piense y haga realmente a fin de ser una persona mejor y conseguir que también sea mejor el mundo en que usted y otras personas puedan vivir.

5. Usted es una persona mejor y su mundo será un mundo mejor porque ha leído *La actitud mental positiva: un camino hacia el éxito.* ¿Acaso no es cierto?

ALCANCE EL ÉXITO MEDIANTE UNA AMP.
¡USTED PUEDE LOGRARLO...
SI DE VERAS LO QUIERE!
¿LO QUIERE?

TAMBIÉN DE NAPOLEON HILL

PIENSE Y HÁGASE RICO

Es así de sencillo: la riqueza y la realización personal
están al alcance de todas aquellas personas que lo deseen;
basta simplemente con desvelar un secreto, el secreto del
éxito. Hill aprendió este secreto y lo sistematizó para hacerlo accesible a todo el mundo. Así, *Piense y hágase rico*
es una obra diseñada para arrastrar al triunfo, entendido
no sólo como triunfo económico, sino, sobre todo, como
logro de esta íntima satisfacción que permite el equilibrio
personal y que significa la base de las empresas más com-
prometidas... y más deseadas. Esta edición revisada se
completa con un "Manual para pasar a la acción", una
guía personal con la que cada lector podrá aplicar a sus
propias necesidades las enseñanzas de la obra.

Autoayuda

VINTAGE ESPAÑOL
Disponible en su librería favorita.
www.vintageespanol.com

31901055445888